●诉讼法学文库 2011（2）

总主编　樊崇义

论刑事证据排除

On the Exclusion of Criminal Evidence

葛　玲　著

中国人民公安大学出版社

·北　京·

图书在版编目（CIP）数据

论刑事证据排除/葛玲著．—北京：中国人民公安大学出版社，2011.3
（诉讼法学文库／樊崇义主编）
ISBN 978 - 7 - 5653 - 0350 - 0

Ⅰ.①论…　Ⅱ.①葛…　Ⅲ.①刑事诉讼—证据—研究　Ⅳ.①D915.313.04

中国版本图书馆 CIP 数据核字（2011）第 026336 号

诉讼法学文库

论刑事证据排除

葛　玲　著

出版发行：中国人民公安大学出版社
地　　址：北京市西城区木樨地南里
邮政编码：100038
经　　销：新华书店
印　　刷：北京泰锐印刷有限责任公司

版　　次：2011 年 3 月第 1 版
印　　次：2011 年 3 月第 1 次
印　　张：16.75
开　　本：787 毫米×1092 毫米　1/16
字　　数：292 千字
印　　数：1~3000 册

书　　号：ISBN 978 - 7 - 5653 - 0350 - 0
定　　价：45.00 元

网　　址：www.cppsup.com.cn　www.porclub.com.cn
电子邮箱：zbs@cppsup.com　　zbs@cppsu.edu.cn

营销中心电话：010 - 83903254
读者服务部电话（门市）：010 - 83903257
警官读者俱乐部电话（网购、邮购）：010 - 83903253
法律图书分社电话：010 - 83905745

"诉讼法学文库" 总序

诉讼法制是现代法治的重要内容和标志之一，也是依法治国的重要保障。我国法制建设的历程已经证明，诉讼制度是否健全与完善，直接决定着实体法律的实际效力：没有相应的诉讼制度作为依托，实体权利只能是"镜中花、水中月"；没有完善的诉讼制度予以保障，实体法律将无法如其所愿地实现其追求的立法目的。更为重要的是，诉讼法制的完善程度如何，还直接反映和体现着一个国家、一个民族进步、文明、民主和法治的程度，是区分进步与落后、民主与专制、法治与人治、文明与野蛮的标志。在现代法治国家，诉讼制度作为法治的一个重要环节，受到了前所未有的重视。美国联邦最高法院法官威廉·道格拉斯曾谈道，"权利法案的大多数规定都是程序性条款，这一事实绝不是无意义的。正是程序决定了法治与恣意的人治之间的基本区别"。[①]

我国 1999 年宪法修正案正式确立了"依法治国，建设社会主义法治国家"的治国方略，为推进我国社会主义民主、法制建设，完善我国司法体制，提出了新的纲领和目标。而社会主义市场经济的初步发展则培育了公众的权利观念，并由此对司法公正提出了更高的要求。在此大背景下，通过增设新的诉讼制度以充实公民实体权利的实现途径，通过完善现行诉讼制度以保障实体法律的公正实施，从而推进依法治国，加快社会主义民主与法制建设的步伐，已经成为我国法治建设的关键所在。

诉讼制度的构建，与人们对诉讼原理的认识和把握有着密切的关系。诉讼原理是人类在长期的诉讼实践中，在大量经验教训的基础上总结出来的、对有关诉讼活动的规律性认识。诉讼原理在诉讼制度的构建及运作中发挥着高屋建瓴的作用。只有正确认识和准确把握诉讼原理，才能构建较为完善的诉讼制度，才能推动诉讼活动向良性运作的状态发展。我国在改革与完善诉讼法律制度时，对于人类经过长期理论与实践探索获得的原理性认识，不能不予以重视，也不能不认真加以借鉴、吸收。

我国诉讼的立法和实践曾十分严重地受到"左"倾思潮和法律虚无主义的影响，诉讼规律和诉讼原理长期被忽视、被冷落。由此造成的后果之一：司法

---

① 转引自季卫东：《法律程序的意义》，载《比较法研究》总第 25 期。

机关和诉讼制度的功能被狭隘化。例如，刑事司法机关和刑事诉讼法律仅仅被视为镇压敌人、惩罚犯罪并通过镇压敌人、惩罚犯罪来维护社会秩序的功能单一的工具，忽视了司法机关和诉讼法制所具有的制约国家权力使之不被滥用和保护包括犯罪嫌疑人、被告人在内的公民基本人权的作用，忽视了刑事诉讼所具有的独立品格和价值。对诉讼原理、诉讼规律认识的片面和浅陋，已经严重地制约了我国诉讼法制发展的步伐，而且直接对公正、文明地进行诉讼活动产生了非常消极的影响。要扭转这一局面，必须在宏观法律观念上作一个大的转变，同时大力借鉴、吸收法治发达国家丰富的研究成果和宝贵的实践经验，加强对诉讼原理、诉讼规律的研究。

对诉讼原理的正确认识是诉讼立法科学化的前提条件。正确把握诉讼原理，可以帮助我们全面地认识司法机关的功能，并对各种不同的诉讼模式及规则进行正确的取舍，从而在一定的诉讼原理的指导下构建更为科学和更适合"本土资源"的诉讼模式及规则。由此制定的法律，将具有更强的民主性、文明性和科学性。反之，如果不能正确把握诉讼原理，对于存在着内在价值冲突的各种可供选择的立法方案就可能难以作出正确的选择，立法活动就可能要多走许多弯路，甚至要付出沉重的代价。

对诉讼原理的正确认识对于司法活动同样具有重要的积极价值。对诉讼原理的正确把握可以在一定程度上弥补立法的不足。法律永远是抽象的。要将抽象的法律适用于具体的案件，就必须有科学的观念作为指导。对基本诉讼原理的正确认识，将有利于指导人们对司法活动中必然存在的种种法律适用问题作出科学的解释，从而使法律文本本身存在的不足得到补救。在现代社会，由于法律的稳定性与现实生活千变万化之间的落差只能通过赋予司法人员自由裁量权的途径予以调和，所以对基本诉讼原理的认识，还直接决定着司法人员在行使法律赋予的自由裁量权时，能否作出符合公正标准的决定或者裁判。

要贯彻"依法治国，建设社会主义法治国家"的治国方略，保障诉讼活动的公正进行，也必须认真研究诉讼原理，把握诉讼规律。当前，我国已有不少学者开始探索一些诉讼原理性的问题，如诉讼法律观、诉讼法哲学、诉讼目的、诉讼职能、诉讼价值、诉讼法律关系等，并已取得了一定的研究成果，这有力地推动了人们法律观念的变化，并对立法和司法活动发挥着积极的影响作用。但总的来看，我国诉讼法学界对诉讼原理问题的研究距离立法、司法实践的需求还有很大差距，还需要继续深入。尤其是现有的研究成果一般只是就诉讼的某一方面进行探讨，缺乏对一般性诉讼原理的全面和系统的探讨。因此，随着我国法治进程的推进，探讨一般性诉讼原理已经成为我国诉讼法学界必须研究的课题。

    为吸引更多的诉讼法学者致力于诉讼原理的研究，同时也为了能够促使诉讼原理研究及时对立法、司法、学理研究等多个领域产生积极的影响，并对司法实践工作有所帮助，中国政法大学诉讼法学研究中心特意组织力量进行此项题为"诉讼法学文库"的大型丛书的编辑出版工作。"诉讼法学文库"是中心的一项长期出版项目，面向国内外专家、学者开放，凡以诉讼原理、诉讼规律为内容且有新意、有深度、有分量的专著、译著，以及对公安、司法工作有指导意义，对立法工作有参考价值的其他诉讼法学著作均可入选。

    "诉讼法学文库"自 2001 年面世以来，得到了诉讼法学界专家、学者、实务工作者的热情支持，现已出版发行专著 60 多部，这些成果深受广大读者的青睐，已有多部著作获省部级以上的奖励，在这里特向广大读者和作者致以诚挚的谢意！由于编辑工作的需要，该文库从 2006 年起，每年以入选先后另行排序。特此说明。

中国政法大学诉讼法学研究中心名誉主任

樊崇义

2007 年元月于北京

序

证据排除是诉讼中的一个重要问题，直接关系到案件事实的认定，对案件处理具有重大影响。其通过对允许进入诉讼的证据施加某些限制，不仅有助于准确查明案件事实防止误判，还有助于公正、效率、人权、秩序等多种价值的有效协调。对于这样一个重要问题，值得深入研究。目前，世界各国对此问题也给予了高度关注，不仅相关理论研究成果日益丰富，而且相关制度建设也日益完善。然而，在我国由于受传统诉讼观念、司法体制、研究方法等主客观因素的影响，有关证据排除问题的理论研究还不够深入，有关制度建设还比较薄弱。这种状况与证据排除在证据法中的重要地位相比，还很不相适应。由于对证据排除这一证据法的核心问题缺乏应有的关注和足够的研究，使得我国的证据法学研究从整体上表现出法律思维的欠缺，证据制度因依附于实体法目标而缺乏独立性，无法充分发挥出价值协调的多元化功能。因此可以说，加强对证据排除问题的研究，对于我国具有非常重要的现实意义，且具有相当的紧迫性。

作者则敏锐地捕捉到了这一前沿问题，并采用历史、比较、实证等多种研究方法，展开全面而深入的研究。相对于目前我国已有的研究成果，本书具有以下三方面特色：

1. 视野更全面。既有的研究很多是单就某一项证据的排除而进行，如针对非法证据排除规则、传闻证据排除规则等的研究，尚缺乏对证据排除问题普遍规律的系统总结。本书则立足于更高层面，在对各个具体排除问题考察的基础上，从整体上概括抽象出证据排除在产生发展、范围、程序等多方面的基本规律，甚至上升到哲学层面做了一定的分析。另外，为了更加全面地探寻证据排除的基本规律，本书还对刑事证据排除问题与民事证据排除问题进行了尝试性的比较研究。这在现有的研究中也并不多见。

2. 视角更独特。诉讼是一个动态的过程，证据被排除正体现了诉讼的这一特性，同时其本身也是一个逐步展开的过程。针对这一特点，本书强化了对证据排除问题的动态考察，不仅从技术角度细致分析了证据排除在诉讼中是如何实现的，而且对不同的证据排除模式与不同的诉讼模式之间的内在关联作了深入探究。这区别于以往仅从静态的角度对证据能力、证据可采性所作的研究。这种立体化、情境化的研究，不仅有助于对问题本身的理解，而且更能凸显证据法与诉讼法等相关法律之间的相互关系，从而在制度完善时作更加系统、全面的考虑。

3. 文风更朴实。本书所含资料丰富，涉及不同的法系、不同的历史发展阶段以及不同的诉讼领域，但同时又不满足于对表象的描述，而是力图透过纷繁复杂的事实和现象，揭示出隐藏在背后的深层次的规律。本书分析论述张弛有度，不瘟不火，一些论证和观点具有相当的理论深度。本书没有华丽的辞藻，没有洋洋洒洒的过多笔墨，有的只是对资料的客观中立的分析以及经过审慎思考后的结论。这也体现了作者严谨的治学态度和扎实的理论功底。

优秀的作品从来不是轻易成就的。本书是作者在其博士毕业论文的基础上精心修改而成。在选题之初，作为她的导师我就向其指出，该选题具有较大的研究及写作难度，但她知难而上，并进行了长时间的积累和悉心研究。功夫不负有心人，两年后一部结构严谨、体系完整、资料翔实、论证扎实的毕业论文最终问世。答辩会上，全体答辩委员会委员均给予了高度评价，并一致评定为优秀论文。

当然，本书也存在一定的不足，如有些论述还有细化的空间，有些观点还有进一步探讨的余地。但瑕不掩瑜，本书依然不失为一部佳作，相信会对我国有关理论研究的推进及立法的完善起到一定的助力作用。作为她的导师，我为此书的出版感到高兴和欣慰，也衷心地祝愿她在今后的学术道路上取得更大的成绩。

樊崇义

目　　录

引　言

　　对于任何一个现代法治社会来讲，形成良性秩序的基础在于法律规范具有确定性和案件事实具有确定性。否则，法律的调控便是偶然或任意的。因而，如何确定案件事实不仅是正确司法的关键问题，也是法治的基础问题。然而，"如何使事实真相得以明确之工作虽可谓裁判之重心，但亦绝非为件容易之事"。①

　　对于案件事实的确定，只能依赖于所遗留的证据。但是，因为原始的案件事实不可能再现，通过证据重构的案件事实即使与其有所出入也未有终极的标准来检验，因此需要将其成立的标准转化为接受标准、检验标准。在此意义上看，证据的取舍问题便成为诉讼中至关重要的问题：一方面，它决定了通过诉讼程序最终所确定的案件事实的具体内容；另一方面，它使案件事实的确定在形式上具有了一个客观化的检验标准。美国证据法学者彼得·墨菲（Peter Murphy）就曾经说过，"诉讼中所要解决的是与证明有关的问题，说到底主要是对证据的采纳与排除问题"。②

　　对于这样一个诉讼中至关重要的问题，各国证据法均予以了规范。美国证据法学家乔恩.R.华尔兹指出：大多数证据规则都是关于什么应被接受为证据的问题——可采性问题。③ 著名的证据法学者塞耶也曾经指出，证据法的独特功能在于排除证据。④ 英美法系国家基于陪审团审判、对抗制、集中审理等制度因素，历经几百年的时间发展出一套内容繁杂、体系完备的证据排除规则。在强调查明案件事实真相的大陆法系国家，在继续采用传统的通过诉讼程序对法官采纳证据的权力进行约束、规范的同时，近年来也逐渐出现了一些针对特定资料的证据排除规则。目前，证据排除已由普通法系的独

---

　　① 黄朝义：《论证据与事实认定》，载《台湾法学期刊》2000年版，第97页。

　　② Peter Murphy, Murphy on Evidence, Blackstone Press, 1997. p. 1.

　　③ ［美］乔恩.R.华尔兹著：《刑事证据大全》，何家弘等译，中国人民公安大学出版社1993年版，第10页。

　　④ J. l. Montrose, Basic Concepts of the law of Evidence, Edited by William Twining Alex Stein; Evidence and Proof, Dartmouth Publish Company Limited, 1992, p. 352.

特现象发展成为现代各国证据法一个共同的核心精神。证据排除问题也成为各国证据法学研究中的一项重要课题。

在我国，长期以来理论界在证据概念、证据属性等基础理论方面做了很多工作，也取得了一些成果。但客观地说，关于证据排除这个证据法中的重要问题被忽略了。这主要与传统的证据法学过分重视认识论取向、过分追求"积极的实体真实发现主义"有关。因此，在理论研究上偏重于从技术层面探寻如何有效地查明案件事实，而不是从法律的角度探寻如何构建一套保护权利、限制权力的证据规则。陈瑞华教授曾对我国的证据法学研究做过深刻反思。他指出，我国的证据法学研究包含着大量逻辑、经验和认识规律的混合知识，而少有关于证据规则的分析和归纳，使有关证据规则的研究在中国并没有与诉讼程序和规则联系起来，而流于一般意义上的证据分析，忽视了诉讼活动的特殊性。① 可以说，在证据排除这个在国外被普遍当做证据法核心问题的研究上的缺失，恰好体现和证明了我国证据法学研究的上述特点和倾向。当然，这与我国传统证据法学形成于 20 世纪七八十年代，在研究视野、资料信息、思维模式等方面受到较多历史局限有很大关系。

近年来，随着法律真实、程序正义等观念的逐步确立和思维方式的逐步转变，证据排除问题也逐渐受到关注，关于证据能力、证据可采性、非法证据排除规则、传闻证据规则等与证据排除有关的专著和论文也越来越多。但同时不能否认的是，相关研究在系统性和深入性方面还略显不足。譬如，偏重于对国外相关制度的介绍，理论思考不足；研究局限在就规则论规则的层面，在证据排除问题上证据法与诉讼法之间的内在联系还未受到应有关注；证据排除在刑事、民事等不同领域内的差异也未见有清晰明确的表述；等等。可以说，证据排除问题在我国仍是一项有待继续深入并且极具潜力的研究课题。对它的研究，是合理构建我国证据法学的基本理论体系和规则体系必须迈出的重要一步。

从制度层面看，区别于国外证据制度以证据的"可采性"为中心的做法，我国目前的证据制度是以"证明性"为中心，缺乏对证据资格的有效限制。主要表现在两个方面：一是证据立法多偏重于对证明过程的调整，大量内容涉及对取证、举证、质证等诉讼环节的规范，而较少直接针对证据本身的效力作出规范。二是在证据的审查判断上，关注更多的是对证据的证明力的规范，而非对证据能力的规范。以司法解释形式初步确立的证据排除规则，

---

① 陈瑞华著：《刑事诉讼的前沿问题》，中国人民大学出版社 2005 年版，第 362 页。

不仅数量少，缺乏系统性，同时还存在着用语模糊、配套规定缺失、规定本身缺乏合理性等问题。从司法实践情况看，由于制度设计上的漏洞以及客观真实的诉讼理念、相互印证的司法证明模式、流水作业式的诉讼结构等多种因素的影响，使得证据排除在我国刑事诉讼中还难以有效落实。由于缺乏对证据资格的有效限制，法官在证据采纳问题上享有较大的权力，这就在一定程度上造成了司法不统一、诉讼公正等多元化诉讼价值难以很好实现等问题。作为诉讼制度核心的证据制度的改革与完善，不仅是建立现代司法制度的重要环节之一，也是实现司法公正的重要保证。目前，证据立法问题已经引起了社会各界的普遍关注。在这种背景下，深化对证据排除问题的研究，推动证据制度现代化，更好地发挥制度本身所应具有的防止误判和价值协调等重要功能，无疑具有非常重要的现实意义。

基于证据排除问题在证据理论研究、诉讼实践中的重要地位以及在我国目前的实际状况，笔者决定选取该问题进行专题研究。一方面，希望能够推进我国对证据排除这一重要问题的理论研究，并借此推动我国证据理论从"证据学"向"证据法学"的研究转变；另一方面，也希望能够促进我国相关证据制度和诉讼制度的完善，从而对解决实践中所存在的一些突出问题有所助益。考虑到目前刑事司法不仅是国家治理的重要领域，同时也是国家践行法制的重要阵地，各种价值、利益之间的冲突更为剧烈，[①] 笔者遂决定选取刑事诉讼为视角，重点对刑事领域证据排除问题进行研究。同时，为了更加清晰地体现出刑事证据排除的特点，也将从比较的角度对民事领域的证据排除问题进行分析。

当然，对该问题的研究也具有相当的难度。不仅需要对国内外的相关制度有比较全面、详细和准确的了解与把握，而且需要从相对零散甚至具有迷惑性的制度规定中总结、概括出一般规律。这对研究的主客观条件都提出了相当高的要求。由于精力和能力有限，本书将不追求内容上的"大而全"，同时也不执著于对具体制度细节的纠缠，而是力争在"透过现象看本质"的考察的基础上，加强对规律性东西的总结。因此，能有一点"片面的深刻"便深感足矣。

---

①　德国刑事法学者罗科信（Roxin）在其著作《刑事诉讼法》中开宗明义地讲道："刑罚是国家对国民自由的侵害方式中最为严峻的一项，也因此其被视为最受争议的一项；该项刑罚之执行亦正意味着，为了大众之安全利益而完全地忽视了犯罪行为人之自由利益。也正因为此，使得团体与个人之利益绝无仅见地只有在刑事诉讼上才有如此重大的冲突。"参见［德］克劳思·罗科信著：《刑事诉讼法》，吴丽琪译，法律出版社 2003 年版，第 13 页。

第一章 概　述

第一节　相关概念辨析

概念是解决法律问题所必需的工具。没有严格限定的专门概念，我们便不能清楚地和理性地思考法律问题。① 因此，对证据排除问题的研究，也需要从对相关概念的分析入手。

一、证据能力

证据能力，亦称证据资格，或称证据适格性，是指具有可为严格证明系争的实体法事实之资料的能力。易言之，即某种资料具有可作为证据之能力。② 也有学者从证据采纳的角度定义证据能力，如"证据能力，亦称证据资格，谓证据方法或证据资料，可用为证明之能力，自证据之容许性言之，亦即可受容许或可被采用为证据之资格。凡属可受容许之证据，亦可称之为适格之证据"。③ 证据能力是大陆法系的概念，多见于日本及我国台湾地区的证据法学理论和相关立法之中。在英美法系，与之相对应的概念是证据可采性。无论是在大陆法系还是英美法系，证据裁判原则的确立使得法官查明案件事实必须依靠证据，因此诉讼中首先必须解决的问题是，什么样的证据允许在诉讼中使用，也就是证据资格问题。证据能力、证据可采性规范便是为解决该问题而设置的。

证据能力指的是一种法律上的资格，是法律对某种资料能否在诉讼中用

---

① 〔美〕E. 博登海默著：《法理学：法律哲学与法律方法》，邓正来译，中国政法大学出版社1999年版，第486页。
② 林山田：《刑事诉讼法》，三民书局印行，第204页。
③ 李学灯著：《证据法比较研究》，五南图书出版公司1992年版，第438页。

作证据的资格上的限制。根据我国台湾地区学者的归纳，证据能力包括消极要件和积极要件。所谓消极要件，是指证据使用之禁止，如以强暴、胁迫等不正当讯问方法所得之证据，不得作为证据；所谓积极要件，是指证据必须经过严格证明之调查程序后，始能取得证据能力，始得作为认定犯罪事实的基础。① 也就是说，证据材料只有不被法律禁止，并且经过法定的调查程序，才具有证据能力。法律对证据施加的这种限制，实际上体现了立法者的某种意志。之所以要对证据作出这种资格上的限制，从根本上是缘于诉讼证明与一般意义上证明活动的区别：（1）诉讼证明的过程是一个说服与被说服的过程，而不是一个单方的查明过程。它涉及多个主体。因此，为了规范这个过程的有序性，需要对所提交的证据进行一定的限制。（2）诉讼证明需要在诉讼程序的框架内进行，必须遵循一定的程序。而不同的诉讼程序基于运作的需要，又会对证据提出特定的要求。证据只有在满足这些要求的条件下，程序才有可能顺利运作。（3）诉讼不单纯是辨明真伪的活动，它还担负着使人权保障等重要价值得以实现的任务。尤其是资产阶级革命胜利后，自由、平等、人权已成为人们追求的目标，相应地在刑事司法领域确立了罪刑法定、无罪推定等原则。对证据资格的限制，即将那些与这些价值目标相悖的证据排除在法庭之外，也就成为保障价值目标实现的重要手段。（4）诉讼除具备解决社会纷争、维护公民权利、巩固国家统治等积极功能外，也会产生一定的副作用，不利于整个社会的协调发展。这就需要在解决纷争的过程中兼顾社会利益，而不能为了查明案件真相不惜代价。当然，对证据资格的限制也包括立法者对查明真相的追求。在长期的司法实践中，人们认识到某些种类的证据尽管与案件存在一定的关联，但也存在不可靠性而有可能危及案件事实的准确认定。因此，需要对证据的使用加以一定的限制。

　　证据能力与严格证明密切相关。对证据资格进行限制必然会对查明案件事实产生消极影响，而最大限度地查明案件事实又是实现诉讼公正不可或缺的基础。因此，为了降低查明真相所付出的成本，对证据资格的限制也要加以限制。这种限制主要体现在两个方面：一方面，设立证据能力规范必须有足够的合理性；另一方面，这种规范的适用必须限定在一定的范围内。一般说来，证据能力规范只适用于严格证明当中。严格证明与自由证明的区分是大陆法系证据法上的重要理论，二者之间的区别主要体现在证据方法和调查程序两个方面：（1）严格证明要求必须以法律规定的证据方法进行。该证据

① 林钰雄著：《刑事诉讼法》，中国人民公安大学出版社 2005 年版，第 345～346 页。

方法一方面在形式上必须合乎法律规定，另一方面必须具有证据能力。自由证明则可"以一般实务之惯例"选择适当的证明手段，"亦即可不拘任何方式来获取可信性（如以查阅案卷或电话询问之方式）"。① （2）严格证明必须依照法律规定的调查程序进行，自由证明则没有法律明文规定必须适用的调查程序，由法院根据具体情况决定。关于两种证明方式的适用范围，不同国家和地区间也存在一定的差异。在德国一般认为，严格证明适用于"对于攸关认定犯罪行为之经过、行为人之责任及刑罚之高度等问题的重要事项"②，其他事项则适用自由证明。日本学者认为，成为严格证明对象的事实，是关于刑罚权是否存在及其范围的事实，包括：公诉犯罪事实、处罚条件及处罚阻却事由、刑罚的加重或减免事由；自由证明的事项则包括：犯罪的相关情况、诉讼法上的事实。③ 在我国台湾地区，严格证明适用于本案犯罪事实及其法律效果问题的认定，并仅适用于审判程序。除此以外的其他事项，如具有诉讼法意义的事项、与证据的信用性或真实性有关的辅助性事实等，则属于自由证明的范围。④ 总之，严格证明划定了证据能力规范的适用范围。尽管各国在具体适用范围上存在一定的差异，但没有一个国家不加区别地将其适用于诉讼的所有阶段和所有事项的证明。即便是在英美法系，虽不存在严格证明与自由证明的理论，但可采性规则的适用也有一定的范围。《美国联邦证据规则》第1101条（d）项规定，以下刑事诉讼程序不使用可采性规则：第一，大陪审团程序；第二，签发逮捕令、刑事传票和搜查令；第三，与保释有关的程序；第四，刑事案件的预审程序；第五，为确定证据的可采性而对事实的初步询问；第六，判刑、批准或撤销缓刑。

对于证据能力，法律一般很少从积极的角度进行规定，而仅就无证据能力或者限制证据的情况进行明确规定。因为大陆法系国家多是职权主义国家，探明事实真相为其所关注，因此对证据能力并无过多的限制。一般认为，违背下列原则的证据无证据能力：（1）直接审理原则。不能依照直接审理原则进行调查的证据资料，如单纯的传闻、调查报告，警察局案件移送书，自诉状，意见书，都没有证据能力；证人在审判外所作的陈述，除法律另有规定外，也不得作为证据使用。（2）任意法则。被告人自白必须非出于强暴、胁

---

① ［德］克劳思·罗科信：《德国刑事诉讼法》，吴丽琪译，法律出版社2003年版，第208页。
② ［德］克劳思·罗科信：《德国刑事诉讼法》，吴丽琪译，法律出版社2003年版，第208页。
③ ［日］土本武司著：《日本刑事诉讼法要义》，董璠舆、宋英辉译，五南图书出版公司1997年版，第311～312页。
④ 蔡墩铭著：《刑事诉讼法论》，五南图书出版公司1992年版，第205～206页。

迫、利诱、诈欺、违法羁押或其他不正当之方法取得，才具有证据能力。（3）关联性法则。与待证事实的存在与否无关联性证据，不足以供证明要证事实之用，无证据能力可言。（4）合法性法则。未具备法定方式或要件之证据，如没有依照勘验程序而进行的勘验，未经宣誓的证言或者鉴定。（5）信用性原则。基于不正当方法取得之证据。（6）意见法则。证据之个人意见或推测之词，不得作为证据。①

二、证据可采性

在英美法系国家，用来描述证据资格的概念是可采性（admissibility），又称证据的容许性。在《布莱克法律词典》中，证据的可采性是指"提交法庭的证据具有法庭或者法官极有可能接受它，也就是允许其在法庭上提出的品质"。② 我国台湾地区学者对其下的定义为，"于法律上得提出于法庭作为证明之用之适格性"。③ 可见，可采性的核心含义在于，证据可以接受法庭调查的资格。

可采性是英美法系证据法上一个非常重要的概念，可采性问题也是英美法系证据法的核心问题。对此，华尔兹教授曾说过："有两个关于证据的主要问题是必须解答的。首先，什么事实和什么材料应该准许作为证据让陪审团审议？其次，陪审团可以把这些被裁定能够采用的事实和材料用作何用？几乎所有的证据规则都与这两个问题中的第一个有关。这就是说，大多数证据规则都是关于什么应被接受为证据的问题——可采性问题。"④

根据普通法上的通说，一项证据具有可采性必须同时满足两方面条件：第一，该证据与待证事实之间具备一定程度的关联性；第二，该证据未被有关的排除规则排除。⑤ 在普通法系证据学的发展历史上，最早出现的是关联性概念，并曾被认为是证据的唯一特性。被视为证据关联性理论创立者的英国学者史蒂芬（Stephen）在1876年出版的《证据法摘要》（Digest of the Law of Evidence）中，将关联性界定为：两个事实之间的联系如此密切，以至于依照事件的通常发展过程，其中一个事实本身，或联系其他事实，可以使另

---

① 陈朴生著：《刑事诉讼法实务》，三民书局印行，第205~206页。

② Black's Law Dictionary (5th ed).

③ 黄东熊著：《刑事诉讼法论》，三民书局1987年版，第383页。

④ ［美］乔恩.R.华尔兹著：《刑事证据大全》，何家弘等译，中国人民公安大学出版社1993年版，第10页。

⑤ Rupert Cross Colion Tapper, Cross on Evidence, 6th ed, Londen Butterworths, 1985, p.58.

一事实在过去、现在或将来是否存在得到证明或是至少具有一定的可能性。可见，他所主张的关联性是一个事实问题。这就无法合理解释为何一些在事实上具有关联性的证据，如传闻、品格证据等，却被证据法排除。在这种情况下，可采性概念便有了存在的必要。最先阐述可采性和关联性之间的区别的是美国学者塞耶（Thayer）。他认为，关联性是一个纯粹的事实概念，不属于法律的调整范围。如果证据具有关联性，并且没有被排除规则排除就具有可采性。可见，关联性是可采性的首要前提。英美法系国家的证据法对此一般都有明确规定。例如，《美国联邦证据规则》第402条即规定，除美国宪法、国会立法、本证据规则或者最高法院根据成文法授权制定的其他规则另有规定外，所有有关联性的证据均可采纳，无关联性的证据不能被采纳。澳大利亚联邦1995年证据法亦有类似规定，该法第56条规定，除本法另有规定外，诉讼程序中有关联的证据在诉讼中应予采纳；在诉讼程序中不相关的证据不得采纳。①

　　对于可采性问题，英美法系国家一般很少从肯定的角度加以规定。因为某一事实与待证事实之间是否存在关联性更多的是一个事实问题，应当允许法官依据逻辑和经验进行判断，法律主要是从否定的角度对某一类证据不具有可采性作出明确规定，主要反映在以排除规则为核心的大量证据规则上。某项具备关联性的证据是否具有可采性，需要双方当事人提出各自的主张和理由，然后法官根据法律规定或行使自由裁量权加以确定。在对证据可采性进行考量时，法官关注的往往不是该证据可以在多大程度上证明或推翻待证事实，而是关联性之外的因素，如采纳该证据可能导致偏见、混淆争议或拖延诉讼等。例如，对于采用刑讯逼供而获取的被告人的有罪供述，尽管该证据与案件事实具有较大的关联性，对于证明犯罪具有很高的证明价值，但由于严重侵犯了被告人的权利，现代各国基于人权保障一般均认为其不具有可采性而将其排除。对于传闻证据，虽然其与案件事实也具有关联性，但由于其本身具有一定的不可靠性，并且会使控辩双方无法有效地通过交叉询问对其进行质证，法律规定传闻证据一般不具有可采性。总之，不具有可采性的证据，无论其与案件有多大程度的关联性，无论其对案件事实有多大的证明价值，法官都不得采纳，应该运用排除规则将其排除。

　　可采性与证据能力分别是英美法系和大陆法系对诉讼证据在法律上施加的一种资格限制。从这个意义上可以说，二者基本上是相同的。但是，也有

---

① 何家弘、张卫平主编：《外国证据法选译》（上），人民法院出版社2000年版，第231页。

学者认为二者之间仍存在细微的差别。例如，我国台湾地区学者李学灯认为，"所谓许容性，乃具有相对性。以及，对证明甲事实无许容性之证据，可能用于证明乙事实时，则有之。因此，有无容许性，乃取决于所欲证明之对象事实。然而，吾人于言证据能力时，乃指某证据，在法律上，是否得用于证明成为严格证明之对象的事实而言。以此意义言之，'许容性'与'证据能力'仍有差异。"① 他还进一步指出，"证据之容许性，与有无证据能力，其范围有时未必完全一致。无证据能力者，固无可容许为证据之资格。虽有证据能力，有时因法官之自由裁量，（如已有充分之证据，所请调查之证据，立证价值轻微，已无必要时），亦得不予容许。"②

两大法系由于诉讼模式、法律传统、价值取向等方面的不同，必然会在对证据资格的处理上有所不同。例如，英美法系国家规定证据可采性的初衷是为了防止陪审团受到不当证据的误导，大陆法系国家设定证据能力规范则更多的是为加强对法官自由裁量权的限制，保证程序公正和效率；在排除方式上，大陆法系国家以裁量方式为主，英美法系国家以法定方式为主；在规范的复杂程度上，英美法系国家的可采性规范相对更为复杂、精细；等等。由于本书研究的主题是证据排除问题，该问题在很大程度上关涉的是证据资格问题。而无论是证据能力还是证据可采性，在功能上都是对证据资格的限制。从这个意义上来说，本书将证据能力与证据可采性作为同义语使用。在论及英美法系证据法时，多采可采性一词，而在论及大陆法系证据法时，多采证据能力一词。至于二者在适用上的差异，笔者将作为制度层面的问题进行专章探讨。

三、证明力

证明力是指证据事实对案件事实是否具有证明作用和作用的程度。它是证据本身所固有的内在属性，其存在的依据是证据事实与案件事实之间的关联关系。这种关联关系具有以下几方面特点：第一，客观性，即它是一种不以人的主观意志为转移的客观存在，人们只能去认识它而不能去改变它。第二，多样性，事物之间的联系是多种多样的，只能根据具体问题进行具体分析。第三，许多情况下具有一定的隐蔽性，即它的存在并非一目了然，不能轻易地被发现，需要人们在认识的时候由表及里、去伪存真。这些特点决定

---

① 李学灯著：《证据法比较研究》，五南图书出版公司1992年版，第438页。
② 李学灯著：《证据法比较研究》，五南图书出版公司1992年版，第468页。

了对证明力判断的复杂性，不同的判断方法也成为划分不同证据制度的重要标准之一。

证明力与证据能力是两个完全不同的概念，二者的区别主要体现在以下几个方面：一是二者的功能不同。证据能力解决的是证据进入庭审接受调查的资格问题，是限制庭审范围和法官形成心证基础的证据材料范围的手段；证明力解决的则是证据对待证事实的证明价值问题。二是二者的判断标准不同。证据能力是法律赋予证据的一种特性，蕴涵着立法者的价值判断。法律中有许多规则、制度对证据能力提出要求，在判断证据有无证据能力时，需要依据法律进行。同时，法律也赋予了法官在判断证据能力问题上一定的自由裁量权。证据的证明力则是以证据事实与案件事实之间的关联性为基础的。这种关联性是一种客观存在，是证据本身所具有的。证明力的大小与程度取决于许多因素，如证人的年龄、可靠性、表情，同一事情的几种可能的解释，某事实与调查中的事实在时间上的接近性，等等。① 法律不可能对千变万化的事物之间的联系事先作出规定，证据的证明力只能交由事实审理者依据理性与经验进行判断，法官裁量的空间较大。法律只在少数情况下，出于证据的可靠性或政策性考虑，设置一定的证明力规则。从这个意义上说，证明力属事实问题，而证据能力则属法律问题。三是二者的性质不同。证据能力是定性的概念，只有有无之分，而无大小之别。证明力则是一个定量的概念，不仅存在有无的问题，而且存在强弱、大小程度上的不同。

证据能力与证明力虽然具有不同的内涵，但相互之间也存在紧密的联系。在对这种联系进行概括时，存在着不同的观点。其中，较为普遍的观点是"证据能力基础论"。该观点认为，证据能力是证明力的基础，证据必须先有证据能力，而后才产生证明力问题。例如，我国台湾地区某学者曾这样描述证据能力与证明力的关系："证据必须先有证据能力，即须先为适格之证据，或可受容许之证据而后始生证据力之问题，因此学者有谓证据能力系自形式方面观察其资格，证据力系自实质方面观察其价值。"② 笔者认为，这种观点过于简单化，尚未对证据能力与证明力之间的内在联系有全面、深入的认识。若对二者之间的内在联系进行把握，笔者认为还需要认识到以下两点：

第一，一些证明力问题可以转化为证据能力问题。许多关于证据能力的规则都是由证明力问题转化而来。正如有学者所言，"证据容许性之各种法

① 沈达明编著：《英美证据法》，中信出版社1996年版，第88~89页。
② 刁荣华主编：《比较刑事证据法各论》，汉林出版社1984年版，第5页。

则，除因其他外部之政策而发生者外，甚多由于防止不可信之危险。换言之，即原由证明力之问题而转为证据能力之限制。"① 例如，设立传闻证据排除规则的一个很重要原因即在于，传闻证据的可靠性较差。

在证据能力的条件中，"最低限度的证明力"是其中一个不容忽视的重要条件。某项证据的证明力如果过于微弱，则该项证据不具有证据能力。有学者在论述证据的关联性时，亦将其区分为证据能力关联性与证明价值关联性。其指出，"惟证据评价之关联性，乃证据经现实调查后之作业，系检索其与现实之可能性的关系，为具体的关联，属于现实的可能性，而证据能力之关联性，系调查与假定之要证事实间具有可能的关系之证据，为调查证据前之作业，仍是抽象的关系，亦即单纯的可能，可能的可能。故证据之关联性，得分为证据能力关联性与证明价值关联性两种。前者，属于调查范围，以及调查前之关联性；后者，属于判断范围，亦即调查后之关联性"。② 他所提的证据能力关联性即"最低限度的证据力"。之所以要对证明力作出程度上的限制，原因即在于世界的普遍联系性决定了任何两个事物间都可能找到某种联系，如果不对联系的程度加以限制，会使证据调查的范围无限扩大。因此，需要将那些与待证事实在关联性上过于遥远、微弱的证据排除在外。典型的如品格证据，它容易使裁判者作出有罪推断。这种证据如果在诉讼中被允许使用，是不公正的。因此，其被视为缺乏最低限度的证明力，从而不具有证据能力。另外，许多新出现的证据形式，由于依据现有的技术条件还不能充分肯定其可靠性及与案件的关联性，也被视为无"最低限度的证明力"而被排除，如测谎证据在我国及其他一些国家不具备证据能力，也正是这个原因所致。

第二，有些情况下，证明力是法官考虑证据能否被采纳时的一个重要考量因素。在诉讼中确定证据是否具有证据能力，有法定和裁量两种方式。在裁量方式下，证明力通常是法官考量证据是否具有证据能力的一个重要因素。《美国联邦证据规则》第401条规定："证据虽有关联性，但可能导致不公的偏见、混淆争议或误导陪审团的危险大于该证据可能具有的价值时，或者考虑到过分拖延诉讼、浪费实践或无需出示重复证据时，也可以不采纳。"可见，如果法官认为指控证据对陪审团可能产生的不适当偏见可能超过其证明力时，可以裁量排除该证据。

① 李学灯著：《证据法比较研究》，五南图书出版公司1992年版，第467页。
② 陈朴生著：《刑事证据法》，三民书局1979年版，第276页。

总之，证据能力和证明力是从两个不同的角度来反映证据的特性。二者共同作用，才能完整地反映出某项证据在诉讼中的作用。对于二者之间的关系，不宜用谁先谁后或谁决定谁来诠释。

第二节　证据排除

证据能力（可采性）是对证据资格的一种法律限制。"无证据能力之证据，乃不得提出于法院，如已提出，则必须将其排除，而不得对其为证据调查，更不得将其作为认定事实之基础。"① 对证据能力的限制直接导致了证据排除。因此，证据排除问题与证据能力问题实际上密切相关。可以说，证据排除是从结果意义上对证据能力的一种描述。从证据能力规范的形式上看，也多表现为一种排除证据的规范。由于运用证据证明案件真相终究是一个需要借助于经验与逻辑的事实问题，将各类证据的证据能力在法律中一一罗列既无可能也无必要，因此各国证据法大多是就哪些证据没有证据能力、应予排除作出的消极规定，即使某些规则从字面表述来看似乎是积极性规定，也往往隐含了从反面加以限制的真实意图。② 从这个意义上我们可以说证据能力与证据排除实际上是针对同一事物一正一反的两种说法。其实，关于证据排除可以从不同角度作多种理解。其既可以从结果意义上指对证据的一种处理结果，又可以从诉讼行为角度指法官在证据采纳问题上对证据的一种处理行为，还可以从制度层面指对证据排除作出规定的有关规范。

证据能力实质上是对证据准入资格的把关，仅指能否作为诉讼证据使用，而不涉及对证明力大小的判断。因此，作为证据能力规范后果的证据排除，是将不具有证据能力的证据加以排除，而不是将那些不具有实质证明价值的证据排除出去。相反，证据排除在很多情况下是将某些具有实质证明价值甚至对查明案件事实具有关键作用的证据排除出去，以满足诉讼的特定需求或实现诉讼的某些价值。换句话说，证据排除不是对证据证明力考量的结果，而是对证据能力考量的结果。

这同时涉及另外一个相关问题：证据被排除而不能被使用，到底是何意义？是指不能进入庭审调查，还是指不能用作定案依据？虽然这两个结果有一定的关联性，但并不相同，因此有明确的必要。证据不能进入庭审调查，

---

① 李学灯著：《证据法比较研究》，五南图书出版公司1992年版，第438页。
② 李学灯著：《证据法比较研究》，五南图书出版公司1992年版，第439页。

便一定无可能成为定案依据；能够进入庭审调查，则未必一定能够成为定案依据。这两个结果虽然都是对证据的筛选，但发生在不同的阶段。前者发生在诉讼始端，是对证据有无证据能力进行判断的结果；后者则发生在诉讼尾端，是对证据证明力考量的结果。据此，我们所说的证据排除是指因证据不具备证据能力而将证据排除在庭审调查之外，而不是指因证明力不足而将证据排除在定案依据之外。明确这一点对于我国来说具有非常重要的意义。我国刑事诉讼历来强调对客观事实真相的查明，在理论和实践中均缺乏证据能力概念，对证据的评估也主要是从证明力角度进行，在对证据排除问题的理解上也存在一定的偏差。例如，相关司法解释虽然确立了非法证据排除规则，规定"严禁以非法的方法收集证据。凡经查证确实属于采用刑讯逼供或者威胁、引诱、欺骗等非法方法取得的证人证言、被害人陈述、被告人供述，不能作为定案的根据"①，但显然，其对"排除"的理解仍局限在"不能作为定案依据"上。从国外情况来看，非法证据之所以被排除，是因为取证手段、程序的非法性导致该证据根本不具有诉讼证据的资格，而不是因为证明力上的缺陷而使其不能作为定案依据。这种定位上的根本差异注定了我国的非法证据排除规则不可能像国外的非法证据排除规则那样，具备充分的人权保障功能。关于这一点，本书还将在后面作专门的分析和论述。总之，在我国若要建立起完善的证据排除制度，首要的一点是必须对证据排除本身的含义有明晰的认识。

证据排除不能等同于非法证据排除。非法证据排除仅仅是证据排除中的一种具体情况，证据还可能因其他多种原因而被排除，如证据与案件事实的关联过于遥远，会引起裁判者的偏见或误解，具有不可靠性，会导致诉讼拖延，等等。国外证据立法中所存在的诸如传闻证据规则、意见证据规则、品格证据规则、证人特权规则等排除证据的规则所针对的对象显然不属于非法证据。在我国，由于缺乏证据能力概念，立法对证据排除问题的规范非常有限，主要体现在刑事诉讼法对非法取得的言词证据的排除上。因此，在我国一提到"证据排除"想到的便是"非法证据排除"。但实际上，证据排除的范围远远不止对非法证据的排除。

证据排除具有一定的相对性。同一项证据可以有不同的证明用途，当在此种用途下，该证据不应被采纳而应被排除时，并不意味着在他种用途下也同样应予排除。例如，对于刑讯逼供取得的证据，当用来证明被告人犯罪行

---

① 最高人民法院《关于执行〈中华人民共和国刑事诉讼法〉若干问题的解释》第61条。

为存在时，因违反法律而应予排除。但是，如果将其用来证明刑讯逼供行为存在时，则不应被排除。再如，对于判断一项证据是否属于传闻证据而应予排除，也要看其证明对象。如果该陈述是为了证明所述内容为真，那么该证据是传闻证据而不应被采纳；如果该陈述是为了证明某人曾经说过这样的话，那么该证据就不是传闻而可以被采纳。因此，证据排除针对的是特定事项的证明性，而不能将其作绝对化理解。

目前，证据能力问题已成为现代各国证据法的核心问题，证据排除也就成为了现代证据法的一个突出特征。证据法学家塞耶就曾说过，证据法的独特功能在于排除证据。① 因此，我们可以说，在诉讼中如果不需要排除证据，证据法也就失去了其存在的最大意义。

---

① J. l. Montrose, Basic Concepts of the law of Evidence, Edited by William Twining Alex Stein : Evidence and Proof, Dartmouth Publish Company Limited, 1992, p. 352.

第二章　证据排除的法理分析

第一节　证据排除的哲学基础

案件事实的准确认定，需要借助于一定数量的证据。证据数量越多，对事实认定的准确性就越有帮助。但证据排除无疑意味着限制裁判者据以认定案件事实的证据信息。于是，不可避免地便产生这样一个问题：证据排除的合理性何在？这也是我们在研究证据排除问题过程中首先必须要解决的一个前提性问题。

对于这个问题，可以从多个角度分析，如既可以从作为部门法学的证据法学视角分析，也可以从更高层面的哲学视角分析。如果说前者是一种描述性的、经验性的制度层面的研究的话，后者则是一种超越现象的理解，是从个别的现象到更具有普遍意义的本质的更为深入的研究。当代美国著名的科学哲学家瓦托夫斯基曾说过，由于人类"存在一种系统感和对我们思维的明晰性和统一性的要求……"因此，"不管是古典形式和现代形式的形而上学的思想的推动力都是企图把各种事物综合成一个整体，提供出一种统一的图景或框架，在其中我们经验中的各式各样的事物能够在某些普遍原理的基础上得到解释，或可以被解释为某种普遍本质或过程的各种表现"。① 从哲学的角度对问题进行研究，正可以满足人类这种对系统感以及在此系统感决定下的对事物的明晰性和统一性追求，克服描述性的、经验常识性研究所不可避免的零散性，同时更好地实现"知其然，知其所以然，知其所应然"的目标。因此，在对证据排除问题的研究上，对其从哲学的视角展开追本溯源式

---

① ［美］瓦托夫斯基著：《科学思想的概念基础——科学哲学导论》，求实出版社1982年版，第13～14页。

的、更有深度和广度的研究便必不可少。笔者认为，对于证据排除这个证据法问题可以从以下几方面进行解读：

一、认识论

诉讼的过程实际上可以分为两个阶段：认定事实和适用法律。关于二者的关系，美国联邦最高法院1926年的一个判决曾提到："每一个法律问题，皆由于事实情势而发生，若无许多复杂事实状况，就不可能有法律问题。"①由此可见事实认定在诉讼中的重要性。可以说，一定的事实基础构成了司法裁决正当性的重要基础之一。而如果我们承认，事实的获取不是抛硬币式的简单选择，而是对既往事实的回复，那么就存在认识的问题。认识论也便应当成为证据理论的基础之一。②

辩证唯物主义认识论包含三个理论要素：（1）反映论，即认为物质第一性，意识第二性，物质决定意识，意识是物质的反映。（2）可知论，即认为客观世界是能够被人所认识的。（3）辩证法。首先，从主观与客观、认识与实践的对立统一运动中考察人对客观世界的认识，把认识看做在实践基础上能动地把感性材料加工为理性认识，能动地从个别性的认识上升为规律性的理解，又能动地用理论去指导实践的过程；其次，把认识看做一个无限发展的过程，认为人对事物的终极认识有无限接近客观真理的可能性。辩证唯物主义认识论作为人类认识社会的普遍真理是不容置疑的，将其运用到具体的诉讼证明领域本身并无不当，但因为在对辩证唯物主义认识论的理解上有偏差，而导致了目前我国证据制度对客观真实的绝对追求等误区的产生。有学者曾指出，我国传统证据理论对辩证唯物主义认识论理解的不足，在于片面强调了认识论的唯物论，即反映论和可知论，却忽略了认识论的辩证法，曲解了绝对真理与相对真理的辩证关系。③

辩证唯物主义认识论认为人的思维是能够认识客观世界的，但这里所说的人的思维并不是指单个人的思维，也不是指在一次具体的认识活动中的思维，而是说人类在整体上、在无止境的时代更迭中具有对客观世界的无限认

---

① 周叔厚著：《证据法论》，国际文化事业有限公司1989年版，第7页。

② 目前，在这个问题上仍存在争议。如有学者认为，应当将认识论作为证据理论的主要基础。也有学者认为，证据理论的基础不是认识论或者说主要不是认识论。笔者认为，只要不否认对案件事实的查明是对客观事实的回复，就应当承认认识论至少应当是证据理论的基础之一。有关这个问题的争论可参见陈学权：《证据法学理论基础论纲》，载《西部法学评论》2008年第2期。

③ 参见卞建林、郭志媛：《论诉讼证明的相对性》，载《中国法学》2001年第2期。

识能力。恩格斯在批判杜林的形而上学真理观时就曾指出，"思维的至上性是在一系列非常不至上地思维着的人中实现的；拥有无条件的真理权的认识是在一系列相对的谬误中实现的；二者都只有通过人类生活的无限延续才能完全实现。""从这个意义来说，人的思维是至上的，同样又是不至上的，它的认识能力是无限的，同样又是有限的。按它的本性、使命、可能和历史的终极目的来说，是至上的和无限的；按它的个别实现情况和每次的实现来说，又是不至上的和有限的。"①

诉讼证明实际上就可以视为恩格斯所说的"个别实现情况和每次的实现"的过程。根据上述辩证唯物主义认识论，每一次具体诉讼所能查明的案件事实只能达到相对意义上的客观真实，而不可能是终极意义上的。诉讼证明有其自身的特殊性，它不是一个单纯的认识活动，还要受到许多条件的限制，如程序性、时限性、目的性等。这也决定了诉讼中对案件事实的认识只能达到"相对真理"。正是这种相对性为证据排除的存在提供了可能，并使之合理化。

哲学上的普遍原理为我们更好地理解和解决具体问题提供了指导，但是也不能简单地套用和予以绝对化。毕竟特定情形与普遍原理之间是个别与一般的关系，其具有自身的特殊性。在诉讼证明这个问题上，我们利用的是证据与待证案件事实之间的关联性而对案件事实进行"回复"的。但是，从哲学上讲事物之间的联系是普遍的，任何事物之间都可能找到相互间的某种联系，并且这种联系是客观的，是不以人的意志为转移的。然而，具体到诉讼中，却不能不对联系的程度加以限制，否则会使证据调查的范围无限扩大，而无法实现诉讼程序的有效运行。因此，许多国家都对证据的关联性进行了限制。在证据能力的条件中，"最低限度的证明力"便成为其中一个不容忽视的重要条件。根据该条件，那些与待证事实在关联性上过于遥远、微弱的证据将被排除在诉讼之外。典型的如品格证据，其不是案件争议事实，与争议事实也没有直接的关联性，而被视为缺乏最低限度的证明力不具有证据能力。因此，作为一般规则，品格证据不能用以证明该人在特定场合的行为与其品格相一致。在此，实际上是将一部分原本属于事实层面的问题转化为了法律问题。这样在诉讼领域关联性实际上分为两种：事实上的关联性与法律上的关联性。这就与哲学上的事物之间的普遍联系具有了一定的差别。当然，尽管在法律上否认了一部分在事实上有关联性的证据，体现了一定的主观选

---

① 《马克思恩格斯选集》第 3 卷，人民出版社 1995 年版，第 427 页。

择性，但这种限制也并不是毫无根据随意作出的，而是依据长久以来积累的司法经验而作出的理性选择。因此，仍带有一定的客观性。正如台湾学者陈荣宗所言，"法定证据主义之证据法则，若详细加以观察，其实不外乎将法官于认定事实时通常所用之若干经验方法，加以定型化而变为法律而已"。①

综上所述，可以总结出两点：一是认识论应作为证据理论的基础，但不应是唯一基础。二是在运用具有普遍意义的哲学理论指导诉讼的过程中，应充分考虑诉讼活动自身的特殊性，努力构建合乎现代证据制度的认知理论。

二、人性论

休谟说过："所有各种科学都或多或少地与人类本性有关，而且无论其中的某几种科学从表面看来距离人类本性有多么遥远，它们也都仍然要通过某种途径回到这种本性上来。甚至数学、自然哲学，也都在某种程度上依赖于人的科学。因为它们都潜在地受制于人们的认识范围，并且要由他们的权力和能力来判断。"② 证据法学是一门实践性极强的应用法学，与人的科学的关系非常密切，因此对它的深入研究离不开人性论的视角。

人性是一个复杂而又抽象的概念，对它可以从不同的角度进行诠释。马克思关于人性的论断中有一个是从"人的需要"角度去把握人性的。卢梭曾说过："人性的首要法则，是要维护自身的生存。"③ 亚当·斯密称，人最大的不幸是名誉上不应有的损失。帕特利克·亨利曾发出"不自由，毋宁死"的呐喊。实际上，他们所提到的生存、名誉、自由等都是人的最基本需要。除此以外，尊严、亲情、发展等也同样属于人的基本需求。可以说，这些都是基本人性。任何制度的设计，只有在满足这些需要的情况下，才可以说是理性的、科学的。换句话说，这些因素应当成为制度设计时必须考量的因素。证据排除实际上在很多情况下正是对人性予以关照的结果。例如，对非法证据的排除在很大程度上是基于对被告人的尊重。被告人虽为被追诉者，但仍是诉讼主体而非客体，其利益与诉讼结果息息相关，因而必须要保证其在诉讼中获得最基本的公正对待。侦查机关采取非法方式获取证据，不仅破坏了法律秩序，同时也使被告人的人身健康权、财产权、隐私权等相关权利受到侵害。罗尔斯说得好："每个人都拥有基于正义的不可侵犯性，这种不可侵

---

① 陈荣宗：《民事诉讼之立法主义与法律政策》，载《法学丛刊》第 140 期。
② ［英］休谟：《人性论引论》，三联书店 1962 年版，转引自《论经济法的人性基础》，载《河北法学》2002 年第 2 期，第 39 页。
③ ［法］卢梭著：《社会契约论》，何兆武译，商务印书馆 2003 年版，第 9 页。

犯性即使以社会整体利益之名也不能逾越。"① 正是这种侵害性，使非法取证行为以及非法证据被否定。再比如，许多国家都规定，夫妻、父母、兄弟姐妹等亲属之间可以免于作证。毫无疑问，这是国家出于维护家庭和谐的需要，但从根本上来讲，是根源于人的亲情需要。有一条古老的立法格言："法律不强人所难。"亲属之间相互作证，可能会使亲属因此受到追诉或名誉受损。让亲属如实作证，无疑是强人所难。"法治所要求和禁止的行为应该是人们合理地被期望能够去做或能够避免的行为……它不能提出一种不可能做到的义务。"② 正因为如此，亲属特权为许多法治国家的法律所确认。

从人性善恶与理性与否的角度分析，同样可以为证据排除找到依据。人性中有恶的一面，任何人都具有人性不可克服的弱点，如自私、武断、偏执等。正如荀子所说："今人之性，生而有好利焉，顺是，故争夺生而辞让亡焉；生而有疾恶焉，顺是，故残贼生而忠信亡焉；生而有耳目之欲，有好声色焉，顺是，故淫乱生而礼义文理亡焉。"③ 利己性导致了人趋利避害的本能，获取个人利益的最大化是人在行为选择中不可避免的。在诉讼中，当事人因为与案件结果有直接的利害关系，因而为了赢取诉讼的最终胜利，可能会不惜一切代价去收集调查证据，而不会去考虑该证据的取得是否会侵犯对方或他人的利益，该证据的提交是否会造成诉讼的拖延，甚至还有可能会故意提供虚假或具有误导性的证据。因此，需要对当事人提交的证据予以一定的限制，以对当事人的诉讼行为进行制约和引导。正如波斯纳所言，对证据能力加以限制，可能会产生当事人对证据收集的外部成本的自我限制问题，即如果当事人预期法官在开庭审理时会排斥有关证据，则当事人就不太可能去收集这些证据。④ 除了需要对作为普通民众的当事人进行一定的制约外，对于被认为是公正化身的司法主体，也同样需要制约。一方面，其作为人也具有人性的各种弱点；另一方面，由于其掌控权力而权力皆具有易腐性⑤，一旦滥用危害更大，使得对其进行制约以防范其在权力行使中的恣意与擅权显得更为必要。于是，对于侦控机关来讲，排除非法取得的证据就成为预防

---

① ［美］约翰·罗尔斯著：《正义论》，谢延光译，上海译文出版社 1991 年版，第 1～2 页。

② ［美］约翰·罗尔斯著：《正义论》，谢延光译，上海译文出版社 1991 年版，第 259 页。

③ 《荀子·性恶篇》第二十三。

④ ［美］理查德. A. 波斯纳著：《证据法的经济分析》，徐昕、徐昀译，中国法制出版社 2001 年版，第 60 页。

⑤ 孟德斯鸠指出："一切有权力的人都容易滥用权力，这是万古不易的一条经验。有权力的人们使用权力一直到遇有界限的地方才休止。"［法］孟德斯鸠著：《论法的精神》（上册），张雁深译，商务印书馆 1961 年版，第 154 页。

和减少其违法取证的一种重要手段。因为这种否定性的后果，一方面可以对侦控机关产生一定的威慑，另一方面可以通过剥夺其预期利益使其丧失违法的动力，进而自觉地规范自身的执法行为。而对于处于中立地位的裁判者而言，其也和普通人一样存在一定的主观情绪和认知缺陷，因而有可能在裁断上丧失公正。正如卡多佐所言，在法律推理的过程中，会有许多案件以外的因素对法官产生影响，"历史或者习惯、社会效用或某些逼人的社会情感，有时甚至是渗透在我们法律中的精神的半直觉性领悟，必定要来援救焦虑不安的法官，并告诉他向何方前进"。① 因此，为了防止裁判者受到不当因素的干扰，恣意心证，需要对其在认定事实的过程中给予一定的制约。于是，证据排除作为划定心证基础范围，防止裁判者受到那些不可靠及可能引起偏见、混淆等不良证据的误导，防止在证据采纳上的擅断，提高诉讼结果的确定性的重要手段，便得到许多国家的青睐。

　　"在每一个管理制度和措施的背后，都有某些关于人性及其本质的基本看法。"② 人性论是证据排除的一个重要基础，对待人性的不同看法也直接影响到证据排除制度的具体设计。例如，英美法系证据排除规则的发达便与其对陪审团的看法直接相关。在英美法系国家，一般认为陪审团成员并非法律专业人员，不具有职业法官的专业知识和理性思维能力，因此容易受到不适当证据的误导。为防止证据对陪审员产生消极影响，需要对陪审员能够接触到的证据进行一定的限制。例如，摩根就认为，排除传闻证据的主要理由是，陪审团可能不恰当地赋予证人庭外陈述以过高的证明力，并且传闻证据存在着一些潜在的弱点，如传闻证据的可靠性依赖于证人的观察、记忆、陈述能力以及证人本身的品质，陪审团对于上述因素可能没有充分的警惕。③ 相反，在大陆法系国家，对作为裁判主体的职业法官抱有相当的信任，因此在证据问题上没有像英美法系国家那样设定严格的排除规则，是否采纳证据主要依靠法官的自由裁量。从国家的角度看，各国在具体制度上的差异也同样反映了对待人性的不同态度。比如，在对待非法实物证据及"毒树之果"问题上，除美国立法表明了比较明晰的排除态度外，大部分国家都规定由法官在

---

　　① ［美］本杰明·卡多佐著：《司法过程的性质》，苏力译，商务印书馆1998年版，第22～25页。

　　② 程峰：《中国古代人性观和西方现代人性假设的比较》，载《山西青年管理干部学院学报》2001年第3期，第44页。

　　③ Morgan, Hearsay Dangers and the Application of the Hearsay Concept, 62 Havard Law Review, 177 (1948).

个案审理中根据对各种因素的权衡而作出决定。这与各国对待权力主体的不同态度就有很大关系。在美国，民众对国家权力具有强烈的不信任感，因此如何对权力进行有效制约便成为其在制度设计上的重要考量因素。具体到刑事诉讼领域，如何规范行使侦查权，防止警察违法侦查受到很大关注，因此当警察非法取证时，排除该非法证据也就成为其首要选择。而在英国、加拿大、澳大利亚等英美法系国家以及大陆法系国家，对国家权力并不存在如美国那样的极度不信任，对警察违法侦查的担心并不强烈，因而也就没有将排除非法证据作为预防违法的首要手段，非法取得的证据是否应被排除需要权衡违法的程度、后果，证据的重要性，被指控犯罪的严重程度等多种因素后决定，而并非只要违法取得就一概予以排除。

上述分析得出的启示是，证据排除规则的构建必须考虑人的本性，因为"只有符合人的本性，规则才具有可行性"。[①] 这里的人包括诉讼中的所有主体，既包括作为普通民众的犯罪嫌疑人、被告人、被害人、证人等，也包括掌握国家权力的司法人员。而要做到"符合人的本性"，既要对他们给予充分尊重，尽量满足他们各自合理的基本需求，又要充分考虑其自身的弱点，给予必要的制约，避免其为了自身的利益而损害他方的利益，为了局部微小的利益而损害社会的整体利益。唯有如此，才能使制度充满理性和温情，才能使法律成为"行动中的法"，而不只是"纸面上的法"。

三、价值论

作为哲学概念的"价值"，是指客体所能够满足主体自身需要的某种功能或属性。它是一个关系范畴，反映了主体与客体的关系，揭示了人的实践活动的动机和目的。正如马克思所说："'价值'这个普遍的概念是从人们对待满足他们需要的外界物的关系中产生的。"[②]

诉讼证明作为人的一种现实的、具体的、特殊的实践活动，也蕴藏着人的诸多需求，其不仅是一个查明案件事实真相的过程，而且是不同法律价值和社会价值之间的冲突协调的过程。正如著名的证据法学家达马斯卡所明确指出的，"一项关于事实认定的制度安排是否值得追求，其判断标准不仅仅在于它们产生准确结果的能力。在司法裁判领域，寻求认知意义上的理想方案，与寻求事实认定制度的最佳安排有着不同的旨趣。为什么这么说？显而

---

① 马止戈、付鸿栋：《礼法融合的人性基础》，载《法学评论》1999 年第 2 期，第 103 页。
② 《马克思恩格斯全集》第 19 卷，人民出版社 2006 年版，第 406 页。

易见的理由是，对事实真相的追求仅仅是司法裁判活动的一部分；促进发现真实的那些价值，必须与法律程序的其他相反方向的需求（如社会和平、个人尊严、裁判的安定性、诉讼成本）达成一种平衡。"① 证据排除制度即体现了人们对不同价值的权衡选择。

（一）实体价值

受人类自身和知识的局限，"技术的发展至今还无法保证司法获得理想的正确的结果，这就促使或迫使司法采取各种制度来回应或避免可能的或更大的错误"。② 正是在此意义上，证据排除规范彰显着防止误判的工具理性意义。在证据排除规范当中，许多都是直接或间接服务于查明案件事实真相这个实体性目标。例如，为了防止事实审理者受到不当证据的干扰，英美法系的许多国家将不可靠的证据、易引起偏见的证据等均排除在诉讼之外，确立了诸如传闻证据规则、意见证据规则等证据排除规则。传闻证据之所以被排除，是因为传闻证据本身存在虚假的可能性。排除传闻证据可以防止事实认定者对其作出错误评断，同时有利于当事人对质权的实现，通过交叉询问更好地揭示事实。意见之所以被排除，是因为"意见，并非证人所体验者，故证人之意见与推测，在证据上并无用途，且有影响于公正事实之认定。如许证人提供意见，不特使其供述之客观的事实中，混入与提供证据资料上毫无关系之物，且致立证混乱，提供偏见或预测资料之危险，有碍于事实之发现"。③

除了直接基于保证发现案件的实体真实而设立的证据排除规则外，有许多主要基于政策原因而设立的排除规则也同样体现了对实体真实的追求，只不过其更加侧重于对其他价值和社会利益的保护。例如，非法证据排除规则，其确立虽然主要是基于保障被告人人权的需要，但也同样具有保障实体真实的功能。不难理解，在一般情况下使用强迫、威胁、利诱等不当或不合法的方法取得的供述，与合法取得的证据相比，因被告人自由意志受到影响，因此存在虚假供述的可能性更大。排除这种证据无疑会起到防止错案的作用。在司法实践中，大量存在的因刑讯逼供所导致的冤假错案也从反面证明了这一点。

（二）程序价值

在刑事诉讼中，被告人相对于力量强大的控诉机关，处于弱势地位，需

---

① ［美］米尔吉安·R. 达马斯卡著：《比较法视野中的证据制度》，吴宏耀、魏晓娜等译，中国人民公安大学出版社 2006 年版，第 4 页。

② 苏力：《法律与科技问题的法理学重构》，载《中国社会科学》1999 年第 5 期，第 66 页。

③ 陈朴生著：《刑事证据法》，三民书局 1979 年版，第 297 页。

要加以特别的保护。有关证据排除的规定虽然从表面上看是对法官采纳证据活动的规范，但有许多是为保护被告人的权利而设。例如，对侦查机关非法取得的证据予以排除，可以对侦查机关产生一定的威慑，从而预防和减少对人权的侵犯。再比如，传闻证据规则的设立，虽然最初是基于确保案件的实体真实，但后来价值取向已向多元化方向发展，确保当事人的对质权已成为其中的一项重要考量因素。在许多国家，传闻排除规则也是一条来源于宪法的原则。在美国，反询问权构成宪法第六修正案的基础，该修正案保障刑事被告人与对其不利的证人对质的权利。尽管该权利并没有完全排除刑事诉讼中传闻证据的可采性，但它的确施加了一些重要的限制。①

诉讼证明不同于其他证明的是，诉讼结果具有相对不确定性。因为作为证明前提的证据中有可能存在虚假的成分，法官在运用这些证据作出推论的过程中有可能会犯逻辑的错误，诉讼过程要遵循法律关于时间、方式方法等方面的规定，等等。有人曾这样描述这种不确定性："……这种对法律原则、正义和自由的可能性的信仰却不大可能使人避免接受一种认识论，这种认识教导说，没有客观事实；不仅在这个特定案件中，而且在任何别的案件中都是如此；法官不可能犯事实的错误，因为对于事实他不可能弄错，就像他不可能弄对一样。"② 证据排除制度事先为可采纳的证据设定了标准，既为法官提供了采纳证据的依据，也为当事人提供了判断证据能否被采纳的标准，从而在很大程度上提高了诉讼结果的确定性和可预测性。不仅如此，它还具有重复性和可检验的特征。比如，英美法系国家的法律规定，如果法官错误地使用了证据可采性规则，将导致判决被上级法院推翻。这同时也使得诉讼过程变得更为透明。此外，证据排除规范通过剔除那些不具有证据资格的证据，促进了审前程序和庭审程序的相对分离。法庭审理不再是对审前活动的简单重复或认可，而是在更为严格的条件下，对犯罪指控证据的审查，从而成为定罪的支配性阶段。③ 无疑这些都会大大增强裁判事实的可接受性，从而维护司法活动这种纠纷解决方式的良性运转。

在现代社会，司法资源属于一种稀缺资源，不能无限制地加以使用。贝

---

① See generally Heller, The Sixth Amendment（1951）17 S U LJ 573; Murphy（1997）1 E P No. 3, p. 105.

② ［英］卡尔·波普尔著：《猜想与反驳——科学知识的增长》，傅李重等译，上海译文出版社1986年版，第6页。

③ 宋英辉、汤维建主编：《我国证据制度的理论与实践》，中国人民公安大学出版社2006年版，第12页。

勒斯曾指出，"法律的主要目的之一是避免诉讼（为了合理而及时解决争端所必要的诉讼除外），因为诉讼是负值交互行为"。① 如何使司法资源得到最大效率的运用，已成为目前世界各国理论界和实务界共同关注的问题。证据排除制度对于提升诉讼效率、节约诉讼成本亦具有非常积极的影响，一方面，证据排除制度使不具有证据能力的证据在庭审之前得到识别和排除，客观上减少了进入事实认定程序的数量，同时也使那些易于混淆或浪费时间的证据及时得到剔除，从而节约审理时间，提高诉讼效率。有学者曾明确指出，"假如没有合理的限定性证据规则给可以采纳的证据划定外围边界，那么刑事审判所持续的时间将长得让人无法忍受"。② 另一方面，通过对证据进行必要的限制，可以引导当事人更加富有效率地取证，节约取证的时间和成本。例如，《美国联邦证据规则》规定，证据必须对证明案件事实存在或不存在有切实的帮助才有可能被采纳，无关联或关联性非常弱的证据不具有可采性。这一规定有助于抑制诉讼双方将精力过度投注于价值过于微弱的证据收集上，从而节省当事人收集证据的成本。

（三）社会价值

除了实体和程序价值外，证据排除制度还具有其他一些重要价值。这些价值甚至超出了诉讼本身，无法用"实体公正"或"程序公正"来涵盖。确保这些价值的实现同样非常重要。例如，许多国家所设立的特权规则保护的就是某些特定人群之间的信任关系和重大公共利益。根据特权规则，律师与当事人之间、医生与病人之间，以及配偶之间可以免于作证，国家公职人员对于公务秘密负有保密义务，不得对这样的事实作证。这些特定人群之间的信任关系之所以重要，在于它是维持某些职业存续、维持家庭关系稳定的重要基础。对这些利益的损害，将超过公正司法的利益。法国学者色何勒·皮埃尔·拉格特在评述律师保密特权时曾明确地指出："法律保护当事人对于他的律师的信任。各个成员国这样做的目的是相同的，即保护每一个需要借助法律实现他的权利和维护他的自由的人能够求助于律师的指点和帮助，并保证法律的正确实施。只有在律师和当事人相互信任的情况下，这些目的才能实现。因此，也就产生并且形成了律师的权利和义务，这与其说是为了律师个人的利益，倒不如说是为了社会公众的利益。因为在这个问题上，律师

---

① ［美］迈克尔.D. 贝勒斯著：《法律的原则》，张文显、宋金娜、朱卫国等译，中国大百科全书出版社 1996 年版，第 85 页。

② ［美］乔恩.R. 华尔兹著：《刑事证据大全》，何家弘等译，中国人民公安大学出版社 2004 年版，第 13 页。

以及律师的法律服务成了自由社会里保护个人自由的一个必不可少的因素。"①

各种各样的证据排除均体现了立法对不同价值的协调。正是因为如此，证据排除尽管在有些情况下可能导致放纵罪犯，但仍具有相当的正当性。对此，我们还应该采用哲学上的方法论，辩证地看待证据排除。虽然从个案角度来看证据排除与查明事实真相之间存在一定的矛盾，但从更加宏观的角度来看，证据排除作为一种限制证据资格的手段，通过在个案中排除特定的证据，实现了推动更多案件按照可采性规则的要求收集证据，从而在整体上提高证据的质量，促进整体正义的实现。而关于整体正义，日本学者小岛武司提出："社会每一个角落能否得到适当的救济，正义的总量——也称整体正义，是否能达到令人满意的标准，这才是衡量一国司法水准高低的真正尺度。"②

当然，保持各种价值的相对平衡又并非是件易事。美国联邦最高法院首席大法官伦奎斯特曾说过："在我们国家，贯穿政治理论长期历史和宪法发展历程的，最难以裁决的案件是存在两种相互冲突的价值的案件，每一价值都能够得到应有的尊重，但它们却相遇在此消彼长的竞争中。"③ 在这个问题上，不同法系、不同国家由于在诉讼模式、传统文化、社会条件等方面的差异，决定了在价值权衡的过程中，选择又会有所不同。体现在证据排除问题上，不同的国家对于某一项证据在同一种情况下可能做法会有不同。即便是在同一个国家，在社会发展的不同阶段，对价值的选择亦会有所不同。例如，在最早提出"宁可错放十人也不错判一人"④ 的英国，自20世纪中期以来，也越来越强调打击犯罪。2000年12月14日英国上议院一个裁定中的一段话颇耐人寻味："人们必须记着，保护被告人的权利不是（刑事司法）要追求的唯一价值目标。刑事司法的目标是要让每一个人在日常生活中免除犯罪对人身或财产的侵害或由此带来的恐惧。而且，严重犯罪应该受到有效的侦查和起诉，这是符合每个人利益的。（司法）对各方都必须是公正的。在一个

---

① ［法］色何勒·皮埃尔·拉格特、［英］帕特里克·拉登：《西欧国家的律师制度》，陈庚生等译，吉林人民出版社1991年版，第178页。

② ［日］小岛武司等著：《司法制度的历史与未来》，汪祖兴译，法律出版社2000年版，第35页。

③ Joel Samaha, Criminal Procedure, West/Wadsworth Publishing Company, 1999, p. xxii.

④ William Blackstone (1723–1780), "It is better that ten guilty persons escapes than one innocent suffer".

刑事案件中，它要求法官考虑三角形利益关系，包括被告人、受害人或其家庭以及公众的利益定位。"① 在该案中，上议院裁定，该案中的 DNA 鉴定结论虽然是违反法律取得的证据，但却是至关重要的证据，而且确实可靠，法官应该采用。总之，对于价值体系的设置应当具备一定的开放性、动态性，以便于国家可以根据不同的社会政治、经济、文化等客观条件，对价值的取舍作出最适合当下的安排。

通过上述分析可见，证据排除并不是诉讼中的一种偶然现象，它有着丰富的内涵和深厚的理论根基，是司法理性化的必然结果和重要体现。对它的理解不能予以简单化。形式上，它是对进入诉讼的证据资格的限定，实则是为各诉讼主体在相关取证行为、审查运用证据行为上设定界限，而最终的目的则在于满足诉讼中相关主体以及其他社会主体的各种需求，体现了对人的关注。法律的最终目的是为人服务，而不是为了限制和奴役人。在笔者看来，在一个法治社会中，无论社会条件如何变化，法律对人的关照都应是不变的，只是关照的重点和具体内容有所差异而已。② 因此，在法治的语境下，对于证据排除的理解和适用也必须把握住最根本一点，即"以人为本"。换言之，就是尽可能地对更多的人的需求和利益给予更多的关照，而不是局限于某一种或某几种利益。

第二节　证据排除的产生与发展条件

从证据法的发展历程来看，其经历了一个从证明性到可采性的发展过程。近现代之前，证据法表现出了比较明显的证明性，发现真实是证据法的最高宗旨。著名刑事程序史学家约翰·H. 兰博约（John. H. Langbein）在追溯英国对抗制刑事诉讼起源时，就曾用大量史料证明，18 世纪之前的英国刑事司法模式基本上可以概括为"让被告人陈述的审判"（accused speakstrial），审判乃是一种致力于让被告坦露案件事实的技术——被告，或者洗刷冤屈、或者

---

① 转引自何家弘主编：《外国证据法》，法律出版社 2003 年版，第 79 页。

② 关于法治，亚里士多德曾说过："法治应包含两重含义：已成立的法律获得普遍的服从，而大家所服从的法律又应该本身是制定良好的法律。"而是否对人给予足够的关照应是判断法律是否是"制定良好的法律"的一个重要标准。参见［古希腊］亚里士多德著：《政治学》，商务印书馆 1965 年版，第 199 页。

套牢自身（clear himself or hang himself）。① 到了近现代，随着社会的发展和法制的进步，证据法逐渐转向以可采性为中心，注重权力行使的正当性和权利的救济性。为了防止司法的误判及保障更为重大的法律价值，某些证据即使具有一定的证明力也不能被采纳，即要被排除在诉讼之外。证据排除经历了一个从无到有、从简到繁到复杂的发展变化过程。在这一过程中，究竟是哪些条件的成熟和完善促成了这种变化的发生，是一个非常重要的问题。对这个问题的把握将有助于我们更好地理解现行的制度，并对其发展作出科学预测。本节即将尝试对此进行梳理和归纳。

一、司法证明方式的理性化

总体而言，司法证明方式的发展大致经历了非理性阶段与理性阶段。在人类早期的神明裁判下，由于认识能力的局限性，诉讼程序中的事实发现均是以诉诸神明的方式进行的。这种裁判方式多属于仪式化或形式的，即"就是让诉讼当事人履行一套既成的形式或仪式，如宣誓、水审、火审、决斗等，再根据履行过程中发生的情况和履行后的结果来判断是非曲直、解决诉讼。而这些形式与特定诉讼中作为问题的犯罪或侵权行为并无逻辑上或现实上的联系，同时也完全脱离生活中认识的方法"。② 神明裁判尽管在当时的历史条件下具有一定的合理性，但基本上是非理性的。在这种裁判方式下，证据既没有地位也没有意义，基本上不存在严格意义上的证明。因此，也就不可能产生系统、完善的证据排除制度。证据排除制度的产生和发展与理性的证据裁判原则的产生和发展是紧密联系在一起的。

关于证据裁判原则，其基本含义是指对于诉讼中事实的认定，应依据证据作出；没有证据，不得认定事实。随着诉讼理论的发展，证据裁判原则的内容也不断得到发展和充实。在现代诉讼制度下，通常认为它有两层含义："第一，从历史上否定所谓的神判，认定事实必须依据证据，其他任何东西都不是认定事实的根据。第二，从规范意义上讲，必须具有证据能力的证据，而且只有经过调查之后才能认定构成犯罪核心内容的事实。"③ 现代国家无不是以证据裁判原则为依据。大陆法系国家通常在法律中予以规定，如日本刑

---

① 万毅、林喜芬、何永军：《刑事证据法的制度转型与研究转向——以非法证据排除规则为线索的分析》，载《现代法学》2008年第4期，第130页。

② 王亚新：《关于自由心证原则历史和现状的比较法研究——刑事诉讼中发现案件真相与抑制主观随意性的问题》，载《证据法论文选粹》，中国法制出版社2005年版，第95页。

③ ［日］田口守一著：《刑事诉讼法》，刘迪等译，法律出版社2000年版，第217~218页。

事诉讼法第 317 条规定："认定事实应当根据证据。"① 法国刑事诉讼法第 427
条规定，在审判中"除法律另有规定外，犯罪得以任何证据形式认定，并且
法官得依其内心确信作出判决。法官只能以审理过程中向其提交的，并在其
当面经双方辩论的证据为其作出裁判决定的依据"。② 英美法系国家也同样注
重证据对查明案件事实的重要性，其反复强调，"公平的审判就是对证据进
行对抗式检验的审判"，"审判是一种劝说社会相信证据确凿得足以证明惩罚
是正确的游戏。"③

（1）证据裁判原则使司法裁判成为一种理性的司法，为证据排除制度的
产生提供了最基本的土壤。

理性主要是一个认识论和实践意义上的概念。在认识方面，它指的是人
的一种认识能力，是"人用智识理解和应对现实的（有限）能力"；④ 在实践
意义上指的是一种经济理性，⑤ 即以最小的代价和最适当的手段达到目标和
实现价值。证据裁判原则强调司法裁判应当以证据为依据，而不是寄希望于
证据以外的诸如虚幻的神灵意旨等因素来获得对案件事实的认识，从而大大
提高了事实认定的可靠性和可预测性。历史也证明，依靠相关证据来认定案
件事实是最具有实效的，它比其他方法更便捷、可靠，因而是最佳的选择。

但是，理性又不像感觉和记忆那样是与生俱来的，它是需要通过辛勤的
努力才能获得的本领。⑥ 因此，需要对理性加以适当的指导和规范。证据排
除制度正是这样一种手段，通过一系列排除规则对诉讼中可采纳的证据进行
筛选，将那些不可靠及可能引起偏见、混淆的证据排除在诉讼之外，确保事
实认定的准确，同时也提高了证明过程的透明性。

当然，在法定证据制度、自由心证证据制度等不同发展阶段，理性程度
不同，证据排除制度也显现出不同的特点。在法定证据制度下，证据规则更
多的是对证明力的预先规定，法官对证明力的判断受到极大制约。例如，当
时的法律明确规定男人的证言优于女人的证言，僧侣的证言优于世俗人的证

---

① 《判例六法》，有斐阁 2006 年版，第 1695 页。

② 《法国刑事诉讼法典》，罗结珍译，中国法制出版社 2006 年版，第 292 页。

③ ［美］劳伦斯．S. 赖茨曼著：《司法心理学》，吴宗宪等译，中国轻工业出版社 2004 年版，第
20 页。

④ ［美］E. 博登海默：《法理学：法律哲学与法律方法》，邓正来译，中国政法大学出版社
2004 年版，第 473 页。

⑤ 关于经济理性的主要观点，参见［印度］阿马蒂亚·森：《理性与自由》，李风华译，中国
人民大学出版社 2006 年版，第 7～8 页。

⑥ ［英］霍布斯：《利维坦》，黎思复、黎延弼译，商务印书馆 1985 年版，第 33 页。

言。针对不同的证据形式，证明价值被划分为几个等级，如一名目击证人的证言是 1/2 的证明，与案件有利害关系或个人信誉有瑕疵的证人证言是 1/4 的证明等。只有将案件中的证据相加得出完整的"1"，案件事实才能够被证明。对于这些规则法官必须严格适用，不得任意评价证据，体现了比较明显的机械性。如果没有一定的证据，不得做有罪宣告，如果具有一定的证据，则不论审判者内心确信如何，都必须作出有罪判决。① 这一时期也存在某些证据资格的规范，但数量相对较少，比较零散和片面，主要集中在对证人作证能力及刑讯条件的规定上。为了确保证人证言的可靠性，法律对证人出庭作证的条件作出了明确的规定。如这一时期的教会法曾规定，要确定一项事实必须要有两名以上的神谕证人或耳闻证人。② 受当时纠问式诉讼模式的影响，被告人的口供被赋予了极高地位，被视为完全的证据。因此，为了获得口供，刑讯便成为取证的一种惯常手段。当然，对刑讯的运用，法律也规定了一定的条件，如所针对的必须是可能判处死刑的重罪案件；必须是凭借其他收集证据的方法无法收集到效力完整的证据等。法律也同时从时间、方法、程序等方面对刑讯的运作作了限制。③ 这些条件上的限制虽然直接针对的是证人作证及刑讯，但也直接影响到证人证言及口供的效力，决定了它们能否在诉讼中运用，因此可以看做证据排除制度的一个组成部分。这些有限的证据能力规则并没有形成体系，而是散乱地存在于诉讼法、实体法和判例法中。此外，这一时期的证据排除制度还具有另外一个明显的特征，即排除证据的目的仅限于查明案件事实的需要，同时也主要是在于贯彻统治阶级的意志、政策，带有较强的政治性，与后来发展起来的证据排除制度相比，缺少人权保障等更为丰富的内容。例如，与证人能力相关的规则的设立是统治阶级封建等级思想在司法领域的体现和贯彻，其主要的立法目的并非在于限制法官采纳某一类证据的权限。又如，产生于皇室法院的纠问式的诉讼制度以及与此相关的证人证言采纳规则在很大程度上就是服务于保护皇室权利的。④

到了 18 世纪至 19 世纪，资产阶级革命使证据排除制度进入了新的历史发展阶段。在这一时期，科学技术得到极大发展，有关物理学、生物学、医

---

① 刁荣华主编：《比较刑事证据法各论》，汉林出版社 1984 年版，第 5 页。

② ［美］哈罗德．J. 伯尔曼著：《法律与革命》，贺卫方等译，中国大百科全书出版社 1996 年版，第 306 页。

③ John H. Langbein，Torture and the Law of Proof，the University of Chicago Press，1997，pp. 12 – 15.

④ ［美］孟罗·斯密著：《欧陆法律发达史》，姚梅镇译，中国政法大学出版社 1999 年版，第 148～150 页。

学等学科知识被应用到诉讼中，极大地提高了人们认定案件事实的能力，原来那种由立法者预先设定证据效力的做法得到批判。同时，资产阶级人权观在与封建等级思想的斗争中取得了胜利，使原有的以等级制度为基础以及不人道的，诸如反映人身依附关系的关于证人能力及采用刑讯手段取证合法化等证据规则被抛弃。纠问式审判方式在这一时期也退出历史舞台，证据主要由诉讼双方提供，审理者只负责事实认定及对案件作出裁决。这些都为证据排除制度的充实与完善提供了条件。这一时期的证据制度已由法定证据制度转变为自由心证证据制度，证据排除制度也因此摆脱了法定证据制度下机械、形式的特征，而具有了更大的灵活性。1808 年，法兰西刑事诉讼法典最先以立法的形式规定了法官在取舍证据问题上具有自由裁量权。[①] 1877 年的德国刑事诉讼法典第 260 条规定："法院应根据全部法庭审理得出的自由心证来确定调查证据的结果。" 不仅如此，原有的一些规则也被赋予了新的内容，并且增添了许多新的排除规则，使证据排除制度更加丰富。例如，对证人作证能力的规定，摒弃了封建等级色彩和人身依附关系，对"特权"赋予了新的含义，发展演变成为现代诉讼中的拒证特权规则。随着正当程序、无罪推定、直接言词等刑事诉讼原则的确立，非法证据排除规则、传闻证据规则等新的规则也得到认可。在价值取向上，这一时期的证据排除制度也向着多元化的方向发展，证据法的功能更多地体现为防止误判和人权保障等功能，而不再仅仅是查明案件事实真相。

（2）证据裁判原则下，诉讼的价值取向多元化，促使证据排除规则进一步丰富和发展。

现代证据裁判原则不仅强调依证据进行裁判，而且强调所依据的证据必须具备一定的资格，同时对程序提出一定的要求，即必须经过法定的调查程序。如果说前者体现的是对实体公正的追求，后者则体现了对实体公正以外其他诉讼价值的追求，诸如程序公正、效率、秩序等。在这样一种制度环境下，证据排除制度获得了足够的发展空间。

刑事诉讼的基本目的是通过查明案件事实、准确适用法律，以实现对犯罪人的惩罚和对无辜者的保护。但是，如果刑事诉讼只是为了查明案件事实真相，那么最有效的方式就是尽可能地获取证据，而不论证据是以怎样的方式获得，或者证据的使用将会带来怎样的后果。现代社会讲求法治原则，如果不择手段地收集证据，不惜侵害社会和其他公民的合法权益，无异于又制

[①]　何家弘编：《新编证据法学》，法律出版社 2000 年版，第 76 页。

造了一次侵害，将会使社会秩序变得更加混乱，同时也无法让人接受。因此，在法治社会里必须讲求取证手段的合法性、正当性。现代国家普遍设立了非法证据排除规则，其出发点正是对侦查机关的取证行为进行制约。假如证据是以非法的手段获取，即便该证据是真实可靠的，也不能够被使用，因为它是以侵害公民权利为代价获得的。该规则体现了诉讼程序对人权保障价值的追求，是对诉讼多元价值进行平衡的结果。此外，在诉讼效率、程序安定等目标下，那些将会使程序价值受损的证据也受到一定限制。例如，传闻证据除了存在可靠性不足的缺陷外，也会带来程序间断、诉讼拖延的问题，同时也会妨碍对方当事人对质权的行使，因此许多国家均对其的使用进行了一定的限制，纷纷设立了传闻证据排除规则或者确立直接言词原则。

可以说，证据排除制度的发展离不开诉讼对多元化价值的追求，其是这种追求的结果，同时也是实现手段。

二、诉讼模式的演进

证据排除是审理者对证据进行判断的结果，是对审理者运用证据认定案件事实的一种规范和制约。审理者在诉讼中的角色和地位对诉讼对证据的要求具有很大影响，它直接决定了证据是否排除的必要性及可能性。

举一个较为极端的例子。有学者曾假设审判由上帝来进行。[①] 在这种情况下，由于作为审理者的上帝全知全能，并且公正仁爱，程序和证据规则因此均失去了存在的必要。在历史上，存在与此相似的一种情况，即由知情陪审团对案件事实进行认定。英国在公元 11 世纪前后出现了现代陪审制度的雏形——知情陪审团，即由了解案件情况的当地居民组成陪审团对与王室利益有关的案件进行审理。在这些案件中，知情陪审团成员实际上已不仅仅是案件事实的审理者，还兼任了证人的角色。由于审理者知晓一定的案情，对证据进行必要的限制也就失去了存在的必要。直到 14 世纪至 15 世纪，知情陪审团被不知情陪审团取代，陪审团基本上不再依赖自身信息作出判断，而是在法庭上听取当事人举出的证据作为其裁决的基础的时候，为了防止陪审团被不良证据所迷惑、误导，才产生了对陪审团可以接触的证据进行限制的必要。另外，在这个时候，法官也才有可能对证据进行评价并就陪审团如何适用法律进行指示。因此可以说陪审团从证人身份向单纯的审理者身份的转变为证据排除的产生提供了条件。

---

① 龙宗智著：《上帝怎样审判》，中国法制出版社 2000 年版，第 141 页。

　　从审理者能够接触到证据信息的方式来看，又可分为两种：一种是审理者作为证据的取得者，当事人是证据的来源。审理者的任务就是采取各种手段最大限度地获取证据，查明事实真相。在这种情况下，排除证据无疑会减少证据信息，从而有碍事实真相的查明。因此，在这种分工模式下，对证据资格的限制是非常有限的。另外，在这种审理者积极取证的模式下，难免会使审理者对证据先入为主，产生预断，从而使证据不可能真正得以排除，因为证据内容已在事实上对法官认定案情产生了影响。因此，在这种诉讼模式下不可能发展出完备的证据排除制度。这一点可以从大陆法系证据制度的历史发展过程中得到印证。在神明裁判被废除后，大陆法系国家转向法官职权纠问的程序模式，而英美法系国家则走上陪审审判的程序模式。诉讼模式的转向引领了两大法系在证据制度上的分野。这一时期，大陆法系国家诉讼程序的突出特点是，法官全权负责证据的收集、审查和运用活动，不仅不会受到任何限制，还被赋予广泛的裁量权。为了实现实体真实和犯罪控制，被追诉人不具有任何主体地位，口供被视为"证据之王"。法律承认刑讯逼供的合法性，并为此设计了严密的程序。对其他证据种类也基本上未设立准入资格要件。显然，这一时期的程序技术与证据规则是一套旨在寻求案件事实认定正确性的"证明性"规则，而非旨在寻求权力行使的正当性和权利的救济性的"可采性"规则。[1] 到法国大革命之后，纠问式诉讼模式逐渐被职权主义诉讼模式所取代，开始实行控审分离原则，被追诉人获得了诉讼主体地位，但由于法官依职权询问的调查制度未发生根本改变，加之法官被视为法律专家，因此对证据资格也并未作过多限制，而是交由法官自由裁量。对此，有学者指出，大陆法系国家的证据制度一路走来，经历了不少坎坷，但由于其在诉讼程序技术和司法求真技术方面的固有特征——如专业法官作为裁判主体、阶段性的裁判机制，以及法官职权探知的诉讼程序等——因此，并没有给证据规则和证据法的衍生和发展提供像英美法系国家一般的制度土壤。[2]

　　另一种审理者获取证据信息的方式是，证据由当事人收集和提供，审理者只负责对证据进行审查，并在此基础上认定案件事实。这种分工使得对证据的限制变得更加必要。因为当案件信息均来自于当事人时，当事人为了赢取诉讼的最终胜利，必然会不惜一切代价去收集调查证据，而不会去考虑该

---

　　① 万毅、林喜芬、何永军：《刑事证据法的制度转型与研究转向——以非法证据排除规则为线索的分析》，载《现代法学》2008 年第 4 期，第 130 页。

　　② 关于促进证据规则生成的制度条件的比较研究，参见［美］米尔建．R．达马斯卡著：《漂移的证据法》，李学军等译，中国政法大学出版社 2003 年版。

证据的取得和提交是否会侵犯对方的利益、是否会对诉讼的进行造成不利影响等。因此，需要对当事人提交的证据予以一定的限制，以对当事人的诉讼行为进行制约和引导。有学者曾精辟地指出，在这种当事人主动而法官被动的权力格局下，排除证据这种消极的否定权成为被动式法庭所能借助的唯一一种自我保护方式，它的存在使当事人与法官之间保持了一种权力上的相对平衡。① 英美法系国家之所以产生了发达的证据可采性规则，与其采用的这样一种审判模式具有很大关系。近年来，两大法系在诉讼模式上逐渐出现相互融合的趋势。在此影响下，大陆法系国家的证据排除制度也随之发生了一定的变化，一些国家纷纷引入了英美法系的证据排除规则，如意大利、日本及我国台湾地区均相继确立了传闻证据规则。

三、理念的变化

依据我国当代学者的解释，"理念"实际上就是原理和信念，或价值观。一种制度在构建和设计中内在的指导思想、原则和哲学基础，即这种制度的理念；它是一系列价值选择的结果，指向某种特定的目标。理念通常体现为具体的制度，在这种制度的实际运作中贯彻始终，并能够得到验证。② 证据排除制度的发展与理念上的变化有很大关系，充分体现了理念对制度的影响。

证据资格问题在全世界范围内得到关注，大致是在第二次世界大战以后。这一时期刑事诉讼领域发生的一个重大变化是，资产阶级革命时提出的自由、平等、人权等理念被注入刑事审判程序中，对西方刑事证据法产生了重大影响，典型的体现便是将证据能力规范作为实现这些价值理念的重要手段，即将那些有悖于上述价值目标的证据排除在诉讼之外。在这些理念的影响下，一些新的证据排除规则被确立，比较有代表性的有非法证据排除规则。

美国是最先设立非法证据排除规则的国家。在普通法上，有一项由来已久的基本原则：就实物证据而言，取得证据的方式不影响证据的可采性。按照美国学者摩根的说法，"证据于其他情形不可予容许者，则虽有以欺诈、哄骗，或其他卑鄙，或犯罪行为取得之事实，亦非不可容许"。③ 但是，从19世纪后期开始，这一传统开始在美国发生变化。1886年，联邦最高法院在审

---

① 孙远著：《刑事证据能力导论》，人民法院出版社2007年版，第119页。
② 参见范愉：《现代司法理念漫谈》，载中国法理网，2004年1月6日。
③ ［美］埃德蒙·M.摩根著：《证据法之基本问题》，李学灯译，世界书局1960年版，第243页。

理博伊诉合众国（Boyd v. United States）一案①中首次采用了非法证据排除规则，裁定强迫被告人出示构成犯罪证据的文件违反了宪法第四修正案，因此该文件不可采纳。到1914年，联邦法院在威克斯诉合众国（Weeks v. United States）一案②中再次明确了"以不合理搜查、扣押方式取得的证据不得采纳为对被告人定罪的证据"，理由是"如果信件和私人文件能够如此被扣押，并用作有罪证据，那么第四修正案所宣称的保护公民免受这种搜查和扣押的权利就没有任何价值，宪法也就不成其为法律。审理法院及其司法人员将犯罪分子绳之以法的努力值得称道，但是不能以牺牲经过多年努力和痛苦所确立的、包含在宪法中的基本原则为代价"。③ 非法证据排除规则从此得以正式确立。

但是，该案所确立的非法证据排除规则仅适用于联邦法院，并不强制适用于各州的法院。即使是在联邦法院，如果某项证据是由州警察以非法的方法获取，只要不是在联邦警察默许或授意下实施的，仍然可以在联邦法院被采纳。这就是所谓的"银盘规则"（silver platter doctrine）。④ 这些局限通过20世纪60年代的正当程序革命得到弥补。非法证据排除规则不仅适用于各州，而且排除的对象也从非法搜查或扣押的实物证据扩大到直接或间接产生于非法搜查的其他证据，包括实物证据与言词证据。最典型的例子便是1966年的米兰达诉亚利桑那州（Miranda v. Arizona）一案确立的"米兰达规则"，该规则将非法证据排除规则适用到了口供。

纵观非法证据排除规则逐步发展的过程，可以看出，正当程序理念的确立和不断强化是其中一个非常关键的因素。正是在这种理念的指导下，非法证据排除规则才最终突破普通法的传统得以正式确立，并不断发展。

理念上的变化不仅使一些新的排除规则得以确立，也使原有的一些排除规则的理论基础发生了改变，被赋予了新的意义。例如，自白排除规则在普通法上最初是以排除虚伪说为基础的。在最早对自白规则的原理作出解释的案件——1783年的沃里克沙尔案（Warickshall）中，法官在判决中写道：以刑讯、引诱等手段获得的被告人自白之所以不具有可采性，是因为这种证据

---

① Crompton J. In Leatham. (1861) 8 Cox C. C498,501.

② 232 U. S. 383,34 SCt. 341,58 L,Ed. 652.

③ Joeseph G. Cook Pau；Marcus：Cromona procedure, Mathew Berder CO. INC,1989,2nd.

④ David J, Bodenhamer ：Fair Trial Rights of The Accused in American Hiatory , Oxford University Press,1992,p. 113.

的真实性非常值得怀疑。① 英国证据学的先驱吉尔伯特在其所著的《证据法》一书中指出："自白应是自动且毫无强迫的，以痛苦及强制方法逼迫使人供述不真实之事实，其结果，该强制自白不值得信赖。"② 第二次世界大战后，随着人权观念、法治观念的兴起和日盛，理论基础逐渐转向人权维护说，进而发展到违法排除说或兼顾其他学说的混合说。③ 这些学说的出现，表明自白规则已不再仅仅是以确保案件实体真实为目标，而是同时带有其他价值追求。

传闻证据规则的变化也同样是一个非常典型的例证。最初传闻证据在普通法上被排斥，是因为原始陈述者没有在法庭上宣誓，使传闻证据本身存在一定虚假的危险。但是，随着人权保障理念的兴起，交叉询问被视为保障当事人参与权的重要手段和衡量程序正当性的一个重要标准，传闻证据也因与这种目标不符，而不具有可采性。

证据排除从最初只存在于英美法系证据法到引起大陆法系的关注，也正是理念发展的结果。长久以来，大陆法系证据制度的重心一直在证明力上。到第二次世界大战以后，情况逐渐发生了变化。第二次世界大战后，大陆法系国家均认识到，在刑事诉讼中除了要查明案件真相外，还要考虑保障被告人权利、规范政府执法行为等目标。正如德国联邦上诉法院 1960 年在一个案件判决中指出："不惜任何代价来调查案件真相并不是刑事诉讼法的原则。"④ 有了这种认识，大陆法系国家也纷纷在法律中对证据的资格作了限制，证据排除也不再是英美法系证据法的独特现象。例如，法国刑事诉讼法第 170 条规定："在任何情况下，应预审法官、共和国检察官或有关当事人的申请，上诉法院刑事审查庭在案件审理过程中有权对某一行为或某一证据宣布无效。"意大利刑事诉讼法典第 191 条也规定："采用法律禁止的手段获取的证据不具有法律效力。"

四、现实条件的改善

任何制度的形成与当时的社会状况总是存在一定的关联。制度的贯彻实施总是在一定的社会条件下进行，只有具备相应的条件，制度才能有运作的

---

① （1783）1 Leach CC263m168ER234.

② 王茂松著：《非法取得证据有关法律问题之研究》，金玉出版社 1987 年版，第 21～22 页。

③ 宋英辉著：《刑事诉讼目的论》，中国人民公安大学出版社 1995 年版，第 224 页以下。

④ ［德］托马斯·魏根特著：《德国刑事诉讼程序》，岳礼玲、温小洁译，中国政法大学出版社 2004 年版，第 187 页。

空间，也才能得以生存。证据排除制度也不例外。社会的不断发展为证据排除制度提供了相应的空间，使证据排除制度能够得以生存和进一步发展。

（1）案件侦破技术的提高和证据客观化生成机制的完善，使证据排除所带来的对查明事实真相的成本能够被接受。

证据排除是对证据资格的一种限制，其直接的后果是带来法官据以认定案件事实的证据信息的减少。传统社会之所以证据排除制度不发达，很重要的一个原因在于案件侦破技术的落后。由于侦破能力有限，国家可能获取的证据并不多，为了使刑事犯罪能够得到有效追究，一个可行的办法便是降低证据的准入条件。因此，在这样的社会条件下，不可能过多地排除证据。

此外，在传统社会，证据客观化生成机制也较为匮乏，导致可获取的证据资源非常有限。例如，在传统社会，书面资料就比较少。这是因为，印刷技术的不发达以及其他原因使得文字的可接近性很差，加之国家权力对文字的垄断和拔高，文字在传统社会成为象征权力的符号：普通的个性——每个人的日常生活——一般不能进入描述的领域的，被注视、被观察、被详细描述，被一种不间断的书写逐日地跟踪，是一种特权；一个人的编年史、生活报道、死后的历史研究，是他的权力象征仪式的一部分。[①] 因此，传统社会属于一种口传文化的社会，平常人之间的互动基本上是一种面对面的口语交流，他们是"无名者"，其身影没有出现在国家资料库里。[②] 证据生成机制本身的匮乏，导致犯罪发生后难以留有更多的证据，而不是有证据查不出来。这更加剧了在传统社会尽可能获取证据的必要性，而不可能再去对本已非常有限的证据进行筛选。

到了现代社会，科技的发展使人类的认识能力大为提高，一系列科学技术被应用到司法领域，如笔迹鉴定、指纹鉴定、DNA 鉴定等的运用给犯罪的侦破带来极大的帮助，侦查机关获取证据的能力也随之提高。与此同时，国家治理社会的常规性权力全面发展，"无论是社会行动者的大部分日常生活场所（如工厂、办公室、学校、医院），还是更具体性的场景（如监狱和收容所），人们生活的绝大部分时期均能受到或多或少的持续性监控"。[③] "正是这种把生活变成文字和痕迹的做法，使得一个人一旦涉嫌犯罪就必然会有许多他本人难以篡改的实物证据呈现在国家追诉机关的面前。组织对个人的治

---

① ［法］米歇尔·福柯著：《规训与惩罚》，刘北成、杨远婴译，三联书店 1999 年版，第 215 页。

② ［法］米歇尔·福柯著：《无名者的生活》，李猛译，载《国外社会学》2001 年第 4 期。

③ ［英］吉登斯著：《民族—国家与暴力》，胡宗泽、赵力涛译，三联书店 1998 年版，第 35 页。

理资料，为国家的犯罪侦查提供了大量的线索和证据。"① 在可获取的证据资源相对丰富的情况下，相对来讲更能够承受证据排除所带来的查明事实真相的成本。

（2）国家对通过刑事司法实现社会控制的依赖程度降低，促使刑事司法更加理性化、人性化。

另一个影响证据排除制度发展的社会因素是司法在社会中的地位。在传统社会里，刑事司法不仅担负着追究犯罪的职责，而且还担负着社会治理的重任，能否有效追究犯罪将直接影响到政权的稳定。在传统社会里，国家对社会的控制能力相对比较低下，如果犯罪不能得到及时惩处，将会导致"这样的行为在国家不可知的状态下会不断聚集、壮大，从而带来更大的危险"，② 因此，侦破和惩治犯罪的紧迫性和重要性较现代社会更为强烈。这也造成了传统社会里国家对司法的依赖。在这种情况下，国家在刑事政策上更为强调的就是"打击犯罪"，而并不太关注"怎样打击犯罪"。于是，为了完成"打击犯罪"的任务，最大限度地降低证据的准入门槛，尽可能多地获取和吸收证据也就成了刑事司法的必然选择。

而在现代社会，国家治理手段变得多元化，不仅可以对各种失范行为进行及时矫正，而且可以对犯罪动态能有一个大致的把握，不至于导致不可收拾的后果。现代社会的各种组织，如学校、企业、工厂、社区等在对其成员的管理上也发挥了非常重要的作用，既减少了犯罪的发生，也强化了对罪犯犯罪后的约束。国家对通过司法实现社会控制的依赖程度降低，使得司法不会像在传统社会那样，在政策上更看重"打击犯罪"，而是朝着打击犯罪、保障人权等多元化的价值取向发展，刑事司法变得更加理性化、人性化。在这样的社会条件下，对证据进行一定的限制以实现诉讼多元价值目标也就具备了相应的条件和基础，证据排除制度也因此得到了进一步的发展和完善。

综上所述，证据排除并不是诉讼中本来就有的，而是诉讼发展到一定阶段、具备一定条件后才出现并且不断丰富发展完善的。这一过程反映了诉讼的理性化和民主化的发展过程。

---

① 左卫民著：《在权利话语与技术权力之间——中国司法的新思考》，法律出版社 2002 年版，第 276 页。
② 左卫民著：《在权利话语与技术权力之间——中国司法的新思考》，法律出版社 2002 年版，第 273 页。

第三节　证据排除与自由心证

正如庞德所言，确定事实是司法上由来已久和最难解决的问题之一。①在人类经历了神示证据制度、法定证据制度后，近现代各国普遍选择了自由心证作为认定案件事实的方法。尽管它也并非尽善尽美，却是目前人类理性可能达到的范围内最好的选择。自由心证的本质是法官可以对证据的证明力自由进行评价，不再受到既定形式规则的束缚。"自由"可以说是自由心证的基本特征。证据排除规范是对证据资格上的限制，在两大法系的证据法中均占有重要地位。英国学者史蒂芬即认为，证据法的核心无非是"一套以政策为依据的管制性和排除性的箴言，对哪些证人，哪类有证据力的事实得向陪审团提出，哪些类型的事实可以或必须予以证明，制定某些人为的拘束"。②那么，一个不可回避的问题便是这些对证据所作的人为的拘束与自由心证是怎样的关系，会对自由心证产生怎样的影响，本节将试作回答。

一、"自由心证"之自由的必要性与相对性

"自由心证"是大陆法系的一个术语，是指证据证明力的有无及大小，法律不作预先具体明确的规定，而是由法官在审判中根据具体案情，本着理性和良心自由判断，形成内心确信，并据此认定案件事实。它是关于如何评价证据的证明力的原则，其所谓的"自由"在更大程度上是相对于法定证据制度中法律对证据证明力判断的规制而言的。诚如台湾学者李学灯所言，自由心证"系对待法定证据主义，亦即机械评估而言。如非对待言之，即属无所指归"。③具体而言，它包括两方面内容：一是自由判断原则，即证据的证明力由法官自由评价判断，法律不作预先规定。法官不仅可以在单个证据能够证明何种事实及证明程度问题上进行自由判断，在对证据的综合评判上，即能否证明起诉事实、证明程度如何、在相互矛盾的证据间如何取舍等问题上也同样享有自由判断的权力。二是内心确信原则，即法官在内心"真诚地确信"，形成心证，由此判定事实，即法官不允许根据存有疑虑、似是而非的主观感受来认定案件事实。

---

①　[美] 罗斯科·庞德著：《通过法律的社会控制》，沈宗灵译，商务印书馆 1984 年版，第 29 页。

②　沈达明编著：《英美证据法》，中信出版社 1996 年版，第 10 页。

③　李学灯著：《证据法比较研究》，五南图书出版公司 1992 年版，第 703～704 页。

作为对法定证据制度批判的产物，自由心证最早在大陆法系国家产生，并被上升为一项重要的制定法原则。英美法系国家由于并未经历大陆法系国家的法定证据阶段，因此没有专门提出自由心证的概念，也未将其作为一项法定原则提出，但在司法实践中同样贯彻自由心证的精神，证据的证明力问题同样由法官或陪审团自由评价。

之所以各国目前在证据证明力的评价上均采取法官自由评价的方式，是因为其是迄今为止最有利于发现事实的证据评价方法。从认识论的角度而言，对证据证明力的评价实际上是一个以生活经验法则为大前提、以具体案件中的证据为小前提，从而得出证据具有多大证明力的逻辑三段论的推理过程。"因为经验法则来自人类知识的总体，而在证据评价时对未知的具体探求又有无穷的变化，必须根据具体情况来具体地决定采取什么经验法则，因而在判断事实时能够作为前提的经验法则在数量上是无限的。"① 正是这种无限性决定了我们不可能将其事无巨细地规定到有限而且又难免带有一定滞后性的法律条文当中，而只能委诸法官在裁判过程中根据案件的具体情况去选择适用。法定证据制度最终被自由心证所取代，归根结底也是因为其用法律的形式规制证据的证明力的做法违背了客观规律，有失科学性，而导致对事实发现的障碍。可以说，只要我们在证明力的判断上以查明事实真相为目标，那么对证据的证明力进行自由判断便是必需的。

自由心证赋予了法官在对证据的证明力评断上的充分空间，能够充分调动法官的主观能动性，有助于事实真相的发现，但也正是这一点带来其自身的缺陷。"'自由'解脱了法官心证的某些外在约束，却为法官的任意行为设定了一定的合法前提；'心证'使法官的良知和判断力得到了实际的运用，但心证过程的主观性以及法官的心证能力的差异无疑将削弱其对客观事实的决定力。"② 正是因为存在这些缺陷，达马斯卡指出，"在认识论层面，采纳自由心证原则是一种无奈的退缩，是一种退而求其次的选择。如果有朝一日能够针对证据证明力的大小设计出一套可靠的方案——像早期启蒙思想家深信不疑的那样，那么，肯定会有人强烈呼吁，将这一方案转化成具有强制性的证据法规范。"③ 自由心证自身的缺陷决定了其自由不可能是绝对的。从近代以来的证据法的发展历史来看，作为评价证据和探寻事实真相的一种方式，

① 王亚新著：《社会变革中的民事诉讼》，中国法制出版社 2001 年版，第 322 页。
② 顾培东著：《社会冲突与诉讼机制》，法律出版社 2004 年版，第 124 页。
③ ［美］米尔吉安 . R. 达马斯卡著：《比较法视野中的证据制度》，吴宏耀、魏晓娜等译，中国人民公安大学出版社 2006 年版，第 213 页。

自由心证从来都是徘徊于自由与规制之间的。

　　英国牛津大学的乔纳森·科恩教授在《证明的自由》一文中曾指出："……自由证明的合理性与旧的规制证明制度的合理性同样有客观性的要求，如要求事实裁判者排除主观偏见、个人好恶及其他主观因素的干扰。不过，自由证明所依据的不再是少数已事先规定好的标准，而是范围更广的关于我们可能会因之改变意见的具体情况的标准。这些标准都具有客观性，包括逻辑和概率标准、自然规律标准、人类行为标准及其他普遍真理标准。"① 相对于赋予法官评断证据的自由并对其采取更加灵活的限制措施的自由心证制度而言，法定证据制度通过法律的硬性规定来对法官评判证据证明力的活动施加限制，固然可以起到防止法官恣意的积极作用，但问题是它选错了限制的方式。剥夺法官的自由判断权并非是防止法官恣意的唯一且最好的方式。因为它从根本上否定了法官的智慧，抑制了法官能动性的发挥，同时过于绝对的规则又无力应对纷繁复杂的现实生活，使得发现真实这一诉讼的基本要求难以实现。如果说这种选择在历史上还是一种无奈的话，那么在法治力量强大的今天，则完全可以通过一套严密的程序制度来确保法官的权力在正当轨道内运行。对此，有学者曾以水做类比。他谈道，流动是水的本性，若一味封堵，不但不能改变这一本性，还要冒决堤的危险，高明的做法是正视这一流动的现实，对之加以疏导，才能避免泛滥。而对证明力判断活动而言，自由是体现其本性的规律，否定它无疑是错误的，在充分利用这一规律的长处的同时，以良好的程序避免其所带来的副作用才是最经济的方法。②

　　从各国对自由心证的制约来看，可以分为内部制约和外部制约两个方面。内部制约是指对证据证明力判断活动本身的制约，主要是指经验法则和逻辑法则的制约，即裁判者在自由判断证据的证明力时，需遵守经验法则和逻辑法则。这是对自由心证的最基本要求。外部制约是指从心证的主体、心证的程序、心证的基础和对心证结果的监督等方面对自由心证施加的约束限制。例如，意大利刑事诉讼法典对自由心证作了四条限制性规定：（1）法官不能依靠非法取得的证据或其他违法的证据（如通过测谎器或麻醉分析方法获得的证据）形成内心确信；（2）法官在对证据作出判断时应当说明采用的标准；（3）不得根据嫌疑推断事实的存在，除非有关嫌疑是重大的、明确的和

---

　　① ［英］乔纳森·科恩著：《证明的自由》，何家弘译，载《外国法译评》1997年第3期，第7页。

　　② 汪建成著：《理想与现实——刑事证据理论的新探索》，北京大学出版社2006年版，第80页。

相互一致的；（4）同一犯罪案件的共同被告人或者有牵连关系的诉讼案件的被告人的陈述应当同其他可证明该陈述可信性的证据材料结合起来加以判断。① 在日本，强调自由心证必须是合理的自由心证。除了经验法则和逻辑法则外，能够保障自由心证合理性的条件还包括：（1）判断主体必须具有理性判断能力；（2）对重大案件的判断采取复数主体制度（合议制）；（3）把没有证据能力的证据排除于判断证据之外；（4）当事人主义的各种制度；（5）在有罪判决中记载判决理由制度；（6）认定事实的事后审查制度。②

当然，有了这些制约并不意味着面对相同的证据不同的法官会得出完全一致的心证，"盖法院之法官亦系摩顶放踵之人类，各人禀赋不同，修养不一，而其所遭遇更不相若，故虽有客观之机会、条件与资料，仍因主观之差异而发生不同之结论；或往往甲法官已获心证，而乙法官于同一事实尚有所疑"。③ 除了法官主观因素上的差异可能导致心证结果的差异外，诉讼中的一些客观因素也会对法官的判断产生潜移默化的影响。有研究表明，对抗式诉讼比审问式诉讼更容易使裁判者认定被告人无罪，法庭辩论的后发制人，对法官自由裁量权的影响胜于先发制人。④ 这些都是由自由心证本身的主观性质所决定的，因为其在本质上是一种认识活动。因此，我们无法完全消除法官认识上的差异，而只能通过各种手段尽量将差异控制在合理的限度之内。

二、证据排除对自由心证的制约和保障

在自由心证的各种制约手段中，证据排除规范是其中重要的一项。但是，它并不是伴随着自由心证的产生一道存在的。从历史发展的角度看，自由心证经历了传统自由心证与现代自由心证两个阶段。⑤ 在传统自由心证阶段，法官评价和采纳证据的权利是不受任何限制、真正自由的，他只需根据从整个审理所获得的自由的确信，决定证据调查的结论。⑥ 在这一阶段，任何约束法官自由判断的因素都被视为对自由心证原则的背弃。因此，证据排除规范此时没有存在的空间和必要。传统自由心证很快暴露出它的弊端：法官的

---

① 参见《意大利刑事诉讼法典》第 191 条、第 192 条。

② ［日］田口守一著：《刑事诉讼法》，刘迪等译，法律出版社 2000 年版，第 225 页。

③ 陈玮直著：《民事证据法研究》，台湾新生印刷厂 1970 年版，第 6 ~ 7 页。

④ 参见王以真主编：《外国刑事诉讼法学》，北京大学出版社 1990 年版，第 703 ~ 704 页。

⑤ 参见叶自强：《从传统自由心证到现代自由心证》，载陈光中、江伟主编：《诉讼法论丛》第 3 卷，法律出版社 1999 年版，第 383 ~ 386 页。

⑥ ［德］拉德布鲁赫著：《法学导论》，米健译，中国大百科全书出版社 1997 年版，第 123 页。

主观随意性过大，自由裁量权易被滥用。在对传统自由心证进行反思和检讨的基础上，现代自由心证得以产生，其内容已发生重大变化，"法官自由裁量证据的行为受到法律规则尤其是证据规则的制约，其行为必须符合基本的证据规则"。① 在现代自由心证下，证据排除规范不再是对自由心证的背弃，而是其必不可少的前提条件，是对法官自由评价证据的一种外在制约。其限制了法官自由心证的资料范围，即法官内心确信的心理状态只能从有证据能力的证据得来。有台湾学者在论及自由心证时就曾指出：由有证据能力之证据，形成心证，并非以自由心证，判断证据能力，亦不许以自由心证，创造证据能力。②

有关证据排除的规范，从设立目的来看主要有两类：一类是为确保证明的真实性，法律将某些虚假性比较大、关联性较低、易引起偏见等的证据直接规定加以排除，以防止对事实认定者产生误导，如传闻证据、意见证据、品格证据；另一类是为确保证明的正当性，法律基于某种政策性因素的考虑将某些有碍政策目标实现的证据加以排除，如非法证据。这些规范通过对证据的筛选过滤直接划定了法官心证的范围，确保了心证素材的纯洁性，同时缩小了心证的目标范围，有助于法官形成准确的心证。这种限制也使得自由心证的价值目标从单一的"求真"转向"求真"与"求善"并存，从而大大丰富了自由心证的内涵和功能。从程序角度看，这些证据排除规范使法官在形成心证的过程中遵守了同样的规则，有助于实现同等情况同等对待。而这恰恰是法治的核心要义。另外，这些规范也提高了法官心证的透明度，强化了心证的正当性。可以说，证据排除规范既是对自由心证的限制，也是对自由心证健康发展的有力保障。

作为一种外部制约手段，证据排除规范在各种制约自由心证的手段中具有非常重要的地位。一方面，它保证了作为内部制约机制的经验法则和逻辑法则的实现。因为经验法则和逻辑法则只是对法官在证据评价中的一种原则性的要求，其的最终实现还要通过外部制约机制予以配合。许多证据排除规范正是人类经验的总结，将其固化为明确的法律规则有助于其得到有效贯彻。例如，传闻证据排除规则的设立，就是因为人们依据经验认识到传闻证据在一般情况下具有较大的不可靠性，因此予以排除。另一方面，相对于程序规

① 叶自强：《从传统自由心证到现代自由心证》，载陈光中、江伟主编：《诉讼法论丛》第3卷，法律出版社1999年版，第384页。

② 陈朴生著：《刑事证据法》，三民书局1979年版，第554页。

范等其他外部制约，证据排除规范对法官在证据评价中的限制作用更为直接，它直接限定了法官形成心证的资料范围。这也正是传统自由心证与现代自由心证之间的重大差别所在。

三、证据排除给自由心证带来的挑战

证据排除规范限制了事实裁判者开展自由心证的证据的数量和范围，表面看来，似乎与裁判者自由评价证据的活动并不相关，但如果考察一下证据排除规范的实际应用，二者之间的紧张关系就会比较清晰地显现出来。从目前的有关研究来看，这一点常常被忽视。

证据排除规范事先以法律的形式对某些证据的证据资格进行了限制。按照其要求，这些证据将不得作为诉讼证据使用。但是，当事实裁判者接触到具有可信性但根据法律应予排除的证据时，问题便出现了：法律制度应当如何确保这些应予排除的证据不仅在形式上得到排除，而且在实质上也被排除，即不会对裁判者认定案件事实产生影响。最理想的方式当然是，由其他未接触到该证据的裁判者来对案件事实进行认定。但是，显然这种方式的成本又比较高。对此，两大法系都采取了责令事实裁判者对此类证据信息不予理睬的做法。这实际上是预定了此类证据的证明力为零。从形式上看，这已违背了证据价值不应由法律预先加以规定的原则。同时，其效果如何，也是一个非常值得考虑的问题。当事实裁判者接触到有说服力的证据时，其真的能够将该证据彻底排除而不受其影响吗？对此，美国证据法学家达马斯卡认为，这是一个经验性的问题，答案依赖于在司法裁判中，事实裁判者进行事实认定时心理运作过程的性质。如果事实裁判者采取"原子模式"形成确信，即先分别判断每个证据的证明价值，再通过合计得出最终结论，那么法律关于排除证据的要求便可以得到遵守。但假如裁判者以"整体论"的方式进行事实认定，即不分别考虑单个证据的证明价值或者他们没有能力将单个证据的证明力从对案件所有证据综合形成的整体评价中分离出来，法律关于排除证据的要求便无法实现。[①] 对于心证形成过程的性质，目前心理学家和认知科学家还未达成共识。但事实上，对于应予排除但又有说服力的证据所产生的

---

① ［美］米尔吉安. R. 达马斯卡著：《比较法视野中的证据制度》，吴宏耀、魏晓娜等译，中国人民公安大学出版社 2006 年版，第 220 页。

具体影响其实很难准确识别，更别说有意识地将其消除了。① 这样，基于证据排除规范的要求而得出的结论与事实裁判者实际已经形成的内心确信便发生了矛盾。

证据排除规范的实施会对自由心证产生一定的干预，但在不同的法系这种干预的程度并不相同。主要原因是在两大法系不同的审理构造下，发生事实裁判者接触到具有可信性但不具有可采性的证据的情形不同。在英美法系，法律问题和事实问题分别由法官和陪审团解决。证据可采性的问题被作为法律问题，一般情况下，在陪审团正式听审之前都已由法官解决。仅在有些情况下，会出现陪审团在正式听审过程中发生新的证据可采性的问题。此时，作为事实审理者的陪审团才有可能接触到不具可采性应予排除的证据信息。② 在这种情况下，便需要法官对陪审团作出不予考虑那些应当排除的证据的指示。当然，在法官独任审判的案件中，也不可避免地会发生事实裁判者接触到应予排除的证据信息的情形。而在大陆法系，法律问题和事实问题在主体上并没有区分，都由职业法官负责。在有陪审员参与的案件中，也是由陪审员和法官共同负责。这使得在大陆法系国家，发生事实裁判者接触到应予排除的证据信息的情形具有更大的普遍性。

在同样发生事实裁判者接触到应予排除但有说服力的证据的情况下，两大法系正当裁判观念所受到的冲击程度也是不同的。与大陆法系相比，英美法系更强调裁判标准的外在尺度而非个人主观的确信状态。在多数时候，法律要求陪审员想象如果一个理性的人面对这些证据会做何裁决，而不是要求他们求诸自己的内心确信。因此，宣告刑事被告人无罪的根据，不是事实裁判者个人的任何怀疑，而是特指具有公共正当性（即"合理性"）的怀疑。③ 在对可采性证据的评价上，英美法系国家也从理性人的视角设置了多种证明标准。因此，当事实裁判者接触到不具有可采性的证据信息后，很容易找到一个非个人化的标准，并以社会可接受性为基础进行判决。但大陆法系国家强调以个人的内心确信作为事实裁判的首要前提。在法官接触到不可采证据

---

① 心理学上有一种支持观点：在心证的形成过程中，直觉和意志的因素也会起作用，而认知者并未完全认识到这一点。See, e. g. , Weimar, op. cit. , supra n. 16, 80, 126 – 29. Blaise Pascal may thus have been right; "le Cpeur a ses raisons que la raison ne connait point". (Pensees 4, 277)

② 这种接触有时是无意的，有时却是必然的，如法律关于有限的可采性、附条件的可采性等规定。

③ 也正是因为如此，在英美法系，在陪审团评议过程中出现僵局等情形下，如果陪审员的心证无法满足合理性标准，法官甚至可以敦促他们放弃真实的心证。代表性案例是 Allen v. United States , 164 U. S. 492 (1896)。

时，法律要求其将这些证据信息从其判决考虑的过程中排除出去。但这种排除无疑是困难的，甚至是根本做不到的。向证据排除规则屈服的事实裁判者，甚至会被迫作出与其内心确信相背离的判决。①

总之，证据排除规范的广泛实施给自由心证带来的冲击目前在两大法系中都不同程度地存在。如何协调好二者的关系，仍是一个值得关注的问题。笔者认为，这需要根据每个国家的不同情况，从证据排除规范的数量以及排除程序的设置等多个方面综合考虑。

---

① ［美］米尔吉安·R. 达马斯卡著：《比较法视野中的证据制度》，吴宏耀、魏晓娜等译，中国人民公安大学出版社 2006 年版，第 216～222 页。

第三章　两大法系有关证据排除的理论与立法

有学者说，"排除功能是英美证据法最显著的特征"。① 但实际上，证据排除早已不是普通法系的独特现象，到目前已发展成为现代各国证据法的一个共同的核心精神。在这种背景下，深入研究证据排除问题对于我国这样一个证据法理论和证据制度均尚待发展的国家而言，其重要性自不待言。在此过程中，对其他国家的相关理论和制度进行考察和分析无疑是必要的。因为这不仅可以使我们了解不同国家的不同做法，更有助于我们转变长久以来形成的思维定式，进而找到更好的解决自身问题的途径。

第一节　英美法系国家有关证据排除的理论与立法

一、英美法系有关证据可采性的理论发展

在英美法系，直到 18 世纪后期，学者们对证据问题的研究还比较零散、简单，且多为判例注释。英国 18 世纪最著名的法学家布莱克斯通（Sir William Blackstone）在其传世之作《英国法释义》（Commentaries on the Law of England）中关于证据的论述也不过十几页。这一时期的证据规则也相对比较简单，比较零散地体现在判例中，并没有形成体系。据说埃德蒙·伯克曾经在 1794 年沃伦·黑斯廷斯的审判中说过，他知道有一只鹦鹉可以在半小时内学会所有的证据规则并在 5 分钟内复述一遍。②

在当时，学者们普遍认为，证据法所确立的若干规则均可纳入"最佳证

① See Basic Concepts of the Law of Evidence, Evidence and Proof, edited by William Twining and Alex Stein, New York, NY: New York University Press, 1992. p. 362.

② Cited by Wigmore, 1 Treatise, 237 (original citation not traced).

据规则"理论。1754 年，当时英国最有影响的证据法学家吉尔伯特（Gilbert）在其专著《证据法》（The Law of Evidence）中指出："与证据有关的第一条也是最显著的规则就是：必须在案件性质所允许的范围内尽可能多地使用证据；法律的意图就是要在涉及权利的问题上作出严格的证明，而没有该案件性质所允许的最佳证据就没有对该事实的证明。"[1] 从这个概括性和具有严格形式的"最佳证据规则"出发，吉尔伯特对证据作了分类，并按照盖然性的高低划分证据的等级。公共档案中的记录材料成为最高等级的证据，即"最佳证据"。吉尔伯特所带来的影响是，引发了英国证据法著作史上由律师掀起的第一次高峰，判例汇编尤其是初审案件的判例汇编的扩充也随之而来。

19 世纪初，英国最著名的证据法学家是杰里米·边沁（Jeremy Bentham）。其撰写的《司法证据原理》（Rationale of Judicial Evidence）成为 19 世纪最有代表性和论述最为全面的证据学著作。他在该书中反对证据排除规则，认为任何人的证言和相关的证据都不应排除在证明过程之外，只要该过程带来的痛苦和花费是有关人员能够承受的。[2] 他甚至反对一切证据规则，包括关于证人可靠性的规则、证据的证明力规则等。他的理想是废除一切正式规则，回归以日常经验和常识推理为基础的自由证明制度。边沁对证据的研究，正值英国普通法的证据规则在经历了数百年的积累，日益变得晦涩、复杂，并且招致广泛批评的时候。虽然他的著作出版后，也有褒贬不一的评价，但是从后来英国证据法的发展来看，他所提出的一些建议陆续变为现实。更为重要的是，他的激进唤起了人们对许多证据问题的思考，许多后来的英美证据法学家均在不同程度上受到他的影响。

与此同时，一批面向法律实践人员的参考性证据学著作也相继在英美问世。其中，贝斯特（William Best）对证据的关联性和传闻证据规则作出了很有创见的论述。他在《证据原则》（the Principles of Evidence）中提出下列观点：第一，证据必须与案件中争议的事实问题具有关联性；第二，在审判中没有这种关联性证据就会败诉的一方当事人应当承担举证责任；第三，尽管传闻证据规则等证据规则在 17 世纪中期以后才形成，但在那以前的很长时期内就已经作为指导性原则为法官所熟悉。1806 年，英国学者埃文斯（Sir W. D. Evans）对英法两国证据制度进行了比较，并建议限制证据排除规则的适用，主张法官在评断证据的证明价值时采取更为灵活的制度。

---

[1] William L. Twinning, Rethinking Evidence: Exploratory Essays, 1990, p. 36.

[2] 转引自郭志媛著：《刑事证据可采性研究》，中国人民公安大学出版社 2004 年版，第 50 页。

　　继边沁之后，影响最大的英国学者当属史蒂芬（James Stephen）。他的代表作《证据法摘要》（A Digest of the Law of Evidence）在整个普通法系世界产生了轰动。他以关联性理论代替最佳证据规则作为整个证据法的统一基础，并对关联性进行了系统的论述。他为关联性下的定义至今仍被英美法系国家的学者奉为经典，而且他还对逻辑上的关联性和法律上的关联性进行了明确区分，认为前者是指证据可以用于推导出案件事实，后者是指在法律上什么证据具有可采性。他的这本著作不仅在英国多次再版，在美国及其他英联邦国家也产生了很大影响。

　　19 世纪以来，美国学者在西方证据法学理论发展中发挥了越来越重要的作用。詹姆斯．B．塞耶（James B. Thayer）是其中比较重要的一位，甚至有人认为，塞耶是有史以来最伟大的证据法学家。① 他对史蒂芬的观点作了修正，他认为关联性单纯是逻辑上的问题，逻辑上的问题无须用法律加以规定，关于证据可否被法庭采纳的规则应主要以排除规则为核心。"证据法的核心无非是一套以政策为依据的管制性和排除性规则，对哪些证人，哪类有证明力的事实可以向陪审团提出制定人为的拘束。"② 他将这些拘束归为两类原则：凡是在逻辑上不能证明需要证明的事的证据，一律不能接受；具有这种证明力的证据，除非明确的法律政策予以排除，一律应接受。③

　　塞耶的学生约翰·亨利·威格莫尔（John Henry Wigmore）是 20 世纪西方国家中最负盛名的证据法学家。他吸收了塞耶关于证据法的一般理论，但采取了更为广泛的研究方法，把塞耶的理论作为其交叉学科证据与证明科学的一部分。他的著作在今天仍被广泛阅读，其中其于 20 世纪初出版的《在普通法审判中的英美证据体系专论》（A Treatise on the Anglo – American System of Evidence in Trials at Common Law）被认为是迄今为止空前绝后的英美证据法学专著。甚至有人认为，威格莫尔的著作推迟了美国证据法法典化的进程。④ 他在另一部著作《建立在逻辑学、心理学和一般经验基础之上的司法证明科学》（The Science of Judicial Proof as Founded on Logic，Psychology and General Experience）中指出："对律师来说，证据原则的研究包括两个不同的部分。一部分是在一般意义上的证明。……另一部分是可采性，即由法律基

　　① 　On Thayer's Life, see especially The Centennial History of the Harvard law School, 1817—1917 (1918), A fascinating interpretation is to be found in C, Chamberlayne（1980），758—763.

　　② 　沈达明编著：《英美证据法》，中信出版社 1996 年版，第 10 页。

　　③ 　沈达明编著：《英美证据法》，中信出版社 1996 年版，第 10 页。

　　④ 　Ronald L. Carlson：Materials for the Study of Evidence，The Michie Company，1983，p. 3.

于诉讼经验和传统为保证审判人员（特别是陪审员）免受错误证据影响而设计的程序规则。"

二、英美法系关于证据可采性的立法与实践

（一）发展过程

在人类早期的神明裁判制度下，由于法官裁判并不主要以证据为依据，因此没有对证据进行限制的需求，也就不会出现规范证据可采性的法律规则。神明裁判被废除后，证据在裁判中的作用日益凸显，为证据可采性规范的出现提供了可能性。在英美法系证据可采性规范发展的过程中，诉讼程序的因素起了非常关键的作用，因为诉讼程序自身会对证据提出某些要求。

英美法系对证据可采性的重视大致发生在十二三世纪英国建立陪审制度后。早期的陪审团是作为案件事实的知悉者参与到诉讼中来的。陪审员大多是根据自己所了解的案件情况对案件作出裁判，证据很少被提交到法庭。因此，这一时期还不存在什么证据规则。随着社会的发展，陪审团逐渐由案件的知情者变为专门对证据进行评估的事实审理者。这时便产生了对证据可采性规范的需求。一方面原因在于陪审员并非专业的法律人士，相对于职业法官，人们普遍认为其认识能力存在缺陷。为了避免陪审员受到干扰，产生偏见或预断，便需要排斥某些证据在诉讼中的使用。另一方面原因在于召集陪审员审判并非易事，需要花费较多的时间。为了避免诉讼的拖延，节约成本，审判需要集中进行。因此，必须对证据有所限制，将那些有可能导致诉讼拖延的证据排除在法庭之外。

从陪审团审判模式确立一直到18世纪的几百年时间里，民事诉讼领域的证据规则主要体现在一些零散的判例中，这些规则在总体上可以概括为"最佳证据规则"。[①] 根据这一规则，当事人必须向法庭提供案件性质所允许的最佳证据。而判断是否是最佳证据的标准则在于它是否有利于在陪审团审判模式下查明案件事实。据此，传闻证据因为存在虚假的危险而很有可能对陪审员产生误导，并且对传闻证据的调查核实将会不可避免地造成诉讼的拖延，因此传闻证据不是最佳证据，应予排除。其他与案件事实关联不大，并且调查核实将带来审判拖延的证据也不是最佳证据，不应被采纳。

相对于民事证据规则，这一时期的刑事证据规则具有相对较强的明确性和体系性。有关证据排除的规则，主要有三方面内容：第一，品格证据规则，

---

① William Twining, Theories of Evidence, Bentham Wigmore, Weidenfeld Nicolson, 1985, p. 1.

即禁止控方提供有关被告人品格恶劣或有前科的证据。第二，自白规则，即以刑讯、欺骗或引诱等手段获得的被告人承认有罪的自白应予排除。第三，传闻证据规则，即转述他人在法庭之外的陈述不具有可采性。

这一时期的证据排除，无论是在民事诉讼中还是在刑事诉讼中均有一个共同的特点，即它们都是在陪审团这种审理模式下，为准确和顺利查明案件事实而服务的，而并非旨在寻求权力行使的正当性和保障被追诉人的利益。例如，对品格的排除，是因为在当时的人们看来，品格证据与案件事实并没有很强的关联性，而且极易造成对陪审员的误导，从而影响陪审员对事实的准确认定。而以刑讯、欺骗或引诱等手段获得的被告人承认有罪的自白，以及未经宣誓的自白都很有可能是虚假的，也同样会对陪审员造成不当影响，因此应当排除。正是在此意义上，有学者将这一时期的证据排除规范归入技术性规范的范畴。①

到了资产阶级革命时期，随着一系列新的价值理念被注入证据法，英美法系的可采性规范也发生了新的变化，突出地表现在两个方面：一是非法证据排除规则得到确立，丰富了可采性规则的内容；二是原有的规则，如传闻证据规则、自白规则被赋予了新的意义。这两点已在本书第二章第二节有所论述，在此不再赘述。这一时期的规范也同时在世界范围内产生了重大影响，许多大陆法系国家也纷纷确立了相关证据排除规范。例如，非法证据排除规则自从在美国确立后，不仅被普通法的发源地英国所借鉴，而且在法国、德国等典型的大陆法系国家的刑事诉讼程序中也得到不同程度的体现。因为这些规范具有保障公民权利、规范政府行为等政策实现的功能，而不再单纯是确保陪审制下最大限度地查明案件事实真相，因此，有学者将这一时期的规范称之为政策性规范。②

（二）立法形式

从形式上看，英美法系可采性规范大致经历了三个发展阶段：

第一个阶段是司法经验期。最初英美法系关于证据可采性的划分，仅仅是司法实践中的一种做法，并没有上升为法律，甚至连可采性的正式概念都未产生。无论是法官对证据进行筛选，挑选出"最佳证据"给陪审员，还是陪审员根据所提供的证据对案件事实进行认定，均是出于自身对证据的评价。当时所谓的品格证据规则、自白证据规则和传闻证据规则，也并不是真正意

①　孙远著：《刑事证据能力导论》，人民法院出版社 2007 年版，第 44 页。
②　孙远著：《刑事证据能力导论》，人民法院出版社 2007 年版，第 46 页。

义上的法律规则，而只是司法经验的总结。

到了 18 世纪，实践中的这些做法逐渐被法律所确认，发展成为确定性的法律规范。证据可采性规范进入第二个发展阶段，即任意性规范阶段。这一阶段虽然将可采性规范上升为法律，但并不具有强制性，是否排除证据主要由法官在案件中根据具体情况自由裁量决定。在从第一阶段向第二阶段的发展过程中，律师起了比较大的推动作用。因为借助于这些比较明确的可采性规范，律师可以通过排除控方提供的某些证据来为被告人谋求利益，同时也可以对案件结果进行合理预期，便于其更好地开展工作。有资料显示，自从英国在 18 世纪正式确立辩护律师制度后，刑事证据可采性规范也相应地迅速法定化了。[1]

第二次世界大战之后，证据可采性规范逐渐由任意性规范转变成强制性规范，由此进入第三个发展阶段。在这一阶段，可采性规范的确定性进一步增强。首先，规范在内容表述上更加具体明确。例如，美国的米兰达规则详细规定了警察在讯问被告人之前应告知其所享有的沉默权、审讯过程中的律师在场权，以及请不起律师的被告人享有的免费律师帮助等各项权利，如果没有告知或其中任何一项权利被侵犯，将导致所获取的口供被排除，而非笼统地规定侵犯被告人反对自我归罪特权取得的口供不具有可采性。规范的明确化保障了规范适用结果的确定性。其次，对证据可采性的判断，原则上由法官根据法律规定处理，法官自由裁量的空间缩小。与此同时，为了弥补规则确定性所产生的弊端，规定了大量的例外。这一时期证据可采性规范确定性的增强与规范政策性因素的增强有很大关系。前文已述，这一时期的证据可采性规范已由技术性规范向政策性规范转变。为了保证规范政策性目标的实现，势必需要加强其在适用上的确定性。

英美法系虽有判例法的传统，但在证据法领域表现出了明显的成文法特征。美国从 19 世纪 30 年代开始了证据法成文化的努力。1939 年，美国法律委员会开始着手模范证据法的起草。但是，在起草过程中出现了两派针锋相对的观点，一派认为法典应当对证据问题进行细致入微的规定，另一派则认为法典应该简洁、明晰。最终，模范证据法对两种观点进行了折中。该法典对以往的证据规则进行了许多改革，但绝大多数被认为是超前的而受到了广泛反对。因此，该法颁布后一直未得到执行。1949 年，统一州法委员会又开始组织对证据法的起草，并于 1953 年通过了《统一证据规则》。该规则在改

---

① 　John H. Langbein, The Origins of Adversary Criminal Trial, Oxford University Press, 2003, p. 196.

革问题上更加谨慎，在条文上更加简洁，但也只在部分州得到了执行。在美国证据法上堪称里程碑意义的是 1975 年美国国会通过的《美国联邦证据规则》。该规则与《美国统一证据规则》有许多相似之处，适用于联邦法院系统，使联邦法院有了单独的证据规则可循，而且也不必再依据法院所在州的法律来解决证据问题。因此，该规则自颁布之日起便得到了广泛支持。随后，一些州也开始制定本州的证据法典或宣布开始适用先前颁布的统一证据法典。

　　除美国外，19 世纪后期英美法系的其他国家也都开始了证据法成文化运动。1851 年，英国通过了证据法，废止了普通法中有关当事人不能提供证据的规则，确立了当事人证言的证据资格，对证据的可采性问题产生了重要影响。此后，又通过了 1858 年书证法、1984 年警察与刑事证据法等。[①] 印度在 1872 年通过了证据法，并一直沿用至今。该法对证据应具备可采性的前提条件作了详细的阐述，对证人能力、证言的可采性及文书证据的可采性均作出了规定。新西兰则通过了第一部关于证据的专门立法——1908 年证据法。

　　总之，成文化是当今英美法系国家在证据可采性规范上的一个共同的形式特征。目前，许多英美法系国家均通过明确规范的形式确立了较为复杂和完整的可采性规则体系。这些规则在一定程度上提高了诉讼的秩序性和可预测性，但其本身不可避免地带有规则判断所必然产生的"执一成之绳墨，律万变之物情，至桎梏有司之聪明，所伤害滋者，故失之泥"的弊端。因此，近年来英美法系国家在证据可采性规则上逐渐产生了这样一种发展趋势：法官在证据可采性问题上的作用和权力不断增强。这种趋势的出现是在两方面因素影响下形成的：一是例外数量的不断增多使证据排除规则实际适用的范围在不断缩小。新的证据排除规则的制定也受到严格的限制。在诉讼中，开始有越来越多的证据具备了进入法庭调查的资格，如美国加利福尼亚州 1982 年宪法修正案规定，基于发现真实的权利，嗣后非经 2/3 的票数同意，不得制定要求在刑事案件中排除有关联性证据的新规则。[②] 二是对于根据证据规则具有可采性的证据，法官在个案中也可以酌情予以排除。这项权力在普通法中早已存在，而且在美国各国的制定法中也有明确规定。[③] 当然，证据规则仍是规范证据资格的主要依据，法官的自由裁量权仍要受到证据规则的制约，其不能将根据证据规则应予排除的证据纳入法庭调查程序。

---

①　徐昕著：《英国民事诉讼与民事司法改革》，中国政法大学出版社 2002 年版，第 240 页。

②　转引自周叔厚：《证据法论》，三民书局 1995 年版，第 180 页。

③　如《美国联邦证据规则》第 403 条规定，英国 1984 年警察与刑事证据法第 78 条规定等。

另外，还需说明的是，尽管英美法系国家在证据可采性上呈现出成文化特征，但制定法并不是唯一渊源。无论是美国还是英国，判例都是其重要渊源之一，与制定法互为补充。其主要体现在：第一，制定法是对判例法规则的法典化，法官在解释和适用这些法律时必须依赖过去的判例。对此，美国学者乔恩. R. 华尔兹曾说过，美国开发证据法典的努力主要在于"试图在某一地区按目录划分那些早已在我们的法院中牢固确立的证据规则。仅在少数情况下，这些法典才有新的突破"。① 第二，在审判实践的积累中，制定法往往被附上许多判例。例如，美国联邦最高法院咨询委员会、国会参众两院司法委员会对《美国联邦证据规则》的注释，就引用了大量判例予以佐证。加拿大最著名的1985年证据法甚至在许多条款后面都附有重要的判例法注释。例如，该法第4条规定了"夫妻作证特免权"，在条款正文后又附上了包括索特洛案（R v. Saltituro（1991））在内的50多个判例，分别对"夫妻"、"交流特免权"、"其他特免权"等术语进行了补充性解释，以便人们更好地解读前面法条的含义。② 第三，除了成文法外，还有相当数量的有关证据可采性的规则仍是以判例法的形式存在。

三、英美法系证据可采性规范的程序基础

英美法系证据可采性规则体系庞大，历史悠久，是现代证据制度中非常具有代表性的部分。但是，这种情况的形成并非偶然，它具有深刻的制度背景，是与英美法系所特有的陪审团制度、对抗式诉讼模式、集中审理原则紧密联系在一起的。

（一）陪审团制度

英美法系的陪审团制度不仅是英美法系一项较为独特的诉讼制度，而且也是英美法系社会生活和政治生活中非常有代表性的组成部分。其对英美法系证据制度的影响是深刻的。英美法系大多数证据规则尤其是可采性规则，都是为适应陪审团审判而设计的。

一般认为，陪审团成员并非法律专业人员，不具有职业法官的专业知识和理性思维能力，因此容易受到不适当证据的误导。为防止证据对陪审员产生消极影响，需要对陪审员能够接触到的证据进行一定的限制。具体而言，

---

① ［美］乔恩. R. 华尔兹著：《刑事证据大全》，何家弘等译，中国人民公安大学出版社1993年版，第6页。

② 转引自刘品新：《论证据法的范畴与我国的证据立法》，载《民事程序法研究》第四辑，第156页。

可采性规范在保障陪审员准确认定案件事实方面的作用主要体现在以下三个方面：

第一，防止陪审员对某些证据作出过高评价，轻信某些实质上不太可信的证据。例如，摩根就认为，排除传闻证据的主要理由是，陪审团可能不恰当地赋予证人庭外陈述以过高的证明力，并且传闻证据存在着一些潜在的弱点，如传闻证据的可靠性依赖于证人的观察、记忆、陈述能力以及证人本身的品质，陪审团对于上述因素可能没有充分的警惕性。[①]

第二，防止陪审员的情绪受到某些证据的不当影响，从而保持客观、冷静。在诉讼中，有些证据"证明价值很小，而潜在的偏见危险很大"，[②] 如果允许在诉讼中使用，很容易使陪审员产生预断和偏见，典型的如品格证据。不难想象，在一系列证明被告人有重大前科的证据面前，陪审员们的情绪将很容易受到影响，从而产生对被告人的厌恶及愤怒。在这种状况下，陪审员将很难对案件事实作出客观的判断。因此，对此类易引起偏见的证据，英美法系均予以排除。

第三，排除某些陪审员无能力准确评估其证明作用的证据。有时对诉讼中的某些证据的证明作用的评估，需要事实认定者具有特定的技能，而陪审员不具备相应的技能，为防止其错误评估而不得不排除此类证据的使用。比如，对科技证据的可采性英美法系一直保持着非常谨慎的态度，就是因为陪审员并非"业余科学家"，他们在绝大多数情况下并不具备准确评估此类证据之证明作用的能力。[③]

除了陪审员自身的因素外，陪审团与法官的分工也使基于确保证据可靠性的证据排除规则的作用得到了有效发挥。这一观点由英国学者米尔吉安·R. 达马斯卡（Mirijan R. Damaska）首先提出。[④] 大陆法系也存在陪审制，但并没有形成英美法系那样庞杂的证据规则体系。原因在于，在大陆法系陪审制下，法官与陪审员之间并不存在分工，都负有认定案件事实和适用法律的职责。而在英美法系，法官和陪审员之间存在明确的分工，法官负责适用法

---

① Morgan, Hearsay Dangers and the Application of the Hearsay Concept ,62 Havard Law Review,177 (1948).

② ［美］约翰·W. 斯特龙主编：《麦考密克论证据》（第五版），汤维建等译，中国政法大学出版社2004年版，第365页。

③ ［美］约翰·W. 斯特龙主编：《麦考密克论证据》（第五版），汤维建等译，中国政法大学出版社2004年版，第400页。

④ Mirijan R. Damaska , Evidence Law Adrift,Yale University Press,New Haven 1997 London,pp. 46 – 52.

律，陪审员则负责事实认定。证据的可采性问题被视为法律问题，由法官在开庭审理前作出判断，以决定将哪些证据提交给陪审团。这种分工保证了陪审员在诉讼过程中不会接触到不具有可采性的证据，从而为证据可采性规则的设立提供了可能。而在大陆法系法官和陪审员之间没有明确分工的参审制模式下，即使在立法上明确规定了法官应当事先排除某些不当证据，也无法保证将那些不当证据给事实审理者实际带来的影响一道被排除。因此，陪审员和法官之间的明确分工也在一定程度上造成了英美法系证据可采性规则的发达。

当然，陪审团制度也并非可采性证据规则得以存在的必要和充分条件。在历史上陪审团制度处于衰落时期，大多数裁判主体变成了职业法官，但可采性规则依然被沿用。这说明可采性规则完全可以适用于法官审判。尽管法官与陪审员相比，具有丰富的法律知识和较强的理性思维能力，但作为自然人也同样存在易受感情支配、过多依据经验判断等弱点，因此同样需要借助于可采性规则进行约束。法国大革命后，欧洲大陆国家普遍引进了英国的陪审团制度，但并未产生英美法系那样的可采性规则体系。日本在第二次世界大战后，虽未确立陪审团制度，但确立了规范证据可采性的证据规则。

（二）对抗式诉讼模式

英美法系在诉讼中实行的是当事人主义，双方在诉讼中处于主导地位，证据的收集和调查均由双方主导进行，法官则处于消极、中立的地位。诉讼被视为双方当事人之间的竞争。这种对抗制可以说是英美法系国家诉讼制度的标志，它的存在同样促进了证据可采性规范的生成。

尽管对抗制诉讼模式具有确保当事人对程序的公平参与、促使法官保持中立等优点，但不可避免地会存在两个问题：一是双方当事人为了在竞争中取胜，可能会故意提供虚假或有误导性的证据，从而给准确认定案件事实带来障碍。二是同样是基于胜诉的考虑，双方可能会不惜成本和代价去收集证据，包括那些证明价值不大和重复的证据，从而使证据收集的成本增加，也会因此导致庭审在证据调查环节耗费过多的时间。因此，在对抗制下为了确保诉讼的顺利进行需要对双方当事人在诉讼中的行为进行适当规范。可采性规则便可起到这样的作用，因为"如果当事人预计将会排除有关证据，则不太可能去收集这些证据。关联性、传闻规则同样实现限制搜寻的目的，证据规则在限制对抗诉讼体制产生外部成本的功能上，正是证据规则在纠问制下显得不那么重要的原因之一"。①

　　此外，按照对抗制的要求，所有证据必须在法庭上经过当事人的交叉询问才能够最终被采纳。在英美法系，交叉询问被视为"发现事实的最好发明"，②同时也是确保当事人平等、有效参与诉讼的有力措施，因此交叉询问的落实在英美法系国家的诉讼中至关重要。相应地，对证据的要求之一便是能够确保交叉询问的顺利进行。而有些证据，如传闻证据由于提供人无法到庭接受交叉询问，事实上剥夺了当事人的质证权，与对抗制的要求是格格不入的，③因此，必须加以排除。不仅如此，在英美法系国家违反有关交叉询问的规则也同样会导致证据被排除的效果。比如，在律师采用诱导性方式发问，并遭到对方立即反对的情况下，法官便很有可能适时裁决证人对这一问题的回答不具有可采性。

　　对抗制不仅直接促进了英美法系证据可采性规范的形成，同时也对规范的适用产生了很大影响，使其本身便带有了很强的对抗色彩。根据英美法系国家的规定，证据可采性规范的适用前提是当事人提出异议，如果当事人不提出异议，法官不会主动适用规范去排除证据。这样，英美法系的证据可采性规范在实质上便成为当事人对抗的武器，是诉讼中的竞争规则，而不是对法官认定案件事实行为的规范。

　　（三）集中审理原则

　　集中审理原则是英美法系诉讼程序的又一个典型特征。它要求案件的审理在不更换审判人员的条件下，经过一次连续的庭审程序完成，除必要的休息外，不得中断审理。这与陪审团制度又有密切联系，因为陪审团来自社会各界，把他们多次集中起来开庭审理一个案件并不现实，同时也很难防止陪审员在审判间歇期受到外界的不良影响，并不利于陪审团成员对案件的记忆，因此，需要庭审尽可能一次完成。普通法历来也非常厌恶诉讼的拖延，偏爱集中审判模式，在很大程度上也是基于这方面的考虑。④

　　庭审若能够集中进行，势必要对证据提出一定的要求。英美法系有学者在研究证据法时就曾指出，诉讼本身便是一种代价高昂的纠纷解决机制，如果法庭不想办法对那些可以被用来证明争议事实的证据作出某些限制的话，

---

　　①　［美］戈登·塔洛克：《关于审判的实验、法律程序的纯原理》，法律出版社 1980 年版，第 151 页。

　　②　Mirjan R. Damaska, Evidence Law Adrift, Yale University Press, 1997, p. 46.

　　③　Cross Tapper on Evidence, Butterworths London, Dublin, Edinburgh, 1995, p. 565.

　　④　Mirjan R. Damaska, Evidence Law Adrift, Yale University Press, 1997, pp. 58 – 73.

它一定会更加昂贵。① 集中审理对证据的要求主要体现在两个方面：

一是证据的数量应当限制在一定范围内，以缩短庭审证据调查的时间。需要调查的证据越多，庭审所需要的时间也就越长，就越有可能使庭审无法连续进行，因此集中审理的进行需要从量上对证据进行一定的限制。英美法系的证据规则排除当事人提出的与案件没有关联性的、重复的证据，以及虽有关联但证明力较弱的证据，就是基于这方面的考虑。

二是证据的使用不能导致诉讼的过分迟延。如果某个证据需要经过多次庭外调查核实或使诉讼中断，则无法保证案件经过一次审理即结束。对这些证据，英美法系在诉讼中也会予以排除。《美国联邦证据规则》第 403 条就规定，如果对某个证据的调查可能造成不适当的拖延、浪费时间或者重复，法官可以排除该证据。在英美法系，传闻证据被排除，除了因为自身带有较大的虚假可能外，一个非常重要的原因就在于它无法保证审理的集中进行，因为为了核实传闻证据的真实性，势必要询问原始证人，从而使庭审中断。②

第二节　大陆法系国家有关证据排除的理论与立法

一、大陆法系国家有关限制证据能力的理论

大陆法系国家一般没有单独的证据法，没有形成如英美法系国家那样庞杂的有关证据可采性的规则体系，但在理论上仍存在对证据资格（在大陆法系国家一般称证据能力）的限制。下面，以德国、法国、日本等国为例，试作说明。

（一）德国的程序禁止与证据禁止理论

程序禁止是指就证据资料的收集与调查程序设定条件。证据禁止是指就证据资料可否利用为认定案件事实的基础设定条件。③ 程序禁止又可分为对证据收集程序的禁止和对证据调查程序的禁止。

根据德国法律规定，证据收集程序的禁止主要包括以下一些情况：（1）某些特定事实不得作为取证对象，如有关法律规定的国家秘密事项；（2）某些物证不得作为取证对象，如有拒绝作证特权的人主张此项权利，就

---

① Sir Richard Eggleston，Evidence，Proof and Probability，Weidenfield and Nicolson，1983，p. 59.

② 关于集中审理原则与传闻证据规则关系的进一步论述，参见 Mirijan R. Damaska，Evidence Law Adrift，Yale University Press，New Haven 1997 London，pp. 58 - 65。

③ 陈朴生著：《刑事证据法》，三民书局 1985 年版，第 255 页。

不得询问其有关信息；（3）某些特定的取证方法不得使用，如以威胁、引诱、欺骗等方法获取被告人口供；（4）某些证据的取得必须由特定的人指挥或实行，如对被告人强制验血或进行其他身体检查，必须由法官批准并由医师进行。① 此类程序禁止的着眼点在于，规范国家机关在侦查过程中的取证行为，防止公民的基本权利受到国家权力的非法侵犯。违背这些禁止性规定，将有可能导致所取得的证据不具有证据能力。在证据调查程序上，大陆法系国家强调证据调查应遵循合法的调查程序，如必须遵循直接审理原则等。证据在未经过合法调查程序之前，并不当然可利用作为认定案件事实的基础。违反证据调查程序禁止的规定，将可能产生证据排除的效果。作此限制的目的是"为了在合乎法治程序的前提下，发现实体真实"。② 可见，程序禁止会影响到证据的资格问题，但其实际上并非是一种严格意义上的证据规范，其着眼点并不主要在于证据，而在于证据的收集与调查程序。能够直接导致证据被采纳或排除这种典型证据法后果的是证据禁止。

证据禁止是一种证据法规范，它所关注的是证据的采纳与排除这个现代证据法的核心问题。证据禁止包括证明材料的禁止和证明方法的禁止。前者是证据因自身的特点，如可能导致司法不公或侵犯被告人人权等而不能作为证据使用。比如，涉及个人隐私的证据材料、涉及国家秘密的证据材料等。后者则是指因采用了禁止的证明方法而导致证据不能被使用，如违反法律关于禁止使用暴力、欺骗或威胁手段的规定而获取的证据等。证据禁止规范的是法官的审判行为，即法官不得将某些特定证据作为裁判的基础。在德国，一般认为刑事诉讼的证据不是公诉人用来赢得案件的手段，而是法庭履行职责查明事实真相的必要工具，因此，证据禁止损害的并不是警察或者公诉人的利益，而是刑事案件公正判决的公共利益。③ 对于证据是否因符合证据禁止的条件而应予排除，由法官结合案件的具体情况，根据法律的规定以及有关的司法判例加以裁断。

关于证据禁止的规定，在德国实定法上并不难寻。例如，该国刑事诉讼法第100b条第5项即规定，在经合法授权后对特定对象进行监听的过程中，如果获取了有关该法第100a条规定以外的犯罪信息，以及有关其他人的犯罪

① 参见［德］克劳思·罗科信著：《刑事诉讼法》，吴丽琪译，法律出版社2003年版，第212～213页。

② 林钰雄著：《刑事诉讼法》，中国人民大学出版社2005年版，第345页。

③ ［德］托马斯·魏根特著：《德国刑事诉讼程序》，岳礼玲、温小洁译，中国政法大学出版社2004年版，第194页。

信息，则该犯罪信息只能在其他刑事诉讼程序中使用，在追究本罪的诉讼程序中不得使用。[①] 该法第 136a 条第 3 项第 2 段规定，违反禁止规定而取得的被告人陈述，即使被告人自己同意，也不得作为证据。《联邦总登录法》第51 条第 1 项规定，凡已不再列入或即将不再列入记录之前科，在当事人后来另一新的刑事诉讼案中，原则上不得将此视为不利当事人之用。[②] 此外，德国联邦最高法院通过判例也禁止在诉讼中使用符合一定条件的以其他手段获取的证据。这些条件包括：（1）违法取证已经损害了受法律保护人的利益；（2）如果不违反规则，证据就无法取得；（3）证据的排除必须与已经违反的刑事诉讼规则所确立的目的相符合；（4）依照案件实际上的事实，证据的排除不能与为了解决案件那种压倒一切的利益相冲突。[③]

　　证据禁止虽然可以看做对证据能力的规范，但与程序禁止一样，也带有一定的程序色彩。这是因为德国是典型的奉行大陆法系职权主义诉讼模式的国家，并没有英美法系那样独立而完备的证据法，无论是在理论上还是实践上，证据问题都被视作程序法的一个组成部分而加以研究和规范。因此，德国人在思考和解决证据问题时，往往会采取一种程序化的思维模式。[④] 这从一个方面体现了大陆法系和英美法系在解决证据适格问题的思路和方式上的差异。英美法系实行的当事人主义，证据的收集和调查一般被认为是当事人的责任，法官的职责在于决定哪些证据被采纳，哪些证据被排除，因此对于证据的适格问题采取了可采性理论，并通过法律预先设定一般规则。大陆法系实行的是职权主义，证据的调查收集被认为是属于法院的职权，于是把法院作为规范的对象，便产生了证据禁止理论，并依此解决证据适格问题。[⑤]

　　除了上述特点外，证据禁止还具有以下一些特点：（1）证据禁止是基于人权保障等政策性因素而设立的。从德国联邦宪法法院以及最高法院的判决中可以看到，证据禁止与基本人权保障的关系被不断地加以强调。[⑥] 这就不像在英美法系，对证据的排除有很多是基于陪审制、对抗式、集中审理原则

---

　　① 何家弘、张卫平主编：《外国证据法选译》（上），人民法院出版社 2000 年版，第 455 页。

　　② 宋英辉、汤维建主编：《我国证据制度的理论与实践》，中国人民公安大学出版社 2006 年版，第 50～51 页。

　　③ 岳礼玲：《德国刑事证据制度中的若干问题》，载程荣斌等编：《诉讼法学新探》，中国法制出版社 2000 年版，第 393～396 页。

　　④ 孙远著：《刑事证据能力导论》，法律出版社 2007 年版，第 32 页。

　　⑤ 陈朴生著：《刑事证据法》，三民书局 1979 年版，第 254 页。

　　⑥ 参见赵彦清：《受基本人权影响下的证据禁止理论——德国刑事诉讼法中的发展》，载《欧洲法通讯》（第四辑）。

等技术上的需要而设立。（2）证据禁止理论是在承认证据一般具有证据能力的前提下，对个别情况设置例外。英美法系的证据排除规则则是通过法律预先设定排除证据的一般规则，然后再列举若干例外。（3）证据禁止在目前更大程度上还是一个由法官根据个案自由裁量的问题。

（二）法国的证据合法性原则

在法国，证据合法性仅指刑事证据之取得，不得与法定程序有违，而必须以"光明正大"之途径取得。① 理论上，一般将证据的合法性问题分两部分来研究：一部分是原理问题，即从宏观角度研究合法证据的要件；另一部分是细则问题，即从微观角度研究被告人自白、证人证言等具体证据方法的合法性要件。

关于证据合法性的原理问题又分两部分内容：一是"因攻击人的身体或精神上的自由而取得的证据的合法性"，如通过刑讯取得的证据、通过测谎与麻醉分析取得的证据；二是"因使用诡计而取得的证据的合法性"，如通过电话截取、使用麦克风或录音机取得的证据等。对于刑讯取得的证据，不论采取的是哪种刑讯方式，在刑事诉讼中均被禁止。对于测谎证据，法国学者认为，从技术角度看，测谎器无法保证结论的绝对正确可靠；从法律角度看，沉默权的存在在一定意义上肯定了被告人有说谎的权利，使用测谎器将会剥夺其说谎的权利，因此否定用测谎方法取得证据的合法性。麻醉分析是指通过药物使被告人处于麻醉状态，在此情况下向其提问，使其说出内心的秘密。法国判例基于实务中技术方面的需要而承认以此方法获得证据的合法性，但学者们认为这侵犯了被告人的权利和自由而竭力加以反对。关于使用诡计而取得证据的合法性问题，法国法律未明文加以规定，判例一般对此则加以否定。

关于证据合法性的细则问题，法国刑事诉讼法一般从具体程序要求角度作出具体规定，从而将证据合法性原理予以具体化和制度化，确保了所采纳证据的合法性。例如，法国刑事诉讼法第107条规定："笔录的行文不能有任何空行。增删或涂改应经预审法官、书记官和证人认可，如果议员在场，还应经议员认可。如未经认可，增删和涂改视为无效。未经正式签署的笔录也适用此规定。"再如，该法第100条第7款规定："预审法官必须事先通知国民议会主席或参议院议长，才能在通向国民议会或参议员的电信线路上实施截留。预审法官必须事先通知律师工会会长，才能在通向律师办公室或其住

---

① 曾世雄：《法国刑事证据之合法性原则》，载刁荣华主编：《比较刑事证据法各论》，汉林出版社1984年版，第285页。

所的电信线路上实施截留。违反本条所规定的程序，截留的信息视为无效。"

（三）日本的证据能力理论

日本有学者认为，证据能力是指可以作为严格证明的资料使用的形式资格，并认为在有自然的关联性、法律的关联性、没有违反禁止证据规定的情况下，证据具有证据能力。自然的关联性是指对于要证明的事实具有必要的最小限度的证明力。法律的关联性是指评价有自然关联性的证据的证明力可能会出现错误，当证据缺少法律的关联性时，否定该证据的证明力。禁止的证据是指采用有关联性的证据可能危害程序的正常进行，或者需要保护某些更重要的利益时，禁止采用该证据，违法收集证据排除法则就是典型的例子。① 在日本，不具有证据能力的资料一般包括：（1）非任意性自白；（2）传闻证据；（3）有关案件的意思表示的文书，如移送书、起诉书、开头陈述书、论告书、辩论书等；（4）意见、猜测、传说；（5）不具有关联性的材料；（6）以无效的证据调查程序获得的证据。②

二、大陆法系国家关于证据能力的立法与实践

大陆法系国家一般没有单独的证据法，证据问题是作为诉讼制度中的一个问题而存在的。在证据的采纳与排除问题上，没有形成像英美法系那样庞杂的规则体系，立法一般不对各种证据是否具有证据资格作出具体而明确的规定，主要是授权法官根据案件的具体情况自由取舍。这种状况的出现与大陆法系的职权主义诉讼传统有很大关系。

在职权主义诉讼模式下，查明案件事实真相一直受到很大关注。根据大陆法系学者的解释，"职权主义的一般原理是探寻与决策者作出决定有关的事实的准确、完整的信息"。③ 这对证据提出的要求是，尽量保证将更多的对查明案件事实有价值的证据提供给法庭，以获取对案件的全面、客观认识。在这种追求下，排除证据的规范自然会受到很大限制。从主体上看，在大陆法系一般由职业法官审理案件，不存在英美法系那种对事实认定者在认识能力上的担心。与此同时，审理也并不要求集中进行，可以分阶段展开，这使得法院有比较充分的时间去收集以及核实证据。因此，大陆法系的诉讼程序对证据本身的数量和质量没有过多技术上的要求。这些因素的存在使得大陆

---

① ［日］田口守一著：《刑事诉讼法》，刘迪等译，法律出版社2000年版，第237页。
② 宋英辉译：《日本刑事诉讼法》，中国政法大学出版社2000年版，第25页。
③ ［德］托马斯·魏根特著：《德国刑事诉讼程序》，岳礼玲、温小洁译，中国政法大学出版社2004年版，第2页。

法系缺少限制证据资格的动因。

　　但是，第二次世界大战后在大陆法系国家和地区的立法中也逐渐出现了一些限制证据资格的证据能力规范，如德国刑事诉讼法典第 251 条规定，只有在符合法定条件下，才允许以宣读以前的法官讯（询）问笔录代替当庭讯（询）问证人、鉴定人或者被指控人。对于非法收集的证据，该法典只规定了排除非法取得被指控人陈述的证据规则（第 136 条）。此外，根据德国有关立法和联邦法院所作的判决，下列证据也属于禁止使用的证据：（1）根据德国刑事诉讼法典第 100 条规定，在合法授权的对特定对象进行监听的过程中，获得的有关第 100 条规定以外的犯罪的信息，以及有关其他人的犯罪信息。（2）根据德国联邦统计法规定，超过一定年限应当予以销毁的犯罪档案和记录。（3）违反反对强迫自我归罪原则而获得的材料。（4）以其他非法方法获得的证据，在符合一定条件时，也属于禁止使用的证据。①

　　在意大利，1988 年的刑事诉讼法典规定，"在违反法律禁令的情况下获得的证据不得加以使用"，从而确立了非法证据排除规则。该法第 514 条关于法庭调查中禁止宣读特定笔录的规定，与英美法系的传闻证据规则也有些类似。日本则于第二次世界大战后明确设立了传闻规则和自白法则。日本刑事诉讼法第 320 条规定："除第 321 条至第 328 条规定的以外，不得以书面材料作为证据代替公审期日的供述，或者将以公审期日以外其他人的供述为内容所作的供述作为证据。"该法第 319 条规定："用强制、拷问或胁迫的方法获得的自白或者因长期不当羁押、拘留后获得的自白，不能作为证据。"我国台湾地区 1967 年修正的"刑事诉讼法"也增加了与证据能力有关的内容，如第 155 条规定，无证据能力，未经合法调查，显然与事理有违或与认定事实不符之证据，不得作为判断之依据；第 159 条规定，证人于审判之外之陈述，除法律有规定者外，不得作为证据；第 160 条规定，证人之个人意见，或推测之词，不得作为证据。

　　除了正式的法律规定外，在第二次世界大战后的几十年间，大陆法系国家在证据能力问题上也积累了大量判例。例如，德国学者卡尔·库特纳（Karl Kunert）在 1966 年收集了德国法院有关证据的判例，其中有关排除规则的判例就达 1200 多个。② 这些判例虽不是正式的法律渊源，没有强制约束力，但下级法院一般都会遵从上级法院的判例。因为一审法院的判决都要写

---

① 郭志媛著：《刑事证据可采性研究》，中国人民公安大学出版社 2004 年版，第 74 页。

② Mirjan R. Damaska，Evidence Law Adrift，Yale University Press，1997，p. 9.

明采信证据的理由，所以一审法官为了避免自己的判决被二审法院推翻，就必须研究二审法院的判决，以便找出其认定证据的规律和原则。在这个意义上，判例就具有了法律效力。①

三、大陆法系国家在证据排除问题上的主要特点

大陆法系国家在证据采纳与排除问题上呈现出以下较为明显的特点：

第一，以法官的自由裁量为主。大陆法系在证据采纳与排除问题上普遍采取的是强制性规则与法官自由裁量相结合的做法，自由裁量作为司法权行使的一般原则而存在。例如，一方面对某些重要的言词证据的证据能力作出比较明确的规定，主要包括自白规则及证人特权规则；另一方面对其他一些证据的证据能力仅作原则性规定，在个案中是否排除，由法官根据个案的具体情况自由裁量。

第二，在调整方式上，不以证据本身为主要调整对象，对证据能力的调整更多地依赖于程序规范。通过规范证据的收集、调查程序，对证据资格提出要求。例如，在法国，刑事诉讼法并没有关于口供证据能力的直接规定，但该法对讯问被告人的程序做了非常详尽的固定，同时规定："违背本法典的任何规定或任何其他有关刑事诉讼程序规定的实质性诉讼行为，如果侵害了有利害关系的一方当事人的利益，均使其行为无效。"这意味着以非法手段获取的口供将会因取证行为的无效而被排除。这一特点与大陆法系看待证据问题的视角有关。在大陆法系，证据问题被作为诉讼法中的一个具体问题来对待，普遍不存在独立于诉讼法的证据法。证据法对诉讼法的依赖关系决定了有关证据能力规范的程序性特征。

第三，以实现某种政策性目标为主要目的和功能。证据能力规范受到大陆法系的普遍关注，就是从第二次世界大战后人权理念的兴起开始。其在大陆法系的产生也正是这种理念融入证据制度的结果。大陆法系国家设立证据能力规范的目的，并非是确保案件事实真相的查明，而是为实施文明、法治国家作为基础的各项政策，因此有学者称，大陆法系国家在第二次世界大战后出现的证据能力规范从一开始就是一种政策性规范。②

---

① 何家弘主编：《外国证据法》，法律出版社 2003 年版，第 42 页。
② 孙远著：《刑事证据能力导论》，法律出版社 2007 年版，第 63 页。

第三节　两大法系证据排除制度之比较与评析

　　比较研究是一种有效的科学研究方法。在法律科学领域，对某一法律制度进行跨法域的比较无疑也具有重要意义。它可以使我们更加清晰地认识该制度的本质特征以及在不同社会背景下制度的运作特点和规律，从而为寻求符合本国实际情况的制度设置提供更有效的帮助。但是，这种具有宏观性质的比较分析无疑也是具有一定困难的。首先，这种比较需要占有大量可靠、翔实的资料。否则，可能产生以偏赅全的问题。其次，这种比较需要对众多国家的相关制度进行高度的概括和抽象，而任何高度的概括、抽象都难免面临着极端化的风险。再次，这种比较还需要以该制度具有相对稳定的状态为前提，但变化、发展又是不可避免的。正因为如此，有学者认为，比较法是一种强有力的武器，但也是一种危险的武器。①

　　证据的采纳与排除作为一国证据制度的核心，必然要受到该国证据制度、诉讼制度、法律文化等不同社会条件的影响，从而体现国家、法系之间的不同特点。对此，国内也有一些学者从法系的角度对其作了一定的比较研究，但相对于该问题在证据法中的重要地位还是显得有些薄弱。笔者拟从规范的复杂程度、调整方式、法官自由裁量权的行使、对证据排除的需求等方面对两大法系在证据排除问题上的差异作一系统化的比较，并尽量弱化上述所提到的宏观比较所可能带来的相关问题。

　　总体而言，两大法系在证据排除问题上的差异大于共性。共性主要体现在两个方面：一是两大法系都遵循某些共同的规则或通过不同的规则实现相同或相近的功能。前者如两大法系所共有的非法证据排除规则和证人特权规则，后者如英美法系的传闻证据规则与大陆法系的直接言词原则。二是两大法系在证据排除的方式上均采用法定与裁量相结合的方式。关于这些内容笔者将在其他相关章节中作具体介绍，本节则重点对二者的差异进行描述与分析。

一、规范的复杂程度

　　总体而言，英美法系的证据可采性规范相对于大陆法系的证据能力规范

---

　　① ［德］伯恩哈德·格罗斯菲尔德著：《比较法的力量与弱点》，孙世彦、姚建宗译，清华大学出版社 2002 年版，第 66 页。

更为复杂。这与两大法系在证据制度理念前提上存在的差异有很大关系。英美法系认为，人类理性的司法证明活动总会在一定程度上具有不完善性，因此法律必须规定人们在可能出现错误的地方宁可浪费某些证据也不要乱用证据。大陆法系则认为，人类理性完美的司法证明活动应该利用一切可以利用的途径和手段来查明案件事实真相，因此法律不应该事先限制各种证据的运用。① 两大法系在证据排除规范复杂程度上的差异主要体现在以下三个方面：

1. 规范的数量

英美法系十分重视对证据可采性的限制，规定了许多专门的排除规则，如品格证据规则、意见证据规则、传闻证据规则、非法证据排除规则、特权规则等。该类规则在全部证据规则中占有相当大的比重，且主要集中规定在专门的证据法中。除了制定法，英美法系与证据排除有关的判例也有很多，这些判例也是证据规则的有机组成部分。相比之下，大陆法系直接针对证据的排除规则要少得多，普遍设立的只有非法证据排除规则与特权规则，品格证据规则、意见证据规则、传闻证据规则只有日本和我国台湾地区等少数国家和地区予以确立。大陆法系有关证据排除的规范有许多是隐藏在诉讼法的程序性规定中的。例如，许多国家对证据调查程序作了详细规定，违反这些规定也将导致证据被排除的后果。另外，大陆法系虽然也有判例，但判例并不是证据规则的必要组成部分。

2. 规范的体系性

英美法系有关证据排除的规则数量比较庞大，相互之间的逻辑联系不是很紧密，显得杂乱无章，缺乏一定的体系性。这与规则的形成方式有很大关系。英美法系国家是判例法国家，其证据规则是通过一个个的具体判例而形成的。司法实践的无限丰富性为证据规则的形成提供了便利条件，一方面在数量上容易形成一定的规模，另一方面在规则形成的时间上也比较灵活，可以随着判例的产生而及时形成。这种规则生成方式难免会使规则具有一定的杂乱性。英美法系的证据理论研究虽然也有系统化努力的研究，但总体上是就判例论判例，很少将整个判例都归纳起来加以理论化的整理研究，这也决定了英美法系国家的证据规则不可避免地带上了比较零散的特点。② 大陆法系国家采用的是成文法，其证据制度是由法学家们以整体设计的方式并通过

① 参见何家弘为《外国证据法选译》（上）（何家弘、张卫平主编）所作序，人民法院出版社2000年版，第37页。
② 汤维建：《达马斯卡证据法思想初探——读达马斯卡〈漂移的证据法〉》，载《甘肃政法学院学报》2005年第5期，第16页。

立法的形式创造出来的。其虽没有单独的证据立法，但是存在较为统一、严密的理论体系。翻开大陆法系国家的证据法学著作基本上是一个模式，而在英美法系却很难找到两本在结构体例上完全一样或基本一样的证据法学著作。因为有较为统一、严密的理论体系作指导，自然有助于强化规范的逻辑性与体系性。因此，大陆法系国家的证据规范虽然在数量上较少，但其有序程度高出英美法系。这也反映出两大法系在法律理念上的一个重大差异，即英美法系比较注重法律的实用性，而大陆法系则更加强调法律自身的完备性和系统性。

3. 规范适用的难易

英美法系的证据可采性规则多具有较强的技术性、专业性，大陆法系的证据规则则相对简单、通俗。例如，英美法系的许多证据规则本身含有一些专有名词或术语，每项规则一般也都存在例外情况，有的甚至设置了非常庞杂的例外。在规则适用过程中，不仅要熟知这些例外，还必须能够准确进行识别。例如，《美国联邦证据规则》第 803 条列举了在证人可以出庭的情况下运用传闻证据规则的 24 种例外，第 804 条列举了在证人不能出庭的情况下适用传闻证据规则的 5 种例外。英美法系的证据可采性也非常复杂，可以细化为完全的可采性、有限的可采性、附条件的可采性等多种类型。《美国联邦证据规则》第 105 条规定："如果证据对于一方当事人或出于一种目的可以采纳，而对于他方当事人或出于另一目的不能采纳，当这种证据被采纳时，法庭根据请求，应将该证据限制在适当的范围，并相应对陪审团作出指示。"这种情况下，证据具有的便是有限的可采性。附条件的可采性，是指在某些情况下，证据与案件事实的相关性要联系其他事实才能体现出来。但是，在诉讼过程中一个证人往往只能证明一个事实，由于法庭传唤证人时还要考虑便捷因素，这就导致证人作证的顺序往往不能严格地符合其各自证言之间的逻辑顺序。① 因此，先前的证据可以被附条件地采纳，如果后面提出的证据能够证实先前提出的证据的相关性，那么该证据便具有完全的可采性。否则，对方当事人可以申请法官指示陪审团对先前证据不予考虑。相比之下，大陆法系的证据能力规范则相对简单。某个证据一旦被认定具有证据能力，便可以进入法庭的严格证明程序，而不存在其他的情况。此外，英美法系证据规则数量庞大、体系杂乱的特点，也在一定程度上导致了证据规则适用上的困

---

① 参见 ［美］ 约翰. W. 斯特龙主编：《麦考密克论证据》（第五版），汤维建等译，中国政法大学出版社 2004 年版，第 126～127 页。

难。英美法系数量庞大、复杂烦琐的证据可采性规则不仅难以被普通民众理解和应用，就连法律专业人士也颇感吃力。有学者曾说过："美国法学家威格莫尔以十大卷证据法驰名于世，后人著书称道，以为每一展封，不免有浩如烟海之叹。"①

二、调整方式

英美法系对证据的排除主要采取的是静态方式，即通过明确的证据排除规则对证据的采纳或排除作出明确规定。大陆法系虽然很少有明确的规范对某个证据的排除直接作出规定，但对证据调查的过程和方式进行了严格规定。违反这些规定，也会产生证据排除的效果。例如，法官在调查证人证言时，证人需要出庭、宣誓等，否则证言将不会被采纳。相对于英美法系以证据规则对证据排除进行规范的静态调整方式，大陆法系这种通过程序规则对证据排除进行规范可以说是一种动态方式。

两大法系虽然在调整方式上有所侧重，但并不意味着这两种方式是互相排斥的。例如，在英美法系，某些程序性规则也会对证据的可采性发挥重要作用，违反这种程序性规定，也同样会导致证据排除的后果。例如，规定证据必须在开庭之前出示给对方，否则不得成为法庭调查的对象。再比如，在一般情况下，证人必须亲自出庭作证并经双方律师交叉询问，否则其证言不可采，书面证言只有在例外的情况下才允许使用。在大陆法系，也同样存在针对证据本身是否可采的规定。例如，对证人拒证权的规定实际上就是关于一定条件下证人证言这种证据是否可采的问题，而非一种程序性规定。

两大法系在调整方式上的差别，主要原因可归结为诉讼模式上的较大差异。在英美法系，法律适用者和事实认定者在主体上分离，分别由法官和陪审员承担。陪审员原则上不能接触不具有可采性的证据，证据能力问题需要在进入庭审前解决，证据排除在时间上具有紧迫性，因此不得不制定翔实的证据规则，为迅速解决证据可采性争议提供法律依据。② 同时，陪审员自身在法律知识、专业素养上与职业法官所存在的差距，也决定了需要对陪审员接触的证据予以必要的限制，以防止其受到不当干扰。而明确的证据规则无疑具有清晰易辨的特点，便于法官操作。此外，英美法系普遍实行当事人主

---

① 李学灯著：《证据法比较研究》，五南图书出版公司1992年版，第716页。

② 宋英辉、汤维建主编：《我国证据制度的理论与实践》，中国人民公安大学出版社2006年版，第493页。

义诉讼模式，当事人在诉讼中的主导性较强，诉讼双方的对抗性亦较强，为了对双方的诉讼行为进行有效引导以利于诉讼的顺利进行，需要有明确的规则。大陆法系则不然。法官在诉讼之初可以接触所有的证据，为了保证对事实真相的探明，理论上也不强调证据的事先排除，因此没有必要制定详细的证据规则。在大陆法系的职权主义诉讼模式下，法官的权力较大。为了确保法官权力的正当行使，从而确保裁判的妥当，非常需要对法官权力的行使进行适当的限制。因此，对法官职权行使的限制成为大陆法系国家在制度设计中一个非常重要的问题。对此，大陆法系国家纷纷从程序上对法官权利进行制约。因而，在证据的采纳与排除问题上，大陆法系国家法律一般均规定了较为详细和严格的证据调查程序。在对两大法系证据法的研究中，我国台湾地区学者陈朴生也曾作过这样的分析：在对抗制诉讼模式下，证明资料的范围由当事人视其必要而定，且为确保被告人行使防御权，运用证据可采性理论进行限制，致求范围缩小，证据可采的范围也随之缩小，这就使得英美法系证据法的重心偏向证据资格，唯具有可采性的证据，才能作为自由心证之材料；而在非对抗制诉讼模式下，证明资料可由法院依其职权加以搜集与调查，既不受当事人的影响，又不受证据能力的限制，故求证范围广泛，采证范围也随之扩大，判断证据资料之证明力的证据范围较广泛，故大陆法系的重心在于证据调查程序，凡经合法调查之证据，均允许法官依其自由心证判断其证明力。①

　　对静态和动态这两种调整方式，笔者认为并不能简单地以好或坏、优或劣作评价，因为这两种方式有各自的特点和优势，在作用上应当是互补的。以证据规则形式直接对证据的采纳与排除作出规范，具有一目了然的特点，可以直接依据具体规则判断某个证据是否可采。确定程度相对较高，有助于实现同等情况同等对待。但是，这同时也易于导致僵化，毕竟立法无法充分预见到现实中所可能发生的各种情形。而且，也不可避免地具有一定的不确定性。例如，对传闻证据规则的适用，必须首先判断该种证据是否传闻证据，同时还要判断是否属于法律规定的例外情况。以程序规则出现的动态调整方式，在适用上具有更为普遍的意义。它从诉讼法的角度对证据提出要求，利用程序本身所具有的透明性、公开性使诉讼证明成为一个可检验的过程，并使判决因此获得了正当性。而这种作用是静态的证据规则所不具备的。当然，它在确定性方面不如证据规则。总而言之，选取哪一种调整方式并不是随心

_____

① 陈朴生著：《刑事证据法》，三民书局 1979 年版，第 151 页。

所欲的，必须与本国的诉讼制度相适应。而且，只有做到二者的有效结合，才能弥补各自的缺陷，实现优势互补。

三、法官自由裁量权的行使

在大陆法系国家，出于对法官能力的信任，法律赋予了法官较大的自由裁量权，在证据的采纳问题上也不例外，法官裁量是证据采纳上的基本原则。在大陆法系，程序禁止本来就分为绝对禁止和相对禁止，只有绝对禁止才需严格按照法律规定予以排除，而相对禁止则需要法官诉诸裁量。在英美法系，由于陪审团的存在，法官在证据采纳问题上的自由裁量权相对较小，证据的排除以法定的证据排除规则为主，自由裁量仅作为排除规则的补充和修正。但是，毕竟规则有其自身的局限性，它无法涵盖现实中所有可能发生的情况，同时僵化地适用规则也会导致有碍公正、与规则设立初衷相悖的情况出现。因此，自由裁量权作为规则的补充和修正在任何情况下都不可少。例如，《美国联邦证据规则》第105条承认法官有限制地采纳证据而可以行使自由裁量权，同时在第403条为法官确立了排除有关联性证据而裁量的指导性规则。澳大利亚证据法第135条至第139条也对法官排除或限制证据使用的自由裁量权及其行使原则进行了规定，对于不当或非法获取的证据，以及刑事诉讼中由控方提出的自认证据，或者控方证据存在对被告人不公正的偏见之危险大于其证据价值的，法院可以排除。

有学者以英美法系具有大量法定证据规则为据，将英美法系的证据制度与自由心证原则对立起来。[1] 笔者认为，这种认识是不正确的。无论是法定证据制度还是自由心证制度，都是与其特定的社会历史条件相联系的。法定证据制度作为诉讼发展过程中的一个特定历史阶段，是与当时欧洲大陆国家政治统一和社会稳定的需要、社会中流行的崇拜权威的思潮、社会等级制度等社会历史条件相联系的。[2] 而当今社会早已不存在这样的社会条件，法定证据制度也就失去了其存在的社会根基。法定证据制度也有其特定的含义，其核心在于法官不具有评断证据证明力的权力，证据的证明力完全由法律规定。显然，对证据能力的法律限制并不意味着法官在证据采纳上不具有权衡的权力和自由，更不意味着没有评价证据证明力的权力。因此，仅以证据规

---

① Cyril Glasser, Civil Procedure and the Lawyers. The Adversary System and the Decline of the Orality Principle, Modern Law Review, (56) 1993, p. 314.

② 何家弘：《对法定证据制度的再认识与证据采信标准的规范化》，载《中国法学》2005年第3期，第144页。

则数量的多少来界定证据制度的种类是站不住脚的。同样，笔者也不赞同有学者对两大法系证据制度所作的以法定证据制度为主以自由心证制度为辅或以自由心证制度为主以法定证据制度为辅式的概括，因为自由心证制度是对法定证据制度的直接否定，用两个完全冲突、互不相容的概念来表述某一证据制度的性质是极不科学的。① 在证据制度上，当今的英美法系国家和大陆法系国家采用的均是自由心证的证据制度。在证据排除问题上，也都允许法官自由裁量，只不过不同国家的法官所具有的裁量权的大小不同罢了。关于裁量排除问题，笔者还将在下文作专门分析。

四、对证据排除的需求

证据排除虽然目前已成为两大法系证据法一个共同的核心精神，但由于在诉讼构造、审理主体、价值取向等方面存在一定差异，使得两大法系对证据排除的需求也并不完全相同。

（一）诉讼构造

通常认为，刑事诉讼构造包括横向构造与纵向构造两个方面。前者描述的是控辩审三方在诉讼中的静态关系，后者描述的是侦查、起诉与审判在诉讼中的动态关系。诉讼构造对证据排除的影响很大。

从横向构造上看，英美法系实行的是当事人主义，诉讼对抗程度非常高，事实认定也正是依赖于这种特定的诉讼机制展开。为了保证这种机制得以正常运转，客观上需要对证据进行一定的限制。例如，在对抗制下，传闻证据将无法得到有效调查，因为交叉询问无法开展。因此，确立相对比较严格的传闻证据排除规则就显得非常必要。在英美法系对抗制审判模式下，所有的证据信息均来自于控辩双方，法官不得在控辩双方举证范围外自行调查收集证据。当事人在决定是否将某一证据提交法庭时，主要是从诉讼策略的角度加以考虑，因而难免会与公正、效率等诉讼目标相冲突。这就需要对当事人的举证进行一定的限制。排除证据也就成为对当事人举证进行一定限制的技术性手段。对此，有学者精辟地指出，在这种当事人主动而法官被动的权力格局下，排除证据这种消极的否定权成为被动式法庭所能借助的唯一一种自我保护方式，它的存在使当事人与法官之间保持了一种权力上的相对平衡。② 与对抗制密切相关的是由此带来的集中审理。为了确保案件在短期内能够集

---

① 陈一云主编：《证据法学》，中国人民大学出版社 2000 年版，第 46 页。
② 孙远著：《刑事证据能力导论》，人民法院出版社 2007 年版，第 119 页。

中审理完毕，客观上需要限制进入法庭的证据的数量和质量，即那些过于遥远的证据应予排除，因为这会造成花费在证据调查上的成本大大增加，并使庭审程序冗长、反复。

相反，大陆法系实行职权主义，法官控制诉讼的进程，在证据调查上享有较大的权限和自由度。法官可以决定哪些证据需要调查，哪些证据不需要调查。虽然控辩双方当事人也可以向法庭提出调查证据的申请，但这种申请对法官并无约束力。这不像在英美法系对抗制诉讼模式下，当事人主导证据调查，很容易发生双方为在竞争中获胜而提供有碍诉讼公正和效率的证据。正如有学者所指出的："在事实认定活动中，司法介入得越多，当事人双方的对抗紧张性就越低，害怕一方歪曲信息的恐惧似乎就不那么直接了。"① 因此，在大陆法系这种审理者较为主动而当事人较为被动的情况下，采用一概排除不良证据的证据能力规则的需求并不大。另外，大陆法系也并不强调集中审理，不存在像普通法系那种"各方到庭，一次判案"的审判方式，而是将审判过程根据需要分成若干个阶段。② 这种区别决定了大陆法系不会像普通法系那样把可能造成诉讼拖延作为一个排除证据的重要理由。当然，这也并不是说大陆法系的法官会完全不顾虑诉讼效率去调查一个对证明案件事实不具多大作用的证据，其在决定证据调查的范围时也会权衡证据的证明价值与诉讼成本。只不过大陆法系国家在解决这一问题上并不需要专门建立一项证据排除规则。

从纵向构造来看，一般认为英美法系以审判为中心，大陆法系则采"诉讼阶段论"。③ 这与两大法系不同的立法模式有很大关系。在英美法系，法院是法律帝国的首都，④ 它们作为裁判机关，实际具有"创制"规范的权力。这种规范属于一种裁判规范。就证据法规范而言，受自身地位的限制，法院无法直接对当事人的取证行为进行规范，只能就审判阶段证据的采纳与采信设立相关裁判规范，并通过这些规范以间接方式实现对当事人取证行为的规范。⑤ 法院既是司法者又是立法者的地位，决定了法院成为英美法系刑事诉

---

① ［美］米尔建．R. 达马斯卡著：《漂移的证据法》，李学军等译，中国政法大学出版社2003年版，第111页。

② ［美］约翰·亨利·梅利曼著：《大陆法系》，顾培东、禄正平译，法律出版社2004年版，第119页。

③ 参见何家弘、龙宗智：《证据制度改革的基本思路》，载《证据学论坛》（第一卷），中国检察出版社2001年版。

④ ［美］德沃金著：《法律帝国》，李常青译，中国大百科全书出版社1996年版，第361页。

⑤ 孙远著：《刑事证据能力导论》，人民法院出版社2007年版，第124页。

讼的中心。大陆法系则与此不同，法院并不具有制定规范的权力，制定规范
的权力由专门的立法机关享有。立法机关的地位使得其可以直接针对各方诉
讼主体在诉讼中的诉讼行为设立规范，而无须采取英美法系式的以证据间接
控制的模式。因为各方事实主体都在依法行事，所以刑事诉讼也就无所谓中
心。从上述分析不难看出，证据排除与纵向诉讼构造的关系：证据排除机制
可以说体现的是一种"以证据控制程序"的证据法思维，这种证据法只有在
"以审判为中心"的诉讼构造中才能发挥作用，而"以审判为中心"的诉讼
构造在很大程度上也要借助于"以证据控制程序"的证据法才能维持。①

（二）审理主体

在英美法系国家，证据排除的主要原因在于陪审团的存在。正如美国学
者塞耶所言，证据法所关注的不应是事实问题，而是由于种种理由，某些真
正起证明作用的证据应该予以排除，制定排除规则的主要原因是陪审团的存
在。② 一般认为，相对于具有丰富审判经验、技能以及具有客观、冷静立场
的职业法官，陪审员在对证据进行有效评估、防止情绪受到某些证据的影响
方面具有一定的不足。因此，需要排除那些"不良"证据，以免给陪审员正
确评估证据带来不利影响。正如我国台湾地区学者陈朴生先生分析的那样，
"鉴于陪审员对于证据之评价不熟悉，自应由经验丰富的裁判官加以说示，
而其说示又不能无一定之标准，乃设有排除规则限制无关联性之证据、偏颇
之证言、虚伪之证言或足致陪审员因本身之感情与同情之偏见、易发生错误
之证据提出于法庭，使陪审员仅得凭其合理性且富有安全性证明力之证据而
为合理之判断"。③ 这样，证据排除便被作为一种保障真实的技术手段，受到
英美证据法的特别青睐。正是在这个意义上，塞耶才提出了那句著名的论
断——英美法系的证据法是"陪审团之子"。④

另外，陪审员在认识手段上的不足，也导致了英美法系国家对证据排除
制度的需求。英美法系的陪审员在法庭上完全是一个被动的角色，他们了解
案件情况的唯一渠道是听取控辩双方的交叉询问，而不能够主动进行询问。
无疑在这种情况下，陪审员要想准确地对证据的可靠性作出判断，具有一定
的困难。尽管对方律师的反询问在很大程度上可以缓解这一困境，但反询问
并不能完全取代事实裁判者的提问，因为二者的动机并不相同。前者是基于

---

① 孙远著：《刑事证据能力导论》，人民法院出版社 2007 年版，第 126 页。

② 沈达明编著：《英美证据法》，中信出版社 1996 年版，第 21 页。

③ 陈朴生著：《刑事证据法》，三民书局 1980 年版，第 20 页。

④ See Mirjan R. Damaska：Evidence Law Adrift, Yale University Press,1997,p. 2.

诉讼策略上的考虑，后者则是正确评估证据。① 因此，为了弥补陪审员认识手段上的不足，也需要对证据加以必要的限制。从历史上看，在普通法系早期的知情陪审团发展为不知情陪审团后的很长一段时间里，陪审员们的角色经历了一个从主动到被动的转变过程。也正是在陪审团转变为被动时期，英美法系证据法才逐渐成形。这也说明了陪审员的被动性与证据制度之间存在着一定的联系。

与英美法系不同，在大陆法系事实裁判者是职业化法官。无论是在专业知识上还是在司法经验上，法官相对于来自普通民众的陪审员来说，都具有较大的优势。尽管其也有可能受到某些证据的不当影响，但这种危险性相对于陪审员要小得多。此外，大陆法系实行的是职权主义审判模式，法官在法庭上具有很强的主动性，不仅可以向证人以及双方当事人发问，也可以不受控辩双方举证范围的限制自行调查取证，在有关专门知识的问题上还可以随时向自己选任的专家咨询。法官的自身素质以及所享有的这种较大职权，使得法官相对于陪审员具有更大的可能对证据作出正确评估，因此不太需要通过证据排除的方式来保障证据的准确适用。如果一定要以这种确定性的规则来取代职业法官的丰富经验和主观能动性，倒显得有些得不偿失。但是，丰富的司法经验以及较大的调查职权并不能确保法官对案件事实作出准确的认定，因为其也有可能受到不良证据的不当影响，同时也存在职权被滥用的危险。因此，为了确保对客观事实的查明，也需要对构成法官心证基础的证据范围进行必要的限制。与英美法系不同的是，大陆法系采取的是一种比较间接的方式，更多的是从诉讼程序的角度对证据的使用进行规范，如对采纳证据的程序作出严格的规定，违反相关程序规定也将导致证据被排除的后果。证据排除因此在限制法官采纳证据的权力，使法官认定事实过程本身符合程序正义的要求上发挥了重要作用。

（三）价值追求

在诉讼价值追求上，两大法系虽然都体现了多元化的特点，但又各有所侧重。一般而言，英美法系更强调程序正义，而大陆法系则更强调实体正义。这一点已成为共识。价值追求的不同，必然带来制度设置上的不同，在证据制度上便体现为对证据使用的不同要求上。

在英美法系国家，虽然也认为查明事实真相很重要，但更关注程序正义。一些学者公开宣称，刑事诉讼的目的与其说是查明事实真相，不如说是公正

---

① 孙远著：《刑事证据能力导论》，人民法院出版社 2007 年版，第 76 页。

地解决纠纷。① 正是因为如此，在证据制度上为了确保程序正义的实现，对证据资格进行了比较严格的限制，将那些有碍被告人权利保障、易于引起偏见、导致诉讼拖延等不良证据排除在外，如对品格证据、非法证据、传闻证据等的排除。虽然有时判决因此在实体上并不能达到与客观事实完全一致的结果，但由于判决经过了正当程序，因此同样被认为是具有正当性和可接受性的。英国著名的证据法学家摩菲就曾说过："司法审判不是寻求审查被调查的过去事件（即案件）的最终真实性，而是确立一种回复过去事件可以被接受的正确的可能性。"② 这样的观念环境，无疑为证据排除的实施提供了适宜的环境。

在大陆法系，比较注重对客观真实的发现，强调发现事实真相是公正判决的先决条件。为了确保这一目标的实现，理论上只要有助于案件事实的查明，各种证据均可进入诉讼，并不会对证据做过多的限制。在大陆法系要求排除事实裁判者已经知悉的、具有证明价值的证据信息的做法，受到过如下批评：如此，将导致人们所不愿意看到的、造作的裁判。谁也不能无视已经知道的知识。在刑事审判中尤其如此：拒绝可靠证据是一种不受欢迎的观点，它妨碍了对事实真相的发现；只有在例外情形下，才允许这么做。③ 当然，随着诉讼价值的多元化，大陆法系为了确保程序正义的实现，也设立了若干证据排除规则，如非法证据排除规则等。但总体而言，由于对实体公正的偏爱，在证据排除问题上总不如英美法系严格。

随着两大法系之间相互交流、借鉴程度的加深，在证据排除问题上也出现了相互融合的趋势，相互间的差异正在逐渐缩小。近几年，英美法系国家逐渐放宽了对证据可采性的严格限制，越来越多的证据具备了进入证据调查的资格。显著的例子如澳大利亚 1995 年证据法明确废除了最佳证据规则。美国证据立法的基本趋势是扩大证据可采性的范围，使其不受普通法规则制定范围的限制。④ 加利福尼亚州则于 1982 年宪法修正案中规定，基于发现真实

---

① 转引自［美］米尔吉安 . R. 达马斯卡著：《比较法视野中的证据制度》，吴宏耀、魏晓娜等译，中国人民公安大学出版社 2006 年版，第 176 页。

② 转引自牟军：《中国刑事诉讼制度重构的"瓶颈"及破解——基于刑事证明标准的分析》，载《金陵法律评论》2002 年秋季卷，第 94 页。

③ See,e. g.,Juergen Baumann,Grundbegriffe und verfahrensprinzipien des Strafprozessrechts (2d ed. 1972)38 - 40；Tibor Kirdly, Criminal Procedure,Truth and Probability (1979) 81. 转引自［美］米尔吉安 . R. 达马斯卡著：《比较法视野中的证据制度》，吴宏耀、魏晓娜等译，中国人民公安大学出版社 2006 年版，第 74 页。

④ 何家弘、张卫平主编：《外国证据法选译》（上），人民法院出版社 2000 年版，第 597 页。

的权利嗣后非经 2/3 票同意，不得制定要求在刑事案件中排除有关联性证据的新规则。[1] 另外一点比较明显的变化是，英美法系国家的法官在证据排除问题上的自由裁量权也逐渐扩大。1997 年的《美国联邦证据规则》增加了一条对传闻排除规则例外情况的原则性概括，赋予法官在满足下列情况下采纳传闻证据的自由裁量权：该陈述是作为重要事实的证据提出的；该陈述对于证明案件事实来说，比提供者通过其他的合理努力获得的证据具有更强的证明力；如果将该陈述作为证据予以采纳，则本证据规则总的宗旨和司法公正将达到最佳效果。[2] 在加拿大，"近年来，最高法院试图从严格地使用各种规则全面转向更积极地、主要是靠个案方法来决定证据的可采性。此一运动的结果是，大大增强了法官在决定证据可采性问题上的作用。"[3] 大陆法系国家在延续自由裁量传统的同时，也越来越重视证据资格的法定化，许多国家纷纷引入了英美法系的证据排除规则。例如，意大利于 1988 年修改刑事诉讼法典时，建立了非法证据排除规则和传闻证据规则；日本及我国台湾地区也相继确立了传闻证据规则。

　　这种融合趋势的出现，与两大法系在诉讼模式上的逐渐靠拢有很大关系。比如，陪审团审判在普通法系已经逐渐衰落，职业法官独自承担了绝大多数案件的审判；许多传统的大陆法系国家开始在刑事诉讼中不同程度地引入对抗制因素；集中审判方式也被现代各国普遍确立为刑事审判的一个基本特征。[4] 尽管在证据排除问题上出现了这种融合的趋势，但由于两大法系在诉讼模式、历史传统等方面的根本差异，使得这种趋同不可能导致完全相同，二者在证据排除制度上的差异仍将是明显的。一位英国学者曾说过："历史上，法官与陪审团的作用的分工给英国司法制度打上了深深的烙印……如果有一天陪审制被废除了，只要普通法体系还存在，陪审制的很多相关概念、规则仍然会存在。独任制法官也会意识到他所行使的两种不同权力的界限。"[5] 可见，两大法系之间的制度差异实际上是一种思维方式的差异。由于这种差异是根深蒂固的，使得不可能完全通过制度的移植来实现相互间的绝对一致，差异的存在将是必然的。

---

①　转引自周叔厚：《证据法论》，三民书局 1995 年版，第 180 页。

②　何家弘、张卫平主编：《外国证据法选译》（上），人民法院出版社 2000 年版，第 567 页。

③　David M. Paciocco Lee Stuesser, The Law of Evidence, published by Irwin Law (1996), p. 4.

④　参见陈瑞华著：《刑事审判原理论》，北京大学出版社 2003 年版，第 11～13 页。

⑤　Rupert Cross: Cross on Evidence, Butterworths, 1979, p. 64.

第四章 证据排除规则

第一节 证据排除规则概述

一、证据排除规则的含义及特点

对于证据排除规则的含义，可以从广义和狭义两个方面来界定。从广义上说，所有与证据能力有关的证据规则均可以称之为"证据排除规则"，因为证据的采纳与排除本是一个问题的两个方面。从狭义上说，则可以将证据排除规则界定为明确排除特定资料的证据资格的证据规则。在现代诉讼中，基于证据裁判主义的要求，对案件事实的认定必须依靠证据，证据也就成为人们推求过往事实的手段。而证据排除规则直接限定了诉讼证明中可资用作证据的资料范围，对于实现诉讼公正具有十分重要的影响，在证据法规范中具有非常重要的地位。

证据排除规则具有以下几方面特点：

（1）紧紧围绕证据的可采性（证据能力）问题，一般从消极的角度进行规定。美国的证据法学家乔恩．R．华尔兹指出：大多数证据规则都是关于什么应被接受为证据的问题——可采性问题。[①] 考察各国法律，在对可采性问题进行规定时，往往并不是从积极的角度进行，即并不是从正面对什么可以采纳为证据进行规定，而是从消极的角度对什么不能采纳为证据进行规定。正是从这个意义上，我国台湾地区学者陈朴生教授认为，"证据能力所研究

---

① ［美］乔恩．R．华尔兹著：《刑事证据大全》，何家弘等译，中国人民公安大学出版社 1993年版，第 10 页。

者，乃证据能力之否定或限制之问题"。① 以明确规则的形式对可采性（证据能力）加以否定或限制，就形成了诸如传闻证据规则、品格证据排除规则等诸多证据排除规则。我国台湾地区学者李学灯教授曾对排除规则下过定义，即"一般容许相反之称谓。凡为防止不可信之证人与错误引导之证言，或本于其他原因（如人权保障或其他政策），不得予以容许之证据，就其本来原有关联，可以使用为证据者，加以排除，因而谓为排除法则"。②

（2）具有较强的确定性。证据排除规则对诉讼中应予排除的证据范围直接作出了明确、具体的规定，为法官排除证据提供了直接依据，提高了法律的确定性和可预见性。比如，许多国家规定了意见不具有可采性。对于这项规定，当事人显然不能忽视，因为如果提交了意见证据，法官将直接引用该规则对意见证据予以排除。当然，在判断证据是否构成意见证据时，仍存在一定的不确定性，因为法律不可能列举构成意见证据的所有情况。但是，确定性仍是主要方面，绝对的确定也是不可能的。明确的证据排除规则对证据资格具有更为实际的约束力。

（3）在范围上，受到比较严格的限制。证据排除规则直接、明确地限制了某些证据进入庭审调查的资格，客观上会影响事实裁判者用来认定案件事实的证据信息，从而影响到事实真相的查明。无论是英美法系还是大陆法系，查明事实真相无疑都是其刑事诉讼的重要目标。因此，为了减轻证据排除规则对查明事实真相所带来的不利影响，需要对其在适用范围上予以一定的限制。从目前各国的法律规定来看，对证据排除规则也都持比较慎重的态度。相比较而言，美国证据排除规则适用的范围最为广泛，而法、德等典型的大陆法系国家的适用范围则相对较小。

（4）从规则的构成来看，常常会附随一定的例外规定。证据排除规则在内容上虽然具有确定性较高的优点，但同时也蕴藏着不够灵活、适应性不足的缺点。因此，各国在确立证据排除规则时，一般采取规则加例外的模式。具体而言，又可以分为规则加特例及规则加裁量权两种不同的模式。前者是

---

① 陈朴生著：《刑事诉讼法实务》（增订版），海天印刷厂有限公司1980年版，第205页。

② 关于可采性规则，李学灯教授将其分为容许法则、排除法则和关联法则三种。所谓容许法则，是指那些从正面规定何种证据可以采纳的证据规则，即"适格而有关联，且属必要而可获得之证据，可予以容许。否则不予容许"。所谓关联法则，是指"逻辑上之关联性，为容许证据首先之要件。证据与待证之事实，必须有逻辑上之关联，始予容许。依事件发生之通常过程，某一事实之单独存在，或结合其他事实之存在，可致另一事实之存在为可能或实在，亦即互有因果关系者，即可谓某一事实与另一事实相关联"。参见李学灯著：《证据法比较研究》，五南图书出版公司1992年版，第469～470页。

指在适用于一般情况的确定性规则之后附加一项或数项具有同样确定性的例外；后者是指在适用于一般情况的确定性规则之后附加一个在特定情况下适用的比较抽象的标准或原则，从而为法官留出一定程度的裁量空间。① 二者的区别在于，例外的确定性程度不同。在规则加特例模式下，一般规则及其例外都具有较强的确定性，法官只需依据不同的具体情况，来决定适用一般规则还是特例。例如，在传闻证据规则上，美国确立了包括先前陈述、临终陈述、对己不利的陈述等多达二十几项例外，日本也确立了在法官、检察官面前所作的书面陈述或笔录、被告人的不利承认、具有可信性的文书等多项具体例外。在规则加裁量模式下，例外部分的确定性程度不高，需要法官结合具体情况来进行综合判断。

二、有关证据排除的具体规范形式

如果从严格意义上讲，规则与规范并非同义词，规则仅是规范的一个具体形式。除规则外，法律规范还包括原则、标准等形式。②

"规则"一词的用法比较多，通常的用法是指被普遍认可的对人的行为的明确规定，在逻辑上包括适用条件、行为模式及所产生的结果三部分。③可见，规则一般具有比较明确的规定性。著名的法理学家罗斯科·庞德就将"规则"界定为，"以一个确定的、具体的法律后果赋予一个确定的、具体的事实状态的法律律令"。④ 规则具有较高程度的确定性，但是同时也存在僵化的弱点。特别是对证据资格这样一个非常复杂的问题，完全以规则的形式进行规范是不现实的。波斯纳曾说过，"规则越是古老，并且为规则支配的活动越是活跃，法官受到的压力就会越大，就要求他们制定特例和特定延伸。事实上，受规制的活动越具有流动性，它就越少可能完全为规则治理"。⑤ 证

---

① 孙远著：《刑事证据能力导论》，人民法院出版社 2007 年版，第 169 ~ 170 页。

② 关于法的形式的划分，学者之间有不同的观点。有学者将规则与标准严格区分，如罗斯科·庞德将律令分为四种形式：规则、原则、标准和概念。参见沈宗灵著：《现代西方法理学》，北京大学出版社 1992 年版，第 300 ~ 301 页。也有学者将标准划入规则范畴，认为规则分为规范性规则和标准性规则。参见张文显著：《法学基本范畴研究》，中国政法大学出版社 1993 年版，第 51 ~ 54 页。本书探讨证据排除规范的不同形式，意在揭示其适用上的不同效果，因此采用将规则与标准并列的分类方法。

③ 严存生：《规律、规范、规则、原则——西方法学中几个与"法"相关的概念辨析》，载《法制与社会发展》2005 年第 5 期，第 117 页。

④ 沈宗灵著：《现代西方法理学》，北京大学出版社 1992 年版，第 300 页。

⑤ ［美］理查德·A. 波斯纳著：《法理学问题》，苏力译，中国政法大学出版社 2002 年版，第 59 页。

据的采纳与排除正是这样一个在诉讼中具有较大流动性的活动。因为社会生活的复杂性，决定了每个案件相互之间都存在差异性，各自有其各自的特点，因此在证据的采纳与排除问题上，也不可能仅凭几项具体的规则，就能合理地解决所有的问题。因此，除了规则外，还需要辅以其他形式的相对灵活的规范手段进行规制，以满足丰富多彩的现实生活的需要。从目前各国的实践来看，还存在着原则、标准等规范证据排除的法律形式。这些法律形式与规则一起，各自以其独有的优势发挥着对证据排除问题的规范作用。

关于原则，庞德认为"原则是一种用来进行法律论证的权威性出发点"。① 德沃金认为原则是一个社会人们所公认的政治理想和道德观念，是规则背后把分散的规则连接为一个整体的东西。② 原则具有高度的概括性。从具体条文规定来看，一些国家和地区关于证据排除的规定，看似规则，实则是原则。例如，我国台湾地区"刑事诉讼法"第160条规定："证人之个人意见或推测之词，不得作为证据。"该条规定看似相当于英美法系的意见证据规则，但我国台湾地区有学者认为，"该条之规定，实失之缺漏。修正之道，或……就其例外情形加以规定，或仿日法明限制其容许之范围，始合意见法则之要求。在未修正前，应从宽解释"。③ 规则一般附有一定的例外，才有可能在实践中得到有效运用。该条规定没有任何特例，并非真正意义上的"规则"，在我国台湾地区实际上是被当做原则来适用。再比如，俄罗斯1993年宪法第50条规定："在从事司法活动的过程中，不允许利用通过违反联邦法律而获得的证据。"这看似一条直接针对非法证据的排除规则，但实际上也是一项原则。违法取证在现实中的情形有许多种，严重程度也会有所差别，不能所有违反法律取得的证据都要排除，因此对此规定应理解为违反法律而获得的证据在原则上要排除。在个案中，对某项非法证据是否要加以排除，还要考虑其他的法律原则。

关于标准，庞德认为，"标准是法律所规定的一种行为尺度，离开这一尺度，人们就要对所造成的损害承担责任，或使他的行为在法律上无效"。④ 用标准的形式对证据排除进行规范，是指仅为法官提供一个判断证据是否应

---

① ［美］庞德：《通过法律的社会控制》，沈宗灵等译，商务印书馆1984年版，第23页。

② 转引自严存生：《规律、规范、规则、原则——西方法学中几个与"法"相关的概念辨析》，载《法制与社会发展》2005年第5期，第119页。

③ 谢庆辉：《意见证据之比较研究》，载刁荣华主编：《比较刑事证据法各论》，汉林出版社1984年版，第279页。

④ ［美］庞德：《通过法律的社会控制》，沈宗灵等译，商务印书馆1984年版，第25页。

予排除的比较抽象的标准，从而给法官留下较大的自由裁量空间。例如，美国的非法证据排除规则所确立的善意例外，即即便后来发现警察所依据的搜查令状是有缺陷的，但只要警察是从中立的法官那里获得了令状，那么怀着确实善意行事之念头的警察在令状确定的范围内所获得的证据仍具有可采性。根据美国学者的解释，这一例外"并不要求证明警官实际上和主观上'善意地'——像该术语通常的用法那样——相信他们的行为没有超越宪法的限制。需要调查的是，结合当时的所有情况，'一名合理地受过良好训练的警官'是否会知道受到争议的行动在宪法上是不被允许的。如果答案是否，则无论进行该搜查的警官实际上是否知道该行为是不适当，这种例外都应当适用"。① 可见，善意例外实质上仅是一个标准，本身并不是具有确定内涵的规则，是否适用需要法官综合案件的各种情况来加以裁量。再比如，加拿大《大宪章》第 24 条第 2 款规定："当……法庭认为证据的取得侵犯了任何受《大宪章》保护的权利和自由时，如果该项证据已经成立，且涉及案情的各个方面，并且对它的采用将会影响司法声誉，该项证据应被排除。"这一规定也并没有明确哪些证据应当被排除，而仅仅是为法官排除证据设定了一个判断标准。

　　相对于比较明确、严格的规则，原则与标准显然都具有较强的灵活性。这种灵活性使得法官可以在个案中根据具体情形作出最为妥当的裁决。波斯纳在他的《法理学问题》一书中，就曾对法律中的规则和标准的不同作用作过深刻论述。他谈道，明确的规则是形式正义的要求——它一方面有利于保障同样情况得到同样对待，并且又增强了法律结论的可预测性。另一方面，规则的稳定性又使其在复杂多变的现实面前力不从心，而标准则给予事实审理者——法官或陪审团——更多的裁量权，去对更多的事实进行发现、权衡和比较，从而推动实质正义的实现。② 当然，标准、原则在具有较强适应性优势的同时，也存在着确定性不高的缺点。因此，可以说这几种规范形式相互间利弊互现，同时也可以相互补充。

　　对于对证据排除的规范，究竟采取何种形式，各国之间存在一定的差异。总体而言，英美法系制度呈现出比较明确、严格的特点，有关证据排除的规则性规范较多。大陆法系在这方面则相对较为宽松，直接针对证据的排除性

---

① ［美］约翰 . W. 斯特龙主编：《麦考密克论证据》（第五版），汤维建等译，中国政法大学出版社 2004 年版，第 351 页。

② ［美］理查德 . A. 波斯纳著：《法理学问题》，苏力译，中国政法大学出版社 1994 年版，第 57 页。

规则相对较少，在适用上也具有更大的灵活性。这与两大法系不同的诉讼程序特点有很大关系。英美法系诉讼程序的对抗程度较高，明确的证据排除规则有助于控辩双方在诉前获得一个合理预期，有助于双方调整诉讼策略、规范诉讼行为，确保程序有序进行。此外，陪审团与法官在认定事实、适用法律上的分工，也使得只有借助于比较明确的规则，法官才有可能在审前有效地对证据进行筛选，使陪审团接触不到不应接触的证据。大陆法系实行的是职权主义诉讼模式，法官在诉讼中享有较大的权力。证据排除的出发点并不主要是约束双方当事人的诉讼行为以及限制陪审团可以接触到的证据，而是对法官在证据采纳与排除问题上行使权力的制约。一方面是出于对法官能力上的信任，另一方面是出于查明案件事实真相的考虑，在证据排除问题上，大陆法系赋予了法官较大的自由裁量权，严格的证据排除规则相对较少。

从共性上看，两大法系普遍设立了非法证据排除规则和证人特免权规则。之所以如此，是因为两大法系均将对非法取证行为的规制和对某些特定社会关系的保护看得非常重要，以规则的形式进行规范将有助于其最终得到切实有效的落实。毫无疑问，非法取证行为不仅有可能造成冤假错案，还会直接侵害被告人的人权、损害法治的权威，而强制夫妻间或律师、医生等人员就职业范围内事项作证会破坏特定的社会关系，影响社会的协调发展。在这些情况下，保护这些特定利益的重要性就超过了查明事实真相。因此，针对非法获取的证据以及违背证人特权的证据，两大法系普遍以比较明确、严格的排除规则形式进行规范，以确保特定政策性目标的实现。

第二节　主要基于证明原因的证据排除规则

根据设立原因的不同，笔者将证据排除规则划分为两类：主要基于证明原因设立的证据排除规则和主要基于政策原因设立的证据排除规则。前者主要是从证明技术的角度考虑，对证据的关联性和可靠性进行考察和限定，以提高诉讼证明的准确性，主要包括品格证据规则、传闻证据规则[①]和意见证据规则；后者则主要是从政策角度考虑，为了在诉讼中实现某种政策性目标而对证据进行排除，以提高诉讼证明的正当性，主要包括非法证据排除规则

---

① 实际上，目前传闻证据规则的理论基础已多元化，除保障事实真相的查明外，对当事人对质权的保障也是很重要的一个方面。但是，考虑到传闻证据规则和品格证据规则、意见证据规则一样，与英美法系特定的诉讼程序有很大关联，并且保障事实真相的查明仍是其中非常重要的功能，因此笔者将其归入基于证明原因的证据排除规则加以论述。

和特权规则。作此区分的意义在于,透过内容各异的规则表面探寻证据排除规则在体系上的规律,从而为准确、科学地看待其他国家制度和完善我国自身制度奠定基础。本节将对主要基于证明原因的证据排除规则进行集中阐述。

主要基于证明原因的证据排除规则以特定的审判模式为背景,主要存在于英美法系,直接或间接指向了查明案件事实这一目标。此类规则是普通法证据规则的真正特色之一,[①] 主要包括:

一、品格证据规则

(一) 品格证据规则的含义

品格证据是证据法上很有争议的问题。英国证据法权威摩菲认为,"在证据法条文中,它至少包括三种明确的含义:第一,是指某人在其生存的社区环境中所享有的声名;第二,是指某人的为人处世的特定方式;第三,是指某人从前所发生的特定事件,如曾因犯罪行为而被判刑等"。[②] 也有一些学者把第三种意义的品格证据从广义的品格证据中分离出来,称之为"类似行为"或"相似事实"。[③] 在《美国联邦证据规则》中,没有明确指出品格的具体含义是什么,但将品格和习惯进行了区分。根据美国学者格莱姆的解释,习惯是指一个人在某个重复出现的具体场合所形成的较为固定的反应;而品格则是一个人在生活各个场合都会表现出来的一般做事风格。两者相比,具体场合中的习惯已经类似于一种半自动式的行为,而品格则几乎可以被称为一个人所有习惯的综合,当然后者还包括所有这些习惯所共同反映出来的一种性格倾向。[④]

品格证据规则是英美法系证据法上一项传统的证据规则。在英美法系中,关于品格证据使用的一般规则是:一个人的品格或者一种特定品格(如暴力倾向)的证据在证明这个人于特定环境下实施了与此品格相一致的行为上不具有关联性,应予排除。[⑤] 英美法系国家一般都否认品格证据的可采性。例如,《美国联邦证据规则》第404条规定,有关某人品格或品格特征的证据,

---

① Wigmore 称之为"辅助性证明规则"。Supra n. 14, id. 此种规则在大陆法系未形成一套综合性体系。最近,意大利的证据法则大踏步前进,针对传闻证据设立了一套内容丰富的排除规则。See Damaska, "On Hearsay and its Analogues", 76 Minn. L. Rev. 425, 447, n. 63(1992)。

② Peter Murphy, A Practical Approach to Evidence, Blackstone Press Limited 1992, p. 116.

③ 参见卞建林主编:《证据法学》,中国政法大学出版社 2000 年版,第64、75页。

④ [美]迈克尔.H.格莱姆著:《联邦证据法》,法律出版社 1999 年版,第110页。

⑤ 刘善春、毕玉谦、郑旭著:《诉讼证据规则研究》,中国法制出版社 2000 年版,第220页。

不能用以证明该人在某特定场合的行为与其品格或品格特征相一致。根据澳大利亚 1995 年证据法有关规定，个人名誉证据，包括性名誉的证据通常不予采纳。对此，美国的卡多佐大法官曾经说过："这是一条根本性规则，品格从来不是刑事指控中的事项，除非被告人愿意使其成为一个争议的事项……从严格的意义上说，当被告人站在陪审团面前接受审判时，即使他以前是一个囚犯，他也已经开始了新的生活。"[①]

大陆法系国家没有明确的品格证据规则，品格证据在诉讼中是否可以采纳由法官裁断。大陆法系国家也有人担心采纳品格证据会导致司法偏见，因为这种证据对司法人员的实际影响力往往会大于其真正的证明力。不过，这种担心被人们对职业法官的信任抵消了。换言之，高素质的职业法官完全有能力分辨品格证据的证明价值并正确使用之。[②]

（二）品格证据规则的理论基础

品格证据的使用与证据关联性密切相关。美国学者华尔兹就曾说过，在那些最为频繁出现的相关性难题中，有很多都是关于品格证据的。[③] 按照英美法系的理解，证据的关联性是指证据在或多或少的程度上能证明或反证当事人所争执的事实的倾向或可能。它所要解决的问题是一项证据在经过法律推理的考察之后，能说它有足够的证明价值，值得作为证据予以接受。[④] 关联性描述的是证据与待证事实之间的关系，因此从本质上来说是一个事实问题而非法律问题。但是，从哲学的角度来看，世界是普遍联系的，任何事物之间都有可能存在某种细微的联系，因此为了避免对证据的审查陷入无限，需要对关联性的范围加以法律上的限制，品格证据规则就是这种限制的结果。在多数案件中，品格证据不是案件争议事实，与争议事实也没有证据上的关联性，因此作为一般规则，品格证据不能用以证明该人在特定场合的行为与其品格相一致。"一次做贼，永远是贼"的说法在法律上并不成立。

除了不具有关联性原因之外，排除品格证据还存在以下几方面原因：

第一，容易产生偏见，干扰对案件事实的准确认定。品格证据特别是不良品格证据带有比较明显的倾向性，会给事实审理者带来一定的心理影响，引发偏见，形成错误的判断。可能导致的偏见包括推理性偏见和伦理性偏见，

---

① People v. Zackowitz 172 NE 466（1930）.

② 何家弘、姚永吉：《两大法系证据制度比较论》，载《比较法研究》2003 年第 4 期。

③ ［美］乔恩.R. 华尔兹著：《刑事证据大全》，何家弘等译，中国人民公安大学出版社 1993 年版，第 69 页。

④ 沈达明编著：《英美证据法》，中信法律出版社 1996 年版，第 129 页。

前者指的是判决的得出并不是来自对不良品格证据的相关性的适当评价，而
是给了它们过高的证明价值；后者的产生则来自不良品格证据本身的属性，
它使审理者产生厌恶感，以至于愿意定其罪，而不再考虑该证据的证明价
值。①　一般认为，陪审团尤其容易受这种偏见的影响。普遍的担心是，如果
陪审团知道被告人有犯罪前科，特别是有与指控犯罪类型相同的犯罪前科，
会立即得出结论，认为被告人在当前的指控中也有罪。对模拟陪审团的研究
也表明，陪审团的确更容易在知晓被告人有犯罪前科的情况下裁决被告人有
罪。原因在于，陪审团不必对裁决作出解释，而且即便他们对被告人是否有
罪存有疑问时，也可能因为认为对一个习惯性犯罪定罪并不会构成多大的不
公正而不愿意给予被告人疑罪从无的利益。在这种情况下，刑事司法制度的
两个核心原则："判决局限于指控"和"充分证明"原则也受到了威胁。前
者要求被告人只能在他被指控的犯罪范围内接受审判，后者要求只有排除合
理怀疑地确信被告人有罪时，才能作出有罪裁决。而当陪审团知道被告人过
去曾经犯过罪时，可能认为无论被告人是否犯了目前被指控的犯罪，都应当
受到惩罚。在这种情况下作出的有罪裁决，很有可能是基于对被告人品格的
评价，而非针对本案所指控犯罪事实的判断。当陪审团决定不给予被告人疑
罪从无的利益时，实际上也是降低了证明标准，没有达到充分证明的要求。

　　第二，存在对被告人不公正、歧视的危险。英美法系国家非常重视程序
公正，在刑事诉讼中非常关注对被告人诉讼权利的保护。在被告人不良品格
证据问题上，担心如果允许控方使用这种证据，将会使被告人的辩护变得更
加困难，使本来在诉讼中就处于弱势的被告人的处境更加不利，因此认为有
必要对这种证据的使用进行限制。美国的杰克逊大法官在著名的迈克逊诉合
众国案（Michelson v. United States）的判决中就曾解释道，"不允许代表国家
的检察官展示被告人以前实施的违法行为、特定的犯罪行为或其在邻居中的
不好名声，即使这些事实具有逻辑上的说服力，并能够推断出被告人可能是
犯罪行为的实施者，不是因为被告人的这些品格特征同待证事实之间不具有
关联性，相反排除品格证据，是因为担心陪审团会过分看重这些品格证据同
待证事实的相关性，用被告人笼统的不良记录劝说自己未审先判，拒绝给予
被告人一个公平的机会就特定的起诉进行辩护。根据实践经验，排除这类证

---

①　黄士元、吴丹红：《品格证据规则研究》，载《国家检察官学院学报》2002 年第 4 期，第 85
页。

据可以防止对被告人不公平、歧视行为的产生"。①

第三，会降低诉讼效率，增加诉讼成本。品格证据会转移事实审理者的注意力，使审理者的注意力从查明案件事实这个主要问题上转移到对品格证据的证明上，造成诉讼拖延。在大多数情况下，对品格证据的调查也将会耗费一定的人力、物力，从而增加诉讼成本。

（三）品格证据规则的例外

品格证据在一般情况下不具有可采性，但也存在一些例外，主要有：

1. 被告人品格证据的例外

被告人品格证据的例外具体包括以下几种：（1）被告人的品格与案件事实直接相关。在这种情况下，被告人的品格便与定罪直接相关，是裁判者必须确认的事实之一。《美国联邦证据规则》第405条（b）规定，当关于某人的品格或一贯品行成为一项指控、主张或辩护中至关重要的组成部分时，可以举出该人的特定行为实例加以证明。例如，当被告人将"警察圈套"作为辩护理由时，控方可以通过证明被告人早有"犯罪倾向"的品格证据来加以反驳。② 再比如，《美国联邦判例汇编》第二辑第314卷所记载的卡博诉合众国一案，该案被告人是一个臭名昭著的强盗，其被指控使用其恶名进行敲诈勒索，控方在该案中就可以证明其名声。

（2）其他犯罪或特定恶劣行为证据的例外。原则上，某人的其他犯罪证据或特定恶劣行为的证据不能用来证明某人在本案中实施了犯罪行为。例如，某人在10年前曾犯抢劫罪的证据对目前证实其犯有抢劫罪来说不具有相关性。但是，当为其他特定目的时，这些其他犯罪或特定恶劣行为的证据又具有可采性。例如，《美国联邦证据规则》第404条（b）规定，关于其他犯罪、错误或者行为的证据不能用来证明某人的品格以说明其行为的一贯性。然而，假设应被告人的要求，为了其他目的是可以采纳的，如证明动机、机会、意图、预备、计划、知识、身份、手段或者缺乏过失，或意外事件等。

（3）对良好品格的反驳。在刑事诉讼中，为了充分保护被告人的合法权益，一般允许被告人为了证明自己无罪或罪轻而提出与所指控犯罪有关的本人良好品格的证据。如果被告人提出这种证据，则允许公诉方提出相反的证据进行反驳。例如，澳大利亚1995年证据法第110条规定，被告人提出（直

---

① 转引自蔡巍：《美国联邦品格证据规则及其诉讼理念》，载《法学杂志》2003年第4期，第66页。

② 高忠智著：《美国证据法新解——相关性证据及其排除规则》，法律出版社2004年版，第58页。

接或默示）证明其具有或者在某一方面具有良好品格的证据，不适用传闻法则、意见证据规则、倾向规则以及可信性规则。美国联邦证据法也规定了被告人可以提出自己良好品格的证据，但一旦提出，控方就有权提出其不良品格的证据予以反驳。通常情况下，被告人可以通过自己作证、提供关于其名声的证人证言、提供以评价方式作出的证人证言等方式，提出自己的良好品格，控方也可以采用名声证言和意见证言的形式进行反驳。在被告人出庭作证时，控方还可以在交叉询问时问及其过去的犯罪、过错和行为（此时，控方提出被告人具体行为实例的目的是反驳被告人所提出的良好品格证据，而不是证明被告人有罪）。①

2. 被害人品格证据的例外

在刑事诉讼中，被告人为了支持辩护有时被准许提出被害人的品格证据。例如，为了支持正当防卫的辩护主张，被告人可以提出证明被害人具有暴力性格特征的证据，以得出是被害人首先进攻的推论。《美国联邦证据规则》第 404 条第 1 款第 2 项就明确规定，由被告人提供的关于被害人品格的证据，或者由起诉方提供来反驳被告人关于被害人品格的证据，或者在杀人案件中起诉方为反驳证明被害人先动手的证据而提供的证明被害人一贯性格平和的证据，是可以采纳的。

在过去很长一段时间里，美国关于性犯罪案件被害人过去性行为方面的名声或评价的证据是可以采纳的。其引发的一个争议问题是，被害人在诉讼中往往被迫回答来自辩方律师令人尴尬的盘问。近年来，由于妇女权利日益受到重视，美国国会和各州立法机关已颁布法律努力限制在性犯罪案件中使用以前性行为的证据。美国国会 1978 年在《美国联邦证据规则》中增设了"强奸盾牌条款"，即该规则第 412 条。该条规定，有关受害人过去性行为方面的名声或评价的证据，一律不予采纳；不论其他法律有何规定，在某人被指控犯有强奸或者为强奸而侵害之行为的刑事案件中，关于被害人过去具体性行为方面的证据，尽管不是涉及名声或评价的证据，除以下情况外，一般也不能采纳：（1）有关过去性行为的证据是"宪法规定应采用的"；（2）允许使用在侦查或审查过程中发现的该被告人不是该精液主人的证据，或者该被告人并没有造成控告人所受伤害的证据；（3）该被告人可以提出他自己过

---

① 黄士元、吴丹红：《品格证据规则研究》，载《国家检察官学院学报》2002 年第 4 期，第 89 页。

去与控告人的性关系的证据。[①]

3. 证人品格证据的例外

证人品格，主要是证人的诚信，为了表明证人的品格不良而不应受到信任，在询问对方证人的可信性时，可以通过提供名声证据和评价证据来进行抨击。例如，在加拿大，证人可以被询问是否曾经犯过罪。如果证人否认或拒绝回答，对方当事人可以证明其曾经犯过罪。在美国，证人的诚信问题可以由任何一方当事人通过提供意见证据和名声证据来进行抨击和支持，但受以下限制：（1）证据只能涉及证人可信或不可信方面的品行；（2）证明证人可信品行的证据只能在该证人的诚信已受到抨击的情况下才能被采纳。[②]

二、传闻证据规则

（一）传闻证据规则的含义

传闻证据是英美法系证据法上的概念，关于其定义有很多表述。立法上的定义如《美国联邦证据规则》第 801 条规定，传闻证据是指陈述人在庭审或审判程序以外作出的，用以证明主张事项真实情况的一种陈述。学理上的定义如华尔兹所界定的：在审判或询问时作证的证人以外的人所表达或作出的，被作为证实其所包含的事实是否真实的，一种口头的或书面的意思表示或有意无意地带有某种意思表示的非语言行为。[③]尽管在表述上有所不同，但其基本内涵大体一致，均可概括为"用来证明所述事实为真的庭外陈述"。当然，从字面上来说，如果将"陈述"作宽泛解释，即陈述不仅包括口头或书面的陈述，也包括带有意思表示的非语言行为，便可将二者的定义统一起来。

据此，可以概括出传闻证据所包含的三层意思：第一，传闻证据是在法庭上提出的法庭外的人所作出的意思表示。换句话说，就是作出意思表示的人并没有出庭。第二，传闻证据的形式具有多样性，不仅包括口头或书面的陈述，也包括诸如点头、打手势等带有意思表示的行为。第三，提出传闻证据的目的是为了证明所述内容为真。这一点是区别传闻证据与非传闻证据很

---

① ［美］乔恩.R.华尔兹著：《刑事证据大全》，何家弘等译，中国人民公安大学出版社 1993 年版，第 70~75 页。

② 黄士元、吴丹红：《品格证据规则研究》，载《国家检察官学院学报》2002 年第 4 期，第 92 页。

③ ［美］乔恩.R.华尔兹著：《刑事证据大全》，何家弘等译，中国人民公安大学出版社 1993 年版，第 81 页。

重要的一个方面。例如，当提出证人庭前陈述的目的是为了表明该证人在先前程序中曾说过此话，而非用来证明当庭陈述为真时，该证人的庭前陈述就不是传闻证据。

传闻证据规则（the Hearsay Rule）又称为反传闻规则（the Rule Against Hearsay），是指在审判中一般不能采纳传闻证据，已经在法庭提出的，不得交陪审团作为评议的依据。① 例如，《美国联邦证据规则》第 802 条规定：“传闻证据，除本法或联邦最高法院依法定授权制定的其他规则或国会立法另有规定外，不予采纳。”澳大利亚 1995 年证据法第 59 条也规定：“不得采纳他人先前陈述的证据，以证明该人陈述所宣称的事实。”传闻证据规则是英美法系国家设立的最早的证据规则，同时也是普通法系证据规则中最为复杂的规则。其复杂性不仅表现在无论是学理还是成文法对“传闻”的内涵及外延均不能统一，还表现在该规则规定的例外非常繁多、复杂。尽管该规则一直伴有很多争议，但其在英美证据法中仍占有非常重要的地位。有学者称，传闻证据规则“是英美证据法上最具特色的规则，其受重视程度仅次于陪审制，是杰出的司法体制对人类诉讼程序的一大贡献”。②

传闻证据规则虽然源于英美法系，但大陆法系的直接言词原则可谓与此殊途同归。根据该原则，对案件作出裁判的法官必须直接对证据进行审查，庭审调查过程中的举证和质证都必须以言词（即口头陈述）的方式进行，因此就证据使用来看，只有在法庭审判中直接接受法官审查的证据，才能被采纳，否则便不能被采纳。例如，德国刑事诉讼法典第 250 条规定：“对事实的证明如果是建立在一个人的感觉之上的时候，要在审判中对他进行询问。询问不允许以宣读以前的询问笔录或者书面证言而代替。”大陆法系的直接言词原则也同样强调陈述者亲自出庭作证。所不同的是，英美法系传闻证据规则侧重的是对当事人对质权的保障，而大陆法系直接言词原则侧重的则是对法官直接调查权的保障。正是在此意义上，有学者认为，“直接审理主义加当事人之反询问权即变成传闻法则”。③

---

① 黄士元、吴丹红：《传闻证据规则研究》，载《国家检察官学院学报》2004 年第 12 卷，第 53 页。

② ［美］约翰. W. 斯特龙主编：《麦考密克论证据》（第五版），汤维建等译，中国政法大学出版社 2004 年版，第 484 页。

③ 黄朝义：《论刑事证据法上之传闻法则》，载《法学研究》（私立东海大学）1998 年版，第 167 页。

（二）传闻证据规则的理论基础

传闻证据规则是普通法长期演进的结果，体现了当事人主义诉讼模式的重要特色。尽管在长期的发展过程中历经了许多变化，但在英美证据法和司法实践中仍占有重要地位。

在英美法系，传闻证据之所以要被排除，最初的原因在于其自身存在缺陷，真实性难以得到保障。首先，传闻证据本身存在虚假的可能性。毫无疑问，信息在传递的过程中，存在着误传的危险，同时也存在着一定的模糊性。传闻证据通常也不是在宣誓如实作证后作出的，因此，无法确保陈述的真实可靠。其次，传闻证据无法进行交叉询问。在英美法系，交叉询问被视为"发现事实真相的最有效的装置"。[①] 而法庭之外的陈述者无法出庭接受交叉询问，其陈述无法接受交叉询问的检验，对方当事人也就失去了与证人进行对质和对传闻证据进行有效质证的机会。再次，事实审理者无法观察陈述者的行为举止，无法对陈述的可靠性作出准确的判断。所谓"耳听为虚，眼见为实"。一般认为，观察证人作证时的表情和无意识行为有助于判断证言的可靠性。在陈述者不出庭的情况下，事实审理者无法对陈述者察言观色，从而难以对陈述的真伪作出准确判断。发现真实是传闻证据规则产生的最初动因，尽管目前已不是最主要的因素，但仍然是传闻证据规则的重要功能。

随着时代的不断发展，传闻证据规则也被不断赋予新的意义。除了保障实体公正外，人们普遍认识到排除传闻证据在保障被告人对质权上的重要作用。对质权是被告人享有的一项重要权利，它可以使被告人能够积极地参与到审判中来，切实地发挥其在判决形成中的作用，不仅有利于保证判决建立在正确审理事实的基础之上，确保实体公正，也有利于保证诉讼的程序公正。鉴于该权利的重要性，许多国家都将其作为正当程序的必要内容而载入宪法。例如，美国宪法第六修正案就规定，"在一切刑事诉讼中，被告有权与原告证人对质"。传闻证据规则强调原陈述者亲自出庭，使被告人对质权的行使有了现实保障。从这个意义上也可以说，传闻证据规则是一条来源于宪法的证据排除规则。

在英美法系，传闻证据规则的确立与其当事人主义诉讼制度的特点也具有密切关系。首先，陪审团负有单独认定事实的责任，同时由不具有法律专业知识、缺乏专业训练的"外行人"组成，因而难以对传闻证据作出公正的

---

① ［英］迈克·迈考韦利：《对抗制的价值和审前刑事诉讼程序》，载《英国法律周专辑》，法律出版社、博慧出版社1999年版，第120页。

评估。为了防止其作出错误评断，影响事实的准确认定，有必要避免他们接触到此类证据。① 其次，英美法系国家的法庭审理是以当事人为程序主导、以证人为中心构建的，对证人进行交叉询问是最主要的证据调查方式。这种方式要求事件亲历者必须亲自到庭接受询问。再次，集中式审判方式需要法庭必须在尽可能短的时间内集中审理完毕。这就要求进入法庭的证据的数量和质量必须得到一定的控制。而传闻证据自身的特点决定了如果无限制地允许传闻证据在法庭上提出，势必要花费更多的时间在对传闻证据的调查核实上，从而造成审判的延期。最后，当事人主义的竞技性诉讼方式决定了需要对当事人的举证行为进行规制。在竞技性诉讼方式下，双方收集证据与举证等行为的出发点和落脚点均在于"取胜"这个终极目标。为了能够取胜，双方常常在诉讼技巧等方面大做文章。有时故意隐藏目击证人而以有身份、善言词的转述者出庭替代，以博取陪审团的信任。美国的华尔兹教授曾举例"丑陋的证人"② 以说明传闻证据在对抗式诉讼程序中的危险性。正是出于对当事人不择手段进行举证竞争的担心，英美法系国家对传闻证据的使用进行了限制。可见，传闻证据规则带有比较浓重的英美法系的法律文化特征。

（三）传闻证据规则的例外

尽管传闻证据适用的基本原则是排除，但在许多情况下仍具有一定的证据价值和程序价值，一概加以排除并无必要。首先，在特定情况下，传闻证据也具有可信性。美国证据法学家威格莫尔曾指出："传闻规则的理论基础是：庭外陈述应当摒弃，因为它是由不能到庭、不能接受反询问的人在法庭外作出的"，"但是，假设证人出庭并接受了反询问，则有充分的机会就其庭前陈述的基础对其进行考验。传闻规则的全部目的都得到了满足，因此，没有什么能够阻止法庭把对证言的信任给予庭外陈述。"③ 另外，由于证人的先前陈述距离事件发生时间更近，记忆会更加清晰，受到外界干扰的因素较少，因此也可能比当庭陈述更加可信。其次，在有些情况下，坚持让证人全部出庭作证不仅不会对查明事实真相有更大的帮助，反而会影响诉讼效率，增大查明案件事实的成本。例如，控辩双方对证人的陈述并不存在异议，若干个

---

① 也有一些学者认为，并没有充分的证据表明，作为非法律专业人士的陪审员在面对有可能是虚假的证据时，其受到误导的危险性要大于职业法官。

② ［美］乔恩. R. 华尔兹著：《刑事证据大全》，何家弘译，中国人民公安大学出版社 1993 年版，第 84 页。

③ 3A Wigmore, Evidence 1018, at 996（Chadbourn rev. 1970）. 转引自郭志媛著：《刑事证据可采性研究》，中国人民公安大学出版社 2004 年版，第 221 页。

证人的证言内容基本相同并可证明同一事实等。再次，绝对地排除传闻证据将会妨碍事实真相的查明。例如，当证人因死亡、疾病或其他原因无法出庭时，据此对传闻证据一律加以排除，将不利于事实真相的查明。基于上述原因，一些传闻证据的可采性相继被肯定，形成了传闻证据规则的例外。例如，我国台湾地区学者李学灯所言："在世界法制史上，可以说有完全接受传闻的，从来没有完全排除传闻的。"①

普通法曾为传闻规则发展出许多例外，法官可以在特别的情形下以"必要性"（necessity）和"可靠性"（reliability）为准则采纳传闻证据。② 随着例外的不断增多，传闻证据规则变得越来越庞杂，使得人们难以适用。于是，各国便开始采用制定法的方式对例外进行概括、整理。

《美国联邦证据规则》中规定的例外可分为两类：一类是原陈述者不必出庭的例外（第803条），另一类是原陈述者不能出庭的例外（第804条）。前者包括：（1）当场的感觉印象；（2）激奋言词；（3）当时存在的精神、感情或身体状况；（4）出于医疗诊断或治疗目的而作出的陈述；（5）已被记录的回忆；（6）关于日常行事的活动的记录；（7）在依照第6项规定保存的记录中缺乏记载；（8）公共记录和报告；（9）生命统计记录；（10）缺乏公共记录或记载；（11）宗教组织记录；（12）婚姻、洗礼和类似的证明书；（13）家庭记录；（14）就影响财产权益的文件所作的记录；（15）在影响财产权益的文件中的陈述；（16）在陈旧文件中的陈述；（17）市场报告、商业出版物；（18）学术论著；（19）关于个人或家庭历史的名声；（20）关于边界和一般历史的名声；（21）品格方面的名声；（22）先前定罪的判决；（23）关于个人、家庭或一般历史或边界的判决；（24）其他例外（有效期至1997年12月1日，此后转变为第807条——剩余例外）。确立此类例外的依据主要在于，这些情况下的传闻证据一般具有了充足的间接真实性保障，可靠性较大，因此原陈述者即便能够到庭也无须亲自出庭。另外一类原陈述者不能出庭的例外，依据《美国联邦证据规则》第804条的解释，不能出庭包括下列几种情形：（1）被法院以特免权为由裁定免除陈述人就其陈述的主题作证；（2）尽管法官命令陈述人就其陈述的主题作证，但其坚持拒绝就此作证；（3）陈述人作证说对自己陈述的主题缺乏记忆；（4）因死亡或当时存在身体或精神上的疾病或衰弱，陈述人不能在听审过程中出庭或作证；（5）陈

① 李学灯著：《证据法比较研究》，五南图书出版公司1992年版，第777页。
② Lemper Saltzburg, A modern Approach to Evidence, 2nd ed (1983).

述人缺席庭审，且该陈述的提出者不能通过传票或其他合理手段使陈述人出庭。属于此类例外的有：（1）先前证言；（2）临终陈述；（3）违反利益的陈述；（4）关于个人或家庭的历史的陈述；（5）其他例外；（6）因不法行为而丧失（1997 年 12 月 1 日生效）。确立此类例外的依据主要在于原陈述者客观上已无法到庭作证，法庭迫不得已只能使用该传闻。此类例外的适用是有条件的，只有当直接感知案件事实的人不能出庭作证时，该传闻证据才可以采纳；否则，便应予以排除。值得注意的是，《美国联邦证据规则》在确立传闻证据规则的例外时，实际上采取了列举加概括的方式。这种方式既增加了规则适用的可操作性，同时也增加了规则的弹性，通过赋予法官一定的自由裁量权来弥补成文法的局限。

英国证据法规定的传闻证据规则的例外，虽然在具体内容上与美国有所不同，但划分的标准和所依据的理由基本上是相同的，即如果传闻证据的可靠性较大或陈述人客观上无法到庭，可以作为例外予以采纳。根据 1988 年英国刑事审判法第 23 条规定，在满足下列条件下，对口头陈述进行记录的文书证据是可采的：（1）作出陈述的人已经死亡或因身体、神志原因不能出庭作证；（2）陈述者在英国以外，实际上无法出庭；（3）已经采取了合理的方法仍无法找到陈述者；（4）该陈述是向有权对犯罪行为进行调查或对犯罪进行扣押的人作的，并且陈述者由于恐惧无法作口头陈述。该法第 24 条规定，在满足下列条件时，记载口头证据的书面陈述是可采的：（1）该书面证据是在交易、经营、执业或从事有酬或无酬的工作时制作的；（2）该书面证据中所包含的信息是由实际或被有理由认为具有所从事该工作的专业知识的人提供的。

（四）传闻证据规则的发展趋势

随着时代的发展，传闻证据规则的适用日益受到挑战。对传闻证据规则最常见的批评是，在合理的证据法体系中，实行传闻证据规则常常有碍于探求真实，而传闻证据规则例外的不断增加又造成了证据法体系的错综复杂，难以控制。① 在这种情况下，各国纷纷开始对传闻证据规则进行变革。

目前的一个基本趋势是，英美法系在传闻证据规则的适用上已逐渐宽松化，法官的自由裁量权在逐步扩大。在美国，开始了一场"传闻证据规则自由化"（the liberalization of the hearsay rule）的运动。② 1942 年的美国示范证

① Lemper Saltzburg, A modern Approach to Evidence, 2nd ed (1983), p. 497.
② 具体论述可参见周叔厚著：《证据法论》，三民书局 1995 年版，第 796~811 页。

据法典赋予了法官采纳传闻证据的权力，规定只要陈述者无法出庭作证或者陈述者可以到庭作证并接受交叉询问，法官就可以采纳某一传闻证据。尽管该法因受到"传闻证据规则自由化"倾向的批评而最终未能得到实施，但对随后的《美国联邦证据规则》产生了重大影响。该法既没有按照"传闻证据规则自由化"的主张行事，也没有排除法官的自由裁量权，而是采取了折中的态度，在列举传闻证据规则具体例外情形的同时，增加了两项其他例外作为补充，从而在一定程度上实现了"自由化"。美国的许多州对传闻证据规则也进行了比较大的改革。例如，纽约州上诉法院对传闻证据的可采性标准进行了重新定义，史无前例地对当事人的庭外陈述加以认可。① 在司法实践中，美国对于无陪审的案件，在事实审的法院，一般不管是否属于传闻证据，一概先行收集，到最后再考虑是否需要排除的问题。

在一向以保守著称的英国，对传闻证据规则的变革却相对更为大胆。1938 年的英国证据法开始允许在民事诉讼中的特定条件下采纳书面证言。1968 年民事证据法进一步放宽了限制，规定在一定条件下可以采纳口头、书面的传闻证据，计算机制作的文件中包含的陈述。1995 年民事证据法则完全取消了传闻证据规则，该法第 1 条第 1 款即明确规定："在民事诉讼中，不得因为证据是传闻证据而予以排除。" 当然，采纳传闻证据也必须符合一定的条件，如传闻陈述者在作出陈述时应当具有作证能力，传唤或意图传唤某人出庭作证的一方当事人必须得到法庭许可等。在刑事领域，英国也进一步放宽了采纳传闻证据的限制。1998 年刑事司法法规定，对陈述者基于恐惧而不能出庭作证时可采纳其向警方所作的陈述。2003 年刑事司法法又对传闻证据规则进行了修改，规定在遵守某些保障措施的情况下，庭外陈述是可以采纳的，同时赋予法官自由裁量权，只要符合司法的利益，法庭应当能够采纳不符合任何其他可采的情形的庭外陈述，多重传闻在特定的情况下也可能被采纳，某些严重案件中的证人可以用陈述的录像资料代替其陈述，等等。②

在最早确立传闻证据规则的英美法系国家，在对传闻证据规则进行改革的同时，一些大陆法系国家和地区于第二次世界大战后也开始移植传闻证据规则。例如，日本刑事诉讼法第 320 条规定："除第 321 条至第 328 条规定的例外情形以外，不得在公审期日以书面材料代替陈述或者将以他人在公审日

---

① 徐继军：《传闻证据在美国纽约州法院的适用》（上），载《环球法律评论》2002 年冬季号。

② ［英］内政部：《英国 2003 年刑事司法立法说明》，郑旭译，载陈光中主编：《21 世纪域外刑事诉讼立法最新发展》，中国政法大学出版社 2004 年版，第 154 页以下。

以外的陈述为内容的陈述作为证据。"① 我国台湾地区 2003 年修订的 "刑事诉讼法" 第 159 条规定: "被告人以外之人于审判外之言词或书面陈述, 除法律有规定者外, 不得作为证据。"

尽管传闻证据规则本身存在一定的缺陷, 在实行多年传闻证据规则的国家, 也在随着时代的发展而不断对该规则进行反思和调整。但是, 笔者认为, 并不能因此认为传闻证据规则已经不合时宜, 其自身在确保诉讼公正方面的价值仍不容否认, 英美法系国家对规则所进行的改革不过是对原有极端做法的修正。麦考密克在分析传闻证据规则的未来时也指出: "有两个总的建议看起来毫无疑问是正确的。首先, 因为相当可观的特征, 与现在制度非常类似的传闻证据规则和一系列特殊的例外将会得以持续。第二, 在放宽对采纳传闻证据进行的自由裁量这一领域, 将会有所变化。"② 大陆法系一些国家和地区对传闻证据规则的引入, 尽管引起了一些争议, 但也在一定程度上说明了传闻证据规则目前所具有的生命力。

三、意见证据规则

(一) 意见证据规则的含义

意见证据规则是英美法上一项重要的证据规则。关于意见证据的定义, 麦克威 (John Jay Mckelvey) 认为, 证人基于直接呈现于其感官上之事实, 推论系争事实存在与否, 法律上称为意见, 证人本于上述推论所作的陈述, 称之为意见证据。威格莫尔认为, 意见在证据法上的意义, 是从观察到的事实所作的推论。③ 权威的《布莱克法律词典》对其所下的定义是: "证人证词中对争议的事实的想法、信念或推断, 以区别于证人对事实的亲身感知本身。"④ 可见, 意见不是事实本身, 而是由此作出的推断。在英美法系, 意见证据使用的一般规则是, "证人只能就他们所感知的事实提供陈述, 而不能提供从这些事实得出的推断"。⑤ 大陆法系国家基于法官自由判断证据的原则, 一般不对意见证据的证据能力作出明确规定, 只有日本、俄罗斯等少数国家对意见的证据能力进行了明确限制。

---

① [日] 田口守一著:《刑事诉讼法》, 刘迪等译, 法律出版社 2000 年版, 第 261 页。
② [美] 约翰.W. 斯特龙主编:《麦考密克论证据》(第五版), 汤维建等译, 中国政法大学出版社 2004 年版, 第 623 页。
③ 刁荣华主编:《比较刑事证据法各论》, 汉林出版社 1984 年版, 第 259 页。
④ 转引自宋英辉等:《外国刑事诉讼法》, 法律出版社 2006 年版, 第 217 页。
⑤ Nancy Wilkins. An Outline of the Law of Evidence, Butterworth Co. 1964, p. 80.

　　从立法例上看，关于意见证据规则存在两种立法例：一种是明确规定原则上不得采纳意见证据证明案件事实。例如，澳大利亚 1995 年证据法第 76 条明确规定："不得采纳意见证据以证明所表达意见的事实存在。"另一种是不规定意见证据原则上不可采，而是直接规定在哪些情况下可采。例如，日本刑事诉讼法第 156 条规定："对证人，可以使用供述根据实际经历过的事实推测的事项。"

　　意见证据规则与传闻证据规则虽然规范的都是证人证言，但二者调整的重点有所不同。传闻证据规则针对的是证人提供证言的形式，要求证人必须当庭提供证言；而意见证据规则则是从内容上对证人提供的证言进行限定，即证人应就其感知的事实进行陈述，而不得进行推论。在适用时序上，一般先适用传闻证据规则。在根据传闻证据规则可以采纳的情况下，才会发生意见证据是否需要依据意见证据规则被排除的问题。

　　（二）意见证据规则的例外

　　在英美法系，证人一般分为专家证人和普通证人两种。前者是指以其对某一问题所具有的专门知识在诉讼程序中提供证言的证人，后者则是指在诉讼中以其感受到的事实而非专业知识提供证言的证人。意见证据规则在发展过程中形成两类例外：一类是针对普通证人意见证据的例外，即普通证人就其感知的事实所作出的意见陈述，在某些情况下可以被采纳；另一类是针对专家证人意见证据的例外，即专家证人可以就其专业知识和技能所得出的意见结论向法庭提供专家证言。

　　1. 普通证人意见证据的例外

　　排除普通证人意见证据的前提是对事实和意见的明确区分，但实际上事实和意见有时很难截然分开。例如，证人作证，"我看到被告人喝醉了"。这看似证人在陈述其看到的事实，但实际上是证人根据其看到被告人语无伦次、走路跟跄，闻到其满身酒气等事实后作出的推断，即被告人喝醉了。证人作证常常带有一定的主观性，从其作证的规律来看，任何证言都是一定事实作用于证人大脑后反馈出来的结果。因此，"从某种意义上说，所有关于事实问题的证言实际上都是意见证据，它是从事实现象和个人心理感受所形成的一种结论"。① 证人在作证时，也并不能十分清楚地意识到哪些属于事实，哪些属于意见，从而主动将意见部分从证言中剔除。L. 汉德（Hand）法官在 1926 年的一个判决中指出，"意见与事实之间的分界线最多是一个程度上的

---

　　① J. B. Thayer, A Preliminary Treatise on Evidence at the Common Law, Boston ,1898 , p. 524.

差别，应该只取决于事实上的理由……每一个有审判经验的法官会经常发现，由于坚持要求证人以他并不能做到的方式来作证，而使整个事实被歪曲。证人与大多数人一样，他并不能意识到推理结论进入其感觉的程度。他是在使用他会使用的唯一方式来陈述事实，如果采取责备、纠正他的态度，结果无疑是对他造成全面性的抑制。人们必须意识到，不能只见木而不见林"。① 正是基于上述原因，对普通意见证据的排除从绝对走向相对，出现许多例外。

在论述普通证人意见证据的例外时，有必要先对普通证人意见的分类进行研究。按照普通证人意见证据是否以证人亲自感受到的事实为基础作标准，可以将普通证人意见证据分为有事实根据的意见证据和无事实根据的意见证据。前者因为是以证人亲自感受到的事实为基础，因此此类意见一般是事实与意见相混合的证言。后者因为并非以自身感受到的事实为基础，因此此类意见一般是"纯粹"的意见，或者是基于他人亲身感受的事实所作的推论意见。无事实根据的意见证据因为不具有相关性而必然被排除，有事实根据的意见证据在一定条件下可以被采纳。例如，《美国联邦证据规则》第701条规定："如果证人并不是作为专家作证，则该以证人的意见或推断形式作出的证言限于：（a）合理地建立在证人的感知之上，并且（b）有助于澄清对证人证言的理解或确定某争议事实的意见或推断。"澳大利亚1995年证据法第78条规定，如果非专家意见以该人看见、听见或者以其他方式对事物或者事件的感知为基础；以及意见证据对于充分说明或理解该人对事物或者事件的感知有必要的，则该人所表述的意见证据是可以采纳的。②

另一种分类是以意见证据指向的内容为分类标准，可将普通证人意见证据分为对核心问题的意见证据和对边缘问题的意见证据。前者是指普通证人对诉讼系争事实的主要组成部分的意见证据，如能够证明犯罪构成要件事实的意见证据；后者是指普通证人对诉讼系争事实中的间接事实的意见证据，如能够证明被告人量刑方面的意见证据。一般而言，例外大多出现在对边缘问题的意见证据上。英美法系的学者认为，证言的证明目的对意见证据的可采性有影响，"靠近相关性的边缘，在由间接事实构成的外环上，证据的采纳有相对的自由性；但是当我们向问题的中心靠近，法官就会更加谨慎地要求提出事实的细节而非推论"。③

---

① 转引自沈达明编著：《英美证据法》，中信出版社1996年版，第251页。

② 何家弘、张卫平主编：《外国证据法选译》（下），人民法院出版社2000年版。

③ ［美］约翰·W. 斯特龙主编：《麦考密克论证据》（第五版），汤维建等译，中国政法大学出版社2004年版，第28页。

从发展趋势上看，对普通证人意见证据可采的例外逐渐扩大。关于普通证人意见证据可采例外情形规定的立法方式，呈现出一个明显的特点，即逐渐从对例外具体情形的列举式规定转向对例外条件标准等方面的总括式规定，法官的自由裁量权相对较大。例如，前文所引用的《美国联邦证据规则》第701条规定，便只规定了采纳普通证人意见证据的两项条件。

2. 专家证人意见证据的例外

专家证人的意见具有可采性是意见证据规则最重要的一项例外。承认专家证人的意见具有可采性的理由在于，对某些问题的认识和判断需要专业知识，而法官不具备这些知识。允许专家运用其专业知识和技能对这些问题表达意见，可以帮助法官对案件事实作出正确判断。早在16世纪中期，桑德斯法官就曾在巴克利诉托马斯（Buckley v. Rice Thomas）一案中说道："如果在我们的法律中出现有关其他科学或专业领域的问题，我们一般都求助于有关科学或专业领域的帮助。这一点在我们的法律中是值得骄傲和赞扬的。因为这表明我们并不轻视所有其他的科学，而是认可并赞颂它们。"[1]

但并非所有的专家证言都具有可采性。在英美法系国家，法庭接受专家意见是以事实裁判者缺乏相关专业知识而无法进行推理为前提的。如果没有专家的帮助，事实裁判者也同样可以解决，即便该问题具有一定的专业性，也可以不接受专家意见。正如威格莫尔所提出的，"我们采用的仅仅是一种概括性的原则，即法庭只要被告知在没有该专家证人的帮助下仍完全能作出判断，那么该专家的证言就是多余的，并应被排除在外"。[2] 在一个案件中，某一事项是否需要专家意见由法官裁断。

在英美法系，专家的范围比较宽泛，其不仅包括在某一专业领域受过高等教育并学有所成的人，也包括从实践经验中获得专门知识的人。《美国联邦证据规则》第702条规定："如果科学、技术或其他专业知识将有助于事实审理者理解证据或确定争议事实，则凭其知识、技能、经验、训练或教育够格成为专家的证人可以用意见或其他方式作证。"可见，美国法律对专家证人资格的要求并不十分严格。在诉讼中，当某证人被作为专家证人提出时，在其作证前一般需要通过一个"证人资格"认证程序，即由对方律师或本方律师就该证人接受专业训练或获得相关技能等相关问题提问，以确认其专家

---

① 齐树洁主编：《英国证据法》，厦门大学出版社2002年版，第596页。

② ［美］乔恩. R. 华尔兹：《刑事证据大全》，何家弘译，中国人民公安大学出版社1993年版，第430页。

证人的资格。

大陆法系将英美法系的专家证人作为一种独立的诉讼参与人——鉴定人来对待，对其意见也作为独立的证据种类——鉴定结论来对待。在证据能力上，一般承认鉴定结论具有证据能力，只是并未作为意见证据规则的例外。

（三）　对排除意见证据理由的进一步思考

英美法系国家传统上排除普通证人意见证据的理由主要包括三个方面：

一是普通证人的意见会影响事实的准确认定。意见并非证人亲身体验，仅是其个人见解，有可能会对事实裁判者造成误导。"如许证人提供意见，不特使其供述之客观的事实中，混入与提供证据资料上毫无关系之物，且致立证混乱，提供偏见或预测之危险，有碍于事实之发现。"[1]

二是裁判者与证人存在职能分工。依据一定的证据材料作出推断，属于裁判职能。证人的职能仅在于将其亲身体验的事实如实地提供给法庭，如果允许其根据提供的证据进行推论并发表意见，将会侵犯事实裁判者的法定职权，造成诉讼的混乱。我国台湾地区学者陈朴生指出，"由事实而生推测与意见之判断作用，属于事实之认定作用。此项认定作为，应由裁判官行之。证人，系依其证言，而提供可为裁判官认定资料之客观事实，仅具有提供机能。是认定作用，并不属于证人证言机能之范围。如许证人为意见之供述，则超过证人之本来机能，进而具裁判官之机能，无异许证人代行裁判官之职权"。[2] 英国的罗纳德·沃克也指出，"该规则的理论根据是：从已证事实得出结论是法庭而非证人的职责"。[3]

三是排除意见证据有利于防止不具有可采性的证据进入诉讼。在一些情况下，证人的意见是依据不具有可采性的证据得出的。在这种情况下，如果允许采用意见证据，则会使不具可采性的证据实际上得到承认。英国凯尔利一案的判决曾指出，"如果证人提供意见说被告人有为他人提供毒品的故意，而该意见的根据是该被告人曾贩卖过毒品，则这种做法违反了反对适用不良品格证据的规则，并会导致就能否使用类似行为证据产生争议"。[4]

对此，笔者认为应该辩证地看待意见证据。从目前意见证据规则发展的趋势来看，随着对诉讼规律认识的不断深化，人们逐渐认识到排除意见证据的上述理由也并非绝对，在是否排除意见证据的做法上也越来越灵活。

---

[1]　陈朴生著：《刑事证据法》，三民书局 1979 年版，第 297 页。

[2]　陈朴生著：《刑事证据法》，三民书局 1979 年版，第 297 页。

[3]　转引自陈一云主编：《证据学》，中国人民大学出版社 1991 年版，第 286 页。

[4]　Steve Uglow, Evidence, Text and Materials(1997), p. 616.

无事实根据的意见证据，由于其本身缺乏一定的依据，可靠性值得怀疑，因此，排除此类意见证据并无不当。但是，有事实根据的意见证据则不然。在有些情况下，证人基于自身亲身体验的事实所作出的推断，是无法被事实审理者所取代的，其不仅不会妨碍事实审理者对事实的认定，反而有助于事实审理者对事实作出准确的认定。例如，普通证人作证："那种液体闻起来像汽油。"显然，这是证人基于自身感知时的特殊条件所作的推断。如果没有证人的这种推断，事实审理者是无法认识到该种液体到底是什么东西的，因其不具备推断所需的特殊条件。在这种情况下，意见证据无疑应是可以采纳的。也正是因为如此，许多国家对于意见证据规则的例外设定了三个基本条件：一是基于证人亲身感知的事实；二是有助于事实审理者认定案件事实；三是不能为事实审理者的推理判断所取代。①

在英美法系，意见证据规则在很大程度上是针对陪审团审判而设立的。陪审团没有经过专门的法律训练，普遍认为其缺乏职业法官那种较强的分析判断能力。正是出于对其能力上的不信任，为了防止意见证据对陪审团产生误导，防止普通证人的推理判断取代陪审团的推理判断，需要事先将其排除。但是，目前陪审团审判日渐式微。在英美法系，民事诉讼陪审团已萎缩甚至基本上被淘汰，② 刑事诉讼中适用陪审团的情况也越来越少，法官独立审判的比重在增加。在这种情况下，意见证据规则存在的基础实际上已发生改变。在职业法官审理模式下，对意见证据规则设立的必要性以及如何对其进行调整，就值得我们重新思考了。笔者认为，事实与意见本身往往是很难区分的，意见也并不都会对事实审理者造成误导，同时职业法官具备准确判断事实的能力，因此对意见证据是否应当排除问题，更多的应该是依靠法官的自由裁量，而不是交由法律的事先规定。

综上分析，大部分基于证明原因的证据排除规则都有一个共同特点，即将一些本应依据逻辑和经验判断的事实问题转化成了法律问题，在提高诉讼证明准确性的同时，也有助于提高法律适用的统一性。此类规则主要存在于英美法系，这与英美法系和大陆法系不同的审理模式是直接相关的。在大陆法系，事实认定和法律适用的主体都是职业法官。通常认为职业法官比外行

① 宋英辉、汤维建主编：《我国证据制度的理论与实践》，中国人民公安大学出版社2006年版，第257页。
② 有统计显示，在美国只有少于1.5%的民事案件由陪审团审判，而且这一比例还在继续下降的趋势。参见［美］史蒂文·苏本、玛格瑞特·伍著：《美国民事诉讼的真谛》，蔡彦敏、徐卉译，法律出版社2002年版，第230页。

的陪审团具有更强的逻辑思维能力和事实判断能力，在对证据的审查判断中不容易受到误导，相对来讲更能够对证据作出准确的评估。出于对法官的信任，法律对原本属于事实层面的问题较少加以限制，而是委诸法官自由判断。另外，从观念上来讲，大陆法系不相信根据某些证据类型对裁判者影响力大小的立法预测，可以成功地构建出相应的证据规则，而不必采取个案解决的办法。① 因此，大陆法系因证明原因设立的证据排除规则较少，而主要是基于政策原因设立证据排除规则。下节将对基于政策原因设立的证据排除规则进行集中探讨。

第三节　主要基于政策原因的证据排除规则

主要基于政策原因而设立的证据排除规则，主要目的在于实现某种政策性目标，这意味着查明案件事实真相不再是刑事诉讼的唯一目标，查明事实真相有时要让位于某种政策性目标。这类规则在确立和适用的过程中，始终面临着查明事实真相与确保某种政策性目标实现之间的权衡。从适用的范围来看，此类规则也具有更大的普遍性，除了英美法系，在大陆法系也得到广泛确立，原因在于许多政策性目标是现代法治国家所共同追求的，受诉讼模式等方面的限制和影响较小。

一、非法证据排除规则

（一）非法证据排除规则的含义

非法证据排除规则最早产生于美国。随着时代的发展，目前已成为世界范围内最具有普遍性的证据排除规则。关于非法证据，在美国一般指违反美国宪法第四修正案有关不得进行不合理搜查和扣押而取得的证据，对于非法取得的言词证据，则由自白排除法则加以调整。世界上其他绝大多数国家并没有作此区分，所有以非法地侵犯被取证人合法权利的方式取得的证据都属于非法证据，都受非法证据排除规则的调整，即除法律另有规定外，应排除非法证据的证据资格，不得采纳为对被告人不利的证据。为加深对此项规则的理解，笔者认为应注意以下几点：

首先，非法收集证据的主体一般限于国家机关的工作人员，通常是指警

---

① ［美］米吉尔安·R. 达马斯卡：《比较法视野中的证据制度》，吴宏耀、魏晓娜等译，中国人民公安大学出版社 2006 年版，第 97 页。

察，而不包括个人。非法证据排除规则设立的主要目的是抑制国家权力，对于私人以违法方式获得的证据，原则上不适用非法证据排除规则。例如，美国联邦最高法院于 1921 年的布尔多诉麦道尔案（Burdeau v. Mcdowell）中曾明确指出，"第四修正条款乃意图对统治权力活动的抑制，并非意图对以外者加以限制"。由此，私人所实施的违法搜查行为，只要警察人员不对之奖励或介入参与，则允许检察官对（如违法窃听或使用不法侵入行为手段）私人搜查所得之证据予以使用。①

其次，对违法方式取证不应作扩大理解，一般指重大违法。从非法证据排除规则设立的初衷来看，其目的虽在于抑制违法侦查，但最根本的还在于确保公民的基本权利不受侵害。如果对所有违法收集的证据不加区分地一律加以排除，不仅违背了制度设立的初衷，也极大地增加了诉讼成本。在美国，判例和理论上均认为，非法证据排除规则针对的是警察侵犯公民宪法性权利的严重违法取证行为，而非一般程序性违法取证行为，取证过程中的程序瑕疵或违法事由，与证据排除之间并不能简单地画等号。② 我国台湾地区学者也明确指出，"程序瑕疵与证据禁止，两者固然息息相关，但程序瑕疵，既非证据使用之充分条件，也不是其必要条件。详言之，并非所有的违法取得之证据，都不得为裁判之基础"。③

最后，非法取得的证据并非在任何情况下均不得采纳，是否采纳需要视证明目的而定。所谓非法证据的"排除"，指的是不能将非法取得的证据用作反对被告人的证据，若非法证据是用来当做指控警察有刑讯逼供行为的证据时，则可以采纳。此外，许多国家都对非法证据排除规则设定了若干例外，当符合法律规定的例外情形时，非法证据也同样可以采纳。

（二）非法证据排除规则的确立与发展

非法证据排除规则最早在美国确立。早在 1914 年，美国联邦最高法院在威克斯诉合众国一案中，认为该案证据是以非法搜查和扣押方式取得的，违

---

① 黄朝义：《论证据排除法则》，载《刑事诉讼之运作》，五南图书出版社公司 1997 年版，第 127~129 页。转引自万毅：《非法证据排除规则若干操作问题研究》，载《中国刑事法杂志》2007 年第 3 期，第 77 页。

② 万毅：《非法证据排除规则若干操作问题研究》，载《中国刑事法杂志》2007 年第 3 期，第 79 页。

③ 林钰雄：《从基础案例谈证据禁止之理论与发展》，载《刑事诉讼之运作》，五南图书出版公司 1997 年版，第 6 页。

背了宪法第四修正案①，因此不得被采用。但在当时，非法证据排除规则仅在联邦法院适用，而并不适用于各州的诉讼程序。非法证据如果是由州执法部门获得的，联邦法院仍会承认该证据的效力。这就是所谓的"银盘理论"。直到1961年马普诉俄亥俄州一案后，非法证据排除规则才被正式适用于各州的刑事诉讼。后来，美国最高法院还通过"毒树之果"（the fruit of the poisonous tree）理论，将非法证据排除规则适用的范围进一步扩大到以非法证据为线索获得的证据。

非法证据排除规则在维护公民宪法权利的同时，也使美国社会付出了沉痛的代价。它使一些罪犯因此逃脱了法律的制裁，大大增加了诉讼的成本。随着犯罪的日益增长，人们对加强刑事诉讼惩罚犯罪功能的呼声越来越高。美国最高法院不得不对非法证据排除规则作出修订，制定了若干不予排除的例外。这些例外主要包括：（1）必然发现的例外，即侦查人员虽然通过违法方式获得证据，但如果该证据通过合法方式也必然能够发现，该证据仍可以被采纳。（2）善意的例外，即侦查人员尽管事实上违法，但其有理由相信侦查是在合法的情况下进行的，该证据可在法庭上采用。（3）独立来源的例外，即侦查人员通过违法手段获得的证据，如果能够证明还可以通过与违法搜查、扣押行为并不相关联的独立的来源得到，那么该证据可以被采纳。（4）稀释的例外，即由于被告人后来的自愿行为打破了侦查人员违法行为与获取证据之间的直接因果关系，证据的违法性会因此被"稀释"而获得可采性。

在美国确立了非法证据排除规则后的100多年间，英国、德国、法国、日本、意大利等国家也纷纷确立了自己的非法证据排除规则。这是诉讼民主化、文明化的必然结果。非法证据排除规则集中体现了刑事诉讼惩罚犯罪与保障人权这两大价值目标之间的冲突与协调。从近现代刑事诉讼的发展趋势来看，人权保障目标越来越受到关注和重视。当其与惩罚犯罪目标发生冲突时，越来越多的国家倾向于选择人权保障价值目标。正是在这种背景下，各国都纷纷在一定程度上确立了非法证据排除规则。目前，这一规则也已成为一项刑事诉讼国际标准。例如，联合国《禁止酷刑和其他残忍、不人道或有辱人格的待遇或处罚公约》第15条规定，每一缔约国应确保在任何诉讼程序

---

　　① 美国宪法第四修正案规定："人们保护自己的人身、房屋、文件及财产不受任何无理由搜查和扣押的权利不容侵犯；除非是由于某种正当理由，并且要有宣誓或誓言的支持并明确描述要搜查的地点和要扣留的人或物，否则均不得签发搜查证。"

中，不得援引任何已经确定系以酷刑取得的口供作为证据，但这类口供可用作被控施用酷刑者刑讯逼供的证据。

（三）非法证据排除规则的比较法考察

1. 对非法言词证据的排除

各国虽然均确立了自己的非法证据排除规则，但由于法律传统、价值取向、诉讼模式等方面存在差异，因此在规则具体内容的设置上也不尽相同。从共性来讲，一般均对非法取得的言词证据予以严格限制。

在美国，非法取得的言词证据主要是指违反联邦宪法第五、第六修正案关于不受强迫自证其罪以及获得律师有效帮助的规定，或米兰达规则而取得的被告人供述。对于这些非法取得的言词证据，美国加以自动排除，法官不得自由裁量。在英国普通法中，早在18世纪就确立了非任意性供述的排除规则，对于执法官员通过引诱、威胁获取的言词证据予以排除。虽然英国在20世纪80年代之前就规定法官对警察非法取得的言词证据可以裁量决定是否采纳，但实际上法官裁量权适用的范围非常小。近年来，英国在刑事司法改革中不断加强人权保护的力度。英国1984年警察与刑事证据法第76条第（2）项规定，如果被告人的供述是不自愿作出的，警察使用的语言或采取的行动可能使被告人的供述不可靠时，该供述必须排除。

大陆法系国家一般也都对非法取得的言词证据的证据能力予以否定。作为大陆法系的代表性国家德国，在刑事诉讼法典第136条规定了禁止使用非法证据的情形，具体包括：（1）对被指控人决定和确认自己意志的自由，不允许用虐待、欺诈或催眠等方法予以侵犯。只允许在刑事诉讼法准许的范围内实施强制。禁止以刑事诉讼法不准许的措施相威胁，禁止以法律没有规定的利益相许诺。（2）有损被指控人记忆力、理解力的措施，禁止使用。① 该规定属强制性条款，只要符合其中任何一款，法院就可直接排除该证据。该法还强调，对于违反该条规定而取得的供述，即便被指控人同意，也不得使用。日本在第二次世界大战后受美国"正当程序"理论影响较深，对违背正当程序收集的证据主张予以排除。日本宪法第38条第2款规定，出于强制、拷问或胁迫的自白，在经过不适当的长期扣留或拘禁后的自白，不得作为证据。日本刑事诉讼法第319条再次重申这一规定："用强制、拷问或威胁的方法获得的自白，因长期不当羁押拘留后作出的自白以及其他非自愿的自白，不能作为证据。"

---

① 《德国刑事诉讼法典》，李昌珂译，中国政法大学出版社1995年版。

2. 对非法实物证据的排除

在对待非法取得的实物证据的证据能力问题上，各国基于不同的价值取向作了不同的规定。相比较而言，美国的态度最为严厉，采取的是排除加例外的模式，即原则上予以排除，符合例外规定的情况下，可采纳。① 按照这个模式，只要被证明是非法证据，在不属于例外的情况下，都将被排除，而不论该证据能对案件起到多大的证明作用。

与美国同属英美法系的英国，在这个问题上则与其表现出较大差异，显得较为谨慎和保守。在对非法实物证据的排除上，英国采取的是裁量排除方式。1984 年警察与刑事证据法第 78 条第 1 款规定："在任何诉讼中，如果在法庭看来，考虑到包括获得的证据的情形在内的各种情形，采纳公诉方提供的证据将对该诉讼的公正性造成不利影响，因而法庭不应采纳，法庭可以拒绝允许公诉方提出该证据。"据此，在英国即便证明了是非法证据，也不一定要将其排除，法官可以以公平正义为标准，在对案件各种因素进行权衡后决定是否要排除。

德国对于是否排除非法获取的实物证据，立法并未作出明确规定。在实践中，一般由法官结合警察违法取证的严重程度、该证据的证明价值等因素，采用利益权衡的方法予以处理。在德国，排除非法证据的理论主要是"证据禁止学说"。该说认为违反法定程序搜集的证据，并不意味着其不具有客观真实性，不能当然排除其证据效力。只有当违反的程序与人权保障直接相关时，才产生否定其证据能力的作用。② 正是出于对实体真实和个案公正的追求，德国对于非法取得的实物证据并不实行自动排除，而需要法官自由裁量。

日本在第二次世界大战后受美国法的影响，诉讼模式兼具两大法系的特征，对于非法取得的实物证据予以限制性排除。日本最高法院在 1978 年的判例中确认，排除非法收集的物证必须同时具备两个条件：一是在物证的收集程序上存在无视宪法及刑事诉讼法规定的令状主义精神的重大违法情况；二是从抑制将来的违法侦查的角度看该证据作为证据是不适当的。③ 但是，对于非法收集物证的具体情形，最高法院的判例并没有明确列举，需要法官在司法实践中依据情况进行自由裁量。

---

① 这是就整体规则而言。近年来，美国在司法实践中也越来越多地掺入了权衡的因素。

② 陈朴生著：《刑事证据法》，三民书局 1979 年版，第 255 页。

③ ［日］田口守一著：《刑事诉讼法》，刘迪等译，法律出版社 2000 年版，第 242 页。

3. 对"毒树之果"的排除

"毒树之果"是指以非法方法收集的证据（毒树）为线索，进一步取得的其他证据（毒果）。美国是"毒树之果"理论的发源地。该理论认为，最初非法取得的证据已经腐蚀、污染了随后因此获得的其他证据，因此不仅应将最初以非法方法收集的证据（毒树）予以排除，其后进一步取得的其他证据（毒果）也应当被排除。尽管后来美国出于控制犯罪的需要，确立了"善意的例外"、"最终必然发现的例外"等多项例外，但在此问题上，相对于其他国家仍比较严格。

英国采取了与美国完全不同的做法，在普通法和成文法中都采取了"砍树食果"的原则，不否认以非法手段取得的证据为线索而获得的其他证据的可采性。英国1984年警察与刑事证据法第76条第（4）项规定："供述根据本条的规定被全部或部分排除这一事实不影响以下事实作为证据可采性——（a）从被告人供述中发现的任何事实。"与英国类似，大陆法系国家也均否认"毒树之果"理论。

4. 简要总结与分析

从上述对各国在非法证据排除问题上的考察，可以总结出以下两点：

第一，各国普遍对非法言词证据采取比较严格的态度，一般均将其排除在诉讼程序之外。这与目前世界上尊重犯罪嫌疑人的主体尊严的潮流和发展趋势有关。"尊重犯罪嫌疑人的主体尊严、赋予嫌疑人在侦查中保持沉默的权利，已是近代以来世界各法治国家不论是英美法国家还是大陆法国家的普遍做法，是一种'底限正义'。"[①] 人们普遍认识到，"犯罪嫌疑人在侦查中不仅拥有不被拷问、强迫供述的权利，而且还拥有自由的自我决定权，可以自己决定是否供述"。[②] 正是基于对被追诉人供述任意性的保障，各国普遍否认非法言词证据的证据能力。

第二，在对待非法实物证据及"毒树之果"的排除问题上，只有美国立法表明了比较明晰的排除态度，大部分国家并没有较为明晰的倾向性，而需要法官在审理案件的过程中对各种因素权衡后作出决定。对此，已不能单纯采用当事人主义与职权主义的解释框架，因为在英美法系内部对此问题的处理已出现分化，英国、加拿大等英美法系典型国家都并没有采取美国式的排

---

① 万毅著：《程序正义的重心——底限正义视野下的侦查程序》，中国检察出版社2006年版，第174页。

② ［日］田口守一著：《刑事诉讼法》，刘迪等译，法律出版社1999年版，第88页。

除加例外模式，而是采取权衡模式。笔者认为，这种情况的出现与下列因素具有一定关系：

（1）对国家权力的态度。在美国，民众对国家权力抱有强烈的不信任，在司法领域对如何吓阻警察的违法行为非常关注，通过排除非法证据以抑制警察违法取证的价值选择居于优先地位。因此，当警察采取违法手段收集证据时，排除该非法证据也就成为其首要选择。英国则与其相反，法官倾向于信任其他的"法律—政治机构"，包括政府部门、立法机关和司法警察。① 因此，对警察违法侦查的担心并不强烈，也就没有将排除非法证据作为预防违法的首要手段。与英国同属英联邦国家的加拿大、澳大利亚等国也基本上秉持该传统，采取了与英国相类似的证据排除模式。在大陆法系，也同样不存在如美国那样对国家权力的极度不信任。在大陆法系，排除非法证据并不主要是基于威慑警察的不当行为，而是出于对公民个人权利的保护。② 因此，并非只要证据是违法取得的，就要予以排除，而是要在权衡违法行为对公民权利的侵害程度等多种因素后作出决定。

（2）诉讼理念。在美国，正当程序理念非常强烈，当与实体正义相冲突时，一般倾向于选择程序正义。而大陆法系国家基于职权主义传统，对实体正义较为看重。例如，在德国认为，"刑事诉讼中的证据并不是公诉人用来赢得案件的手段，而是法庭履行职责查明真相的必要工具；因此，证据排除损害的并不是警察或公诉人的利益，而是刑事案件获得公正准确判决的公共利益"。③ 正是出于对案件实体公正的追求，大陆法系在对非法证据的排除问题上，并没有采取美国式的严格做法，而是在权衡证据证明价值等综合因素后再作出是否排除的决定。

（3）司法解释技术。在司法解释技术方面，美国强调的是实质推理，而英国强调的则是形式推理。其产生的影响是，在司法先例的遵循上，英国更重视司法判例的先例功能，对传统证据规则的遵循更为稳固。而在美国，经常引入道德、伦理等实质性依据，使得对传统证据规则的遵循并不彻底。④

---

① ［英］阿蒂亚、萨默斯著：《英美法中的形式与实质——法律推理、法律理论和法律制度的比较研究》，金敏等译，中国政法大学出版社 2005 年版，第 34~35 页。

② ［美］菲尼等著：《一个案例两种制度》，郭志媛译，中国法制出版社 2006 年版，第 211 页。

③ ［德］托马斯·魏根特著：《德国刑事诉讼程序》，岳礼玲、温小洁译，中国政法大学出版社 2004 年版，第 194 页。

④ 林喜芬著：《非法证据排除规则——话语解魅与制度构筑》，中国人民公安大学出版社 2008 年版，第 275 页。

也正是因为如此，美国最终放弃了"证据的取得方式不影响证据的可采性"这一古老的普通法原则，在世界上首先确立起非法证据排除规则。德国对实物证据的排除采权衡模式，也可以从其司法解释技术上得到诠释。在德国，排除非法证据的一个重要原因还在于国家权力的行使必须遵循法治国家原则，即法院只有遵守刑事诉讼法所确立的各种规则才能判决被告人有罪，而审查的标准则是比例原则。"在判断人权保障或法律规则是否要求排除证据时，德国法院适用比例标准，在对公民权利的侵害程度与有效控制犯罪的社会利益之间进行权衡。只有当法院认为保护个人权利或法律规则的利益超出追究犯罪的社会利益时，才排除证据。"①

（四）对非法证据排除规则的评析

非法证据排除规则自在美国确立以来，一直受到质疑甚至抨击，各种批评、改革的声音在该规则的发展进程中从未停止过。其中，本杰明·卡多佐的批评意见最具代表性。他认为，非法证据排除规则确立的后果是导致警察因微小错误就让罪犯逍遥法外。② 笔者认为，尽管非法证据排除规则本身具有一定的副作用，但其所具有的多种积极作用仍是不容否定的。目前，世界各国普遍设立起自己的非法证据排除规则，也在一定程度上说明了该规则的价值和生命力。具体而言，该规则具有以下几方面积极作用：

1. 制裁和预防违法

丹宁勋爵曾言："每一社会均须有保护本身不受犯罪分子危害的手段。社会必须有权逮捕、搜查、监禁那些不法分子。只要这种权力运用适当，这些手段都是自由的保卫者。但是这种权力也有可能被滥用，而如果它被人滥用，那么任何暴政都要甘拜下风。"③ 布兰代斯大法官也曾说道："在一个法治的政府中，如果政府不能够谨慎地遵守法律，那么这将会威胁到政府本身的存续。犯罪是有传染性的。如果政府成为一个违法者，那么这将撒播下藐视法律的种子；将会导致每个人都自行其是；将会导致无政府状态。"④ 这都说明了违法使用权力的严重危害性。非法证据排除规则就是一种针对侦查权滥用的程序性制裁手段。它否定了侦查机关违法取得的证据效力，剥夺了侦查

---

① ［美］菲尼等著：《一个案例两种制度》，郭志媛译，中国法制出版社 2006 年版，第 211 页。

② See People v. Defore,150 N. E. p. 587(1926).

③ ［英］丹宁勋爵：《法律的正当程序》，李克强、杨百揆、刘庸安译，法律出版社 1999 年版，第 109 页。

④ ［美］约翰. W. 斯特龙主编：《麦考密克论证据》（第五版），汤维建等译，中国政法大学出版社 2004 版，第 318 页。

机关的预期利益，同时使侦查机关在以后的侦查过程中丧失违法取证的动力，自觉规范自身侦查权的行使，从而减少和预防违法取证行为的发生。

2. 权利救济与人权保障

根据《牛津法律大辞典》所载，"救济"是指"纠正、矫正或修正已发生或业已造成伤害、危害、损失或损害的不当行为……相应地，救济是一种纠正或减轻性质的权利，这种权利在可能的范围内会矫正由法律关系中他方当事人违法义务行为造成的后果。"① 可见，救济与权利存在着密切的联系。在存在违法取证的情况下，不仅法律秩序受到了破坏，被告人的某种权利实际上也受到了侵害。例如，在刑讯逼供的情况下，被告人的人身健康权受到了侵害；在非法搜查、扣押的情况下，被告人的财产权、隐私权等受到了侵害。正是这种对权利的损害，使非法取证行为以及非法证据被否定，也使对受侵害人的救济成为必要。特别是在刑事诉讼中，控辩双方在力量对比上存在着天然的巨大差距，被告人的权利极易受到公权力的侵害。因此，给被告人提供充分的权利救济成为各国刑事诉讼必须考虑的问题之一。非法证据排除规则即是其中非常重要的一项，它通过否定侦查机关非法获取的证据，不仅使被非法取证行为破坏了的控辩关系得以恢复，也使得被追诉人免受非法定罪。与此同时，通过非法证据的排除，还可抑制侦查机关未来的违法行为，使被追诉人的权利得到有效保障。

3. 维护法治权威和司法尊严

非法取证行为本身是对宪法、法律公开的漠视和侵犯。如果不加限制地使用非法证据，等于间接认可了非法取证行为，将会影响宪法和法律的尊严，同时也将影响司法的权威。例如，在最早设立非法证据排除规则的美国，普遍认为法院的判决应建立在不受"污染"的证据之上。如果法院判决所依据的基础是违法收集的证据，法院在一定意义上就成了法律的破坏者，因此为了维护法院的公正和司法制度的纯洁性，就应当对非法取得的证据予以排除。②

4. 防止错案

非法证据排除规则虽然有可能因排除有证明价值的非法证据而使一些案件无法定罪，导致放纵罪犯，但其也有促进事实真相发现的一面。毫无疑问，

---

① ［英］戴维. M. 沃克著：《牛津法律大辞典》，李双元等译，法律出版社 2003 年版，第 764 页。

② Rolando v. del Camen：Criminal Law and practice, Wadsworth Publishing Company Belmont California. p. 67.

与合法取得的证据相比，使用强迫、威胁、利诱等不当或不合法的方法取得的言词证据，因供述人的自由意志受到影响，存在虚假的可能性更大。正所谓"棰楚之下，何求不得"。历史和现实也反复证明，采用非法取得的言词证据是许多冤假错案产生的直接原因。而排除这部分证据，无疑可以在较大程度上避免根据虚假证据对案件事实作出错误认定。

当然，对非法证据排除规则的上述积极作用也需要辩证地看待，不能过于理想化。例如，该规则虽然从理论上讲可以对警察违法侦查起到一定的抑制作用，但实际上的效果如何，还要受到多种因素的影响。在美国，就已有许多人对此提出了质疑。一方面，并非所有的非法取证行为都能获得证据。在这种情况下，警察的行为即便侵犯了公民的权利，非法证据排除规则对其也无可奈何。[1] 另一方面，美国的非法证据排除规则仅在审判阶段适用，而90%的案件在审前通过辩诉交易就已得到解决。这又使得实际适用非法证据排除规则加以排除的非法证据非常有限。再比如，排除非法证据，固然可以在一定程度上确保司法的纯洁性，维护法治的尊严。但从另一方面看，如果大量本应受惩罚的罪犯因此逍遥法外，这样的司法本身又能有多少"尊严"。因此，笔者认为，我们既应充分认识非法证据排除规则自身的积极作用，又不能对其抱有过高的期望。认识到这一点，对于合理构建我国的非法证据排除规则非常重要。

二、特权规则

（一）特权规则的含义及理论基础

特权规则，是指证人根据法律规定有权以某种理由为依据，拒绝就特定案件事实作证。该规则实际上是一条取证规则，即不得以侵犯证人拒证特权的方式取证。当这些特权被侵犯时，才会产生证据排除问题。

由于证人具有不可替代性，其作证将有助于案件事实真相的查明，有助于司法权的有效运作，因此各国普遍规定了证人作证义务，甚至规定了可以强制证人出庭作证。我国台湾地区学者陈朴生指出："证人，系陈述其自己所观察之过去事实，具有不可替代性……其义务性较大。故一般国民，均有作证之义务，其国籍、经历、男女、宗教、种族、阶级、党派如何，并非所

---

[1] See Akhil Reed Amar: Against Exclusion（Except to Protect Truth or Prevent Privacy Violations），20 Harv. L. l. Pub. Poly 457,1997.

问。"① 各国在普遍规定证人作证义务的同时，也规定了证人拒证特权。设立证人拒证权的基本理由是："社会希望通过保守秘密来促进某种关系。社会极度重视这些关系，宁愿为捍卫保守秘密的性质，甚至不惜失去与案件结局关系重大的情报。"② 近些年来，还有人提出了新的隐私权观点，即社会有一些隐私权益需要这些特权的保护。但是，无论哪种观点，其基本的理论基础都是利益权衡原则。这样的规定与其说是证明问题，不如说是政策问题。③

（二）特权规则的保护范围

从目前世界各国的规定来看，主要存在以下四种类型的证人特权：

1. 不被强迫自证其罪的特权

不被强迫自证其罪是普通法上的一项重要原则，来源于"任何人无义务控告自己"的古老格言。根据这项权利，如果一个人的回答将会导致自己陷入自证其罪所造成的"真实的和可估计到的危险"中，其有权拒绝回答。该项权利适用于被告人，也适用于证人。许多国家和地区均确立了证人所享有的不被强迫自证其罪的特权。例如，德国刑事诉讼法典第 55 条规定："每个证人均可以对如果回答后有可能给自己或第 53 条第 1 款所列亲属成员中的一员造成因为犯罪行为、违反秩序而受到追诉危险的那些问题，拒绝予以回答。对证人要告知他享有拒绝证言权。"意大利刑事诉讼法典第 198 条第 2 款规定："证人无义务就他可能因之而承担刑事责任的事实作证。"我国台湾地区"刑事诉讼法"第 181 条规定："证人恐因陈述致自己或其有前一项关系之人受刑事追究或处罚者，得拒绝证言。"此项权利目前也已成为国际刑事司法的一条重要准则。联合国《公民权利和政治权利国际公约》第 14 条第 3 款庚项规定，任何人不被强迫作出不利于他自己的证言或强迫承认犯罪。需要说明的是，证人有拒绝提供不利于己的特权，但如果是证人自愿提供法律也并不禁止，该种情况下所取得的证人证言仍具有证据能力，不应被排除。

2. 基于亲属关系的特权

（1）基于婚姻关系的特权。夫妻间的保密特权是亲属特免权中最为重要的部分，它源于中世纪教会法的两条原则：一是任何当事人不能成为自己的证人；二是因为妻子没有独立的法律人格，夫妻双方实际上是一个人，因此

---

① 陈朴生著：《刑事证据法》，三民书局 1979 年版，第 99 页。

② ［美］乔恩. R. 华尔兹著：《刑事证据大全》，何家弘等译，中国人民公安大学出版社 1993 年版，第 283 页。

③ 王进喜著：《刑事证人证言论》，中国人民公安大学出版社 2002 年版，第 83 ~ 84 页。

他们也不能相互作证。① 到了 16 世纪，这两项原则被判例法发展成为夫妻间的保密特权，并将其中剥夺妇女作证权利的内容予以摒弃。设立夫妻间的保密特权的理由在于维系夫妻关系的稳定与和谐。美国联邦最高法院在豪金斯诉合众国（Hawkins v. United States）案件中指出："法律之所以拒绝让夫妻在性命或自由攸关的审判中彼此对立，是因为这样的政策为促进家庭和睦所必须，这不仅是出于丈夫、妻子、子女的利益，也是为了公众的利益。"②

不同国家和地区对婚姻关系的界定存在一定的差异，导致该项特权所保护的范围也有所不同。有些国家将婚姻关系限定于法定配偶关系，包括现存或曾经存在的配偶关系。例如，《美国统一证据规则》（1999）第 504 条（b）项规定："每个人享有拒绝以及阻止其配偶或前配偶就其在婚姻存续期间向其配偶所作的秘密交流作证的权利。"（c）项规定："在刑事诉讼中，被告人的配偶享有拒绝提供对被指控配偶不利证言的特权。"另有一些国家将婚姻关系扩大到订婚者、同居者等非法定配偶关系。例如，意大利刑事诉讼法典第 199 条规定："已同被告人分居的配偶"；"虽然不是被告人的配偶，但与其像配偶一样共同生活的人或者曾经与其共同生活的人"以及"已宣告撤销、解除或者终止同被告人缔结的婚姻关系的人"，均有权就共同生活期间发生或者从被告人那里得知的事实拒绝作证。

（2）基于其他近亲属关系的特权。许多国家法律规定，除了婚姻关系外，基于其他一定范围内的近亲属关系也受到特权的保护。英美法系国家在其他近亲属特权的适用范围上相对较窄，一般仅适用于父母和子女。在美国，目前只有爱达荷、明尼苏达、马萨诸塞三个州以制定法的形式规定了父母—子女的免证特权，绝大多数州拒绝认可该特权。③ 澳大利亚也将近亲属特免权的范围限定于父母和子女。相比较而言，大陆法系在对近亲属免证权的范围上则相对比较宽泛。有些国家不仅规定了具有血缘关系的近亲属享有免证权，同时也规定了具有监护关系的拟制近亲属关系的免证权。例如，日本刑事诉讼法第 147 条规定："任何人，都可以拒绝提供有可能使下列的人受到刑事追诉或者有罪判决的证言：一、自己的……三代以内的血亲或二代以内的姻亲，或者曾经与自己有此等亲属关系的人；二、自己的监护人、监护监督人或者保佐人；三、由自己作为监护人、监护监督人或者保佐人的人。"我

---

① Allen Kuths：An Analytical Approach to Evidence ，Little，Brown and Company，Boston，1989，p. 801.

② Hawkins v. United States，358 U. S. 74（1958）.

③ 王进喜著：《刑事证人证言论》，中国人民公安大学出版社 2002 年版，第 182 页。

国台湾地区"刑事诉讼法"第180条规定,证人"现在或曾为被告或自诉人五亲等内之血亲、三亲等内之姻亲或家长、家属者。……现为或曾为被告或自诉人之法定代理人或现由或曾由被告或自诉人为其法定代理人者"得拒绝证言。

3. 职业的特权

许多国家法律规定,基于某种特定职业关系在诉讼中可拒绝作证。此项权利涉及法律、医疗、宗教、专利代理、财会、税务、新闻等多种职业。这些行业的共同特点是均以信任为基础,设立此项特权的目的正是在于保护这些行业的健康发展。正如我国台湾地区学者陈朴生教授指出的,"宗教师、律师、辩护人、公证人、会计师,其秘密之获悉,亦系基于信赖关系。其赋予以证言拒绝权,即以保证此项信赖关系,并以保障其职业伦理"。① 在职业特权中,比较普遍且重要的为以下三种:

(1)律师与委托人之间的特权。该项特权是最古老的一项特权,于16世纪首先出现于英国的判例法中。依据该特权,律师对于在履行职务过程中获知的其委托人的秘密有拒绝作证的权利。对于此项特权,法国学者谈道:"刑事被告与其辩护律师之间的关系是一种特殊的关系,他们相互之间应当能够自由地进行交谈和通信。他们之间进行的交谈和通信,有享受法律保护的权利。……这里所说的保护具有积极或者主动的意义,因为它表示对于这种交谈和通信应当适用职业秘密规则,即要求律师维护和珍惜当事人对他的信任。"② 许多国家的法律也对此项特权予以了确认。例如,英国1984年警察与刑事证据法第10条第(1)项规定:"(a)职业法律咨询者和其委托人或者任何代表该委托人的人员之间,就向该委托人提供法律建议所进行的交流;(b)职业法律咨询者和其委托人或者任何代表该委托人的人员,或者法律咨询者或者其委托人或者任何代表该委托人的人员和任何其他人员之间,就诉讼或者准备进行的诉讼,为该诉讼目的所进行的交流"以及上述交流所附带的,或者为上述交流所参考的法律文件均属于受法律职业特权保护的项目。俄罗斯联邦刑事诉讼法典第56条也规定:"关于因参加刑事案件的诉讼而可能知悉的情节,不得询问犯罪嫌疑人和刑事被告人的辩护人;关于因提供法律帮助可能知悉的情节,不得询问律师。"

---

① 陈朴生著:《刑事证据法》,三民书局1992年版,第388页。

② [法]色何勒·皮埃尔·拉格特、[英]帕特里克·拉登:《西欧国家的律师制度》,陈庚生等译,吉林人民出版社1991年版,第181页。

（2）医生与患者之间的特权。该特权是指医生对在治疗过程中获悉的患者的秘密有拒绝作证的权利，其目的也是旨在促进医患之间的信任。在英美法系，普通法并不认可患者透露给医生的秘密信息应当受到特权保护，英国、加拿大等国并没有确立医生职业特权。但在美国，一些州明确规定了该项特权。据考证，最早以成文法形式确立该特权的是纽约州。1928 年，该州通过立法改变了不承认医生与病人之间保密特权的习惯做法。此后，约有 3/4 的州通过了相似立法。该特权分为普通医生与患者之间的免证权和心理医生与患者之间的免证权两种，美国多数州将该特权限制在心理医生与患者之间，因为二者之间的关系相对更加脆弱，在病人接受医生仔细检查的时候，缺乏对于隐私权和机密性的保护是不安全的。① 大陆法系对于该项特权的保护范围则要宽泛得多，不仅大多数国家在法律中作出了明确规定，而且一些国家甚至将其扩大到了相关的医护行业，如日本刑事诉讼法第 149 条规定，医师、牙科医生、助产士、护士或者曾经担任以上职务的人，对由于受业务上的委托而得知的有关他人的秘密和事项，可以拒绝提供证言。德国刑事诉讼法典第 53 条规定，医生、牙科医生、药剂师和助产士，对于在行使职务时被信赖告知或者所知悉的事项有权拒绝作证。

（3）神职人员的特权。该项特权是指从事宗教事业的神职人员对于其在履行职责过程中获悉的他人秘密有拒绝作证的权利。由于宗教在国外社会生活中占有很重要的位置，因此该特权在两大法系均具有较大的普遍性。美国约有 2/3 的州通过立法认可了该项特权；澳大利亚 1995 年证据法第 127 条规定："身为或者曾为任何教堂或者教派神职人员，有权拒绝泄露其作为神职人员时有人向其作宗教忏悔，或者泄露该宗教忏悔的内容。"德国刑事诉讼法典第 53 条规定："神职人员，对于在作为心灵感化时被信赖告知或者所知悉的事项"有权拒绝作证。此外，英国、新西兰、日本、俄罗斯等众多国家也作了类似规定。与其他职业特权特别是医生与病人之间的特权不同的是，神职人员特权一般只有很少的例外规定，使得该特权具有了很大的适用性。对此，美国一些学者解释为：因为获得医生的帮助对一个人的健康而言如此重要，以至于很少有人会因为没有医患之间的保密特权就拒绝健康。苏格兰的法律中就没有该项特权，但并没有证据表明苏格兰人患病的可能性要大于美国人。而神职人员的保密特权就不同了，为了维护宗教信仰的自由，国家

---

① See Louisell, "The Psychologist in Today's Legal Word: Part Ⅱ", 41 Minn. L. Rev. 731,745 (1957).

有必要牺牲部分诉讼中的真实。①

4. 公务的特权

这是指由于职务上的原因知悉或掌握国家秘密的人有权拒绝就其获知的秘密事项作证。此项特权确立的主要原因在于两方面：一方面，有利于保证重要公务事项在决策时能够得到充分讨论，并防止内部未决事项受到不必要的干扰以及尚未成熟的政府决策因公开而形成对公众的误导；另一方面，防止国家秘密的泄露，造成对国家利益的损害。享有该特权的人一般包括国家元首、政府首脑、议员以及行政长官等。例如，德国刑事诉讼法典第 54 条第 1款规定，对以法官、公务员和其他公职人员为证人，就他们负有保守秘密义务的事项予以询问，以及是否许可他们作证，适用公务员法规中的规定。……予以作证如果将给联邦或者德国某州的利益带来不利的，联邦政府可以拒绝作证。以上人员不再担任公职时，对事关他们在职期间所发生或者为他们所知悉的事实，仍然适用前述规定。意大利刑事诉讼法典第 202 条第 1 款也规定："公务员、公职人员和受委托从事公共服务的人员有义务不就属于国家秘密的事实作证。"

（三）对特权规则的限制

特权规则是一种价值权衡的产物，其虽然对于保护特定社会关系的健康发展会起到积极的作用，但从对诉讼影响的角度看，其负面作用无疑是非常明显的。一方面，它排除了一些关键证据的使用，将会直接影响到事实真相的查明；另一方面，它使当事人不得不采取其他途径对事实进行证明，相应地增加了诉讼成本，加重了当事人的负担，也易造成诉讼的拖延。因此，有必要对规则的适用加以适当限制。许多国家也正是认识到这一点，在制度设计上有所体现。以美国为例，近年来对特权规则的适用持更加谨慎的态度，不仅倾向于不接纳新的原则，而且对现有原则的适用作限制性解释。主要体现在以下几个方面：

1. 对特权规则所保护的社会关系作严格的解释

关于特权的范围，美国学者威格莫尔归纳了四项作为一般拒绝证言权的基本原因或要素，认为只有同时满足下列几项条件方可适用特权规则：其一，其所拒绝陈述的内容，必须基于相互信赖所得知的消息，而不愿其泄露的；

---

① Pluf. Rothstin, Evidence: Cases, Materials and Problems, Marthew Bender , . Co, 1986, p. 489. 转引自纪格非著：《证据能力论——以民事诉讼为视角的研究》，中国人民公安大学出版社 2005 年版，第 96 页。

其二，此项信赖必须为维护双方关系的重要因素；其三，此项关系，基于公众意见，有审慎维持之必要；其四，因泄露之结果给双方关系造成的损害，须大于因其拒绝而给司法上造成的损失。[①] 在实践中，法院严格依照此论述判断是否适用特权规则，体现了特权规则只保护最重要的社会关系这一宗旨。

2. 规定了特权的放弃

按照美国法的相关规定，拥有反对泄露秘密特权的人，如果其自愿透露或同意透露享有特免权事件的任何重要的一部分，那么其将丧失该项特权的保护。秘密一经自愿放弃，以后对该特权的请求便不能再恢复其效力，而且特权拥有者是否知道该特权的存在无关紧要。[②]

3. 对不适用特权的情况进行了明确规定

在律师与委托人的特权中规定，如果当事人为从事犯罪或欺诈而向律师咨询，因律师或当事人一方不履行委托合同中的义务而被起诉等情况下不适用律师与委托人的特权规则。美国咨询委员会在对《美国联邦证据规则》建议稿的注释中曾指出："虽然许多州通过立法创设了该特权（指一般医生—患者特权），但是，为获得公共利益或者避免欺诈所要求的信息，许多例外被认为是必要的。而这些例外是数不清的，为该特权保留了非常少的基础。"

4. 对上诉救济进行一定的限制

在美国，一般情况下如果初审法院在审判中错误地采纳了不合法的证据或违背了其他证据规则，当事人有权通过上诉予以救济。但是，对于特权的违反，只有当特权的权利人是当事人的情况下，才可以通过上诉方式进行纠正。而当特权的权利人是案外人的情况下，则不允许当事人以此为由上诉。另外，近年来美国一些州的法院甚至出现了不允许当事人仅以特权规则未被遵守为由而进行上诉的趋势。理由在于，受特权保护的秘密一旦公开，当事人因信赖关系形成的利益已受到现实损害，即使推翻原判也于事无补。

---

① 李学灯：《证据法比较研究》，五南图书出版公司 1992 年版，第 588 ~ 589 页。

② ［美］乔恩. R. 华尔兹著：《刑事证据大全》，何家弘等译，中国人民公安大学出版社 2004年版，第 389 页。

第五章　证据排除的程序

　　证据排除问题本身既有实体问题，也有程序问题。实体问题要解决的是哪些证据属于应排除的范围，主要是一种静态层面的研究。证据排除规则的主要作用即在于划定证据排除的范围。程序问题则要解决的是应予排除的证据如何识别和排除，是一种动态的运作机制的研究。① 证据的排除只有通过程序才能转化为司法实践中的现实，不同的程序安排也会对排除规则的实现程度产生一定影响。因此，在研究证据排除问题时，对排除程序的研究必不可少。从我国目前的研究现状来看，也多集中于对证据排除规则的实质性内容方面，程序性研究还比较薄弱。本章将就证据排除的相关程序问题进行集中探讨。

第一节　证据排除的启动

一、主体与方法

　　在不同的法系，证据排除启动的主体和方法是不同的。英美法系普遍实行当事人主义的诉讼模式，诉讼进程完全由诉讼双方控制，证据规范的适用也需要当事人提出明确的主张。也正是在这个意义上，达马斯卡指出，与大陆法系国家相比，英美证据法的一大特色就在于它是一种"附条件适用"的

---

① 哈特就认为，法律规范由"要求人们去做或不做某种行为"的"第一性规则"和"以各种方式决定它们的作用范围或控制它们的运作"的"第二性规则"构成。参见［英］哈特著：《法律的概念》，张文显等译，中国大百科全书出版社 1996 年版，第 83 页。我国有学者将前者称为"实体性规则"，将后者称为"实施性规则"。参见锁正杰著：《刑事程序的法哲学原理》，中国人民公安大学出版社 2002 年版，第 35 页。

证据法。① 在证据排除问题上，这一特点主要体现在需由当事人在审前提出排除证据的动议，或者在审判过程中适时提出反对，然后由法官裁判该证据是否应予排除。

在英美法系，当事人异议具有非常重要的法律意义。几乎所有的司法区都规定，只有证据方面的错误被记入审判笔录，上诉法院才会对这一错误进行审查。除非错误是根本性的，才有可能在当事人未提出异议的情况下进行司法干预。在证据的采纳与排除问题上，当事人的异议具有绝对性影响。当事人如果不对证据的可采性提出异议，法官就不会主动援引证据规则排除证据。正如美国的华尔兹教授所言："只有当认为对方律师所提的问题不能准许或某种证据不应采用的当事人立即把其反对意见即理由告知案件的裁决者——审判法官，证据规则才能有效地发挥其功能。对采用证据提出异议的主动权在当事人手中，而不在审判法官手中，但当事人要通过其律师发表意见。……因此，法官在没有律师提出异议的情况下排除证据的做法十分罕见。"②

当事人对证据可采性争议的方法有两种：审前动议和当庭异议。审前动议通常以书面形式提出。提出动议的律师通常起草一份辩护状，说明申请理由并援引相关法律对案件进行简短分析。对方律师可通过答辩状对此作出反应。有些案件无须举行听证，法官可书面审查后径行作出裁定。有一些案件，尤其是裁决对案件很重要且法律问题不清楚的动议，法官指令口头辩论。有些动议还需要就事实问题进行听证。

在庭审阶段，如果控方提出的证据为实物证据，应由检察官或起诉律师向法官呈递。辩方可在此时提出异议，反对采纳该实物证据，同时说明异议理由。法官应及时就该异议作出裁定。如果所提出的证据为言词证据，提供证据一方向法官申请传唤证人，并由该方先对证人进行询问。在此过程中，如果对方律师认为发问不当，应在该证人回答之前立即提出异议，由法官裁定异议是否成立。如果法官裁决异议成立，则该问话所期待的回答不具可采性，证人不应就此进行回答，发问的律师也不能再提出相同内容的问题。在法官对该异议作出裁决前，提出证人一方的律师也可走到法官跟前，以陪审团听不到的声音向法官说明证人可能回答的内容及要证明的事实，以供法官

① Mirjan R. Damaska, Evidence Law Adrift, Yale university Press, 1997, pp. 86 – 88.
② ［美］乔恩. R. 华尔兹著：《刑事证据大全》，何家弘等译，中国人民公安大学出版社 1993 年版，第 50 页。

在裁决时参考。如果在对方律师没来得及提出异议之前，证人已经作出了回答，对方律师仍可在证人回答后立即提出事后异议。如果法官裁定异议成立，该证人的回答将被排除，法官应向陪审团说明在作出被告人有罪与否的裁决时不得考虑被排除的证言内容。当事人当庭对证据提出异议，一般需说明理由，但对于一些显而易见的原因，也可以省略。如果法官裁决异议成立而排除证据，或裁决异议不成立而采纳该证据，受不利裁定的另一方都可以表示"抗议"，并要求制作成抗议事项清单，由法官签名列入笔录，以供上述法院复核。

在要求当庭提出异议的司法区，如果当时未能提出异议，通常在以后的上诉中就不能再对这个证据提出排除要求，或者法庭不再考虑提出异议一方的要求。在要求审前提出证据排除动议的司法区，如果在规定的时间内没有提出，以后也就丧失了提出动议的权利。但是，在有些司法区，法庭对于未及时提出异议的处理具有裁量权。如果当事人未能在规定的时间里提出异议是基于正当理由，如不可抗力，则所有的司法区都同意可以赋予其再次提出异议的机会。在美国大部分司法区，审前动议被驳回后，当事人可保留上诉的权利。但有些司法区则要求当事人在开庭审理时再提出一次，因为有时听审前动议的法官与庭审法官并非同一人，因此可以要求庭审法官对其排除证据的申请再审查一次。①

当事人也并非可以对所有的证据提出异议。法律规定，在有些情况下主张证据排除仅是某些主体的权利。例如，根据美国法律规定，被告人要想依据非法证据排除规则请求法庭排除证据，需证明警察的非法取证行为侵犯了他本人的宪法性权利，如果侵犯的是其他人的权利，则被告人无权主张排除。② 举例说明，假如警察非法搜查甲的住宅，所得证据导致对甲和乙的指控。在这种情况下，只有甲有权请求排除非法所得的证据，因为依据宪法第四修正案他的隐私权受到了侵犯。而通常来说，乙不能主张排除证据，除非他能够证明他在甲的住宅中的隐私权也受到了侵犯。

当事人对证据的异议体现了英美法系证据排除在适用上所具有的一个突出特点，即当事人对证据排除具有较为积极的影响。当事人可以通过提出异议从而引起证据排除规范的适用，也可以放弃这种异议权。在很多情况下，

---

① 郭志媛著：《刑事证据可采性研究》，中国人民公安大学出版社 2004 年版，第415～416 页。

② Thomas J. Garder Terry Anderson, Criminal Evidence Principles and Cases, West Publishing Company, 1995, p. 217.

即使一方律师的发问所引出的内容不具有可采性，另一方律师也可能会出于诉讼策略的考虑而放弃提出"反对"。例如，有时候对方发问所引出的内容给本方当事人带来的利益可能大于其造成的偏见；律师不愿意给陪审团留下他不相信陪审团的印象；继续发问可以引出对本方十分重要的证据；等等。此外，当事人还可通过某些特定的诉讼行为自动排除证据能力规范的适用。典型的如品格证据的适用。根据英美法规定，一般情况下，控方不得将表明被告人具有不良品格或性格特征的证据用来证明其犯罪。但是，如果被告人在审判中首先提出能够证明自己品格优良的证据，控方则不再受品格证据规则的限制，可以提出反驳证据证明被告人存在不良评估。这种情况被视为被告人"主动把自己的品格提交争论"。①

　　与英美法系不同，在大陆法系无论是调查事实还是适用法律都是由法官依职权进行。在证据排除问题上，法官认为法律要求排除某一证据时，依职权主动适用，无须当事人主张。这一点与大陆法系对证据能力规范的定位有很大关系。在大陆法系，证据能力主要是从限制法官自由心证的角度进行规定的，因此有关证据能力规范的适用就无须当事人主张，而由法官主动适用。如果再进一步分析的话，这又与大陆法系的司法目的有很大关系。关于两大法系的司法目的，国外有学者分析认为，英美法系的司法以解决纠纷为目的，可以称为纠纷解决型司法；大陆法系的司法则以实施国家政策为目的，可以称为政策实施型司法。② 对于英美法系纠纷解决型司法，争议的范围决定了裁判权行使的界限，即只有双方当事人存有争议的事实才需要裁判者进行裁决。因此，在证据排除问题上，只有当事人明确提出排除的主张，从而在控辩双方之间形成争议时，法官才会考虑适用证据排除规范。而对于大陆法系政策实施型司法，政策的实施为其最终目的，相应地在法律的适用上必然要求具有较强的严格性和统一性，只要有法律规定就应当依职权适用。对于证据排除问题也是一样，只要有法律要求排除某一证据时，法官就应当依职权予以排除，而无须当事人主张。

　　当然，近年来许多大陆法系国家进行了诉讼制度改革，弱化了法官的职权色彩，强化了当事人的主体性。一些国家在证据排除问题上也赋予了当事人申请排除证据的权利。例如，俄罗斯近年来一直致力于对抗式诉讼模式的

---

　　① 参见［美］乔恩．R. 华尔兹著：《刑事证据大全》，何家弘译，中国人民公安大学出版社1993 年版，第87 ~ 88 页。

　　② ［美］米尔吉安．R. 达马斯卡著：《司法和国家权力的多种面孔》，郑戈译，中国政法大学出版社，第131 页。

改革，受此影响，在证据排除问题上也注入了当事人主义精神，在 2001 年颁布的联邦刑事证据诉讼法典中明确确立了庭前听证程序，控辩双方当事人在这一程序中可以提出排除证据的申请。与此同时，该法典仍然保留了法官在当事人没有提出申请情况下主动排除证据的权力。在大陆法系的典型国家德国，虽然并没有像俄罗斯那样赋予当事人对证据的异议权，但联邦上诉法院曾作出过决定，在一些特定情况下对于原本应当被排除的证据被告人也可以同意使用。例如，当某一证据由于属于被告人受保护的隐私范围而让人产生怀疑时就属于这种情况：既然没有人可以阻止被告人透露其最隐秘的信息，他明确的同意就会使该证据具有可采性。① 当然，在关系到某些重大政策性目标的情况下，不具有证据能力的证据即使有被告人的明确同意也不能够采纳，如以虐待、疲劳战术、伤害身体等不正当手段获取的口供，即使被告人同意使用，也必须加以排除。尽管大陆法系国家在证据排除问题上出现了加强当事人主体性的发展趋势，但在绝大多数国家法官依然保持着主动排除证据的职权。

两大法系这种不同的做法，主要缘于各自诉讼模式的不同。英美法系由当事人申请排除，更加凸显了当事人的诉讼主体地位，相对比较灵活，但同时也给了当事人及律师更大的空间施展诉讼技巧。大陆法系由法官依职权适用，可以保证相关证据排除规则得到更加严格的适用，确保立法者所追求的某些价值得到更好的实现，但当事人自身的主体性如何得到更好的体现则是一个需要进一步研究和解决的问题。

二、时机

英美法系将证据可采性严格限定为证据可以接受法庭调查的资格，在程序上也设置了相应的配套制度，主要体现在审前程序与审判程序严格区分，证据可采性问题一般需要在审前程序中预先解决。

在英美诉讼程序中，虽然当事人提出可采性争议的方式有两种，即审前动议和当庭异议，但美国越来越多地使用审前动议来解决证据可采性问题。英国也出现了与美国类似的发展趋势。例如，英国过去允许辩护律师基于辩护策略的考虑，不在审前提出动议来解决控方证据的可采性问题，而是到审判阶段提出。在这种情况下，争议的证据往往是警察证人提供的证词。律师

---

① ［德］托马斯·魏根特著：《德国刑事诉讼程序》，岳礼玲、温小洁译，中国政法大学出版社 2004 年版，第 201 页。

的考虑是，如果审前被提出异议的证据没有被排除，警察在预先审核程序中由于已进行了一次作证演习，在后来陪审团面前作证时就会表现得更好，其证词的可信度也会更高。因此，律师有意不在审前提出动议，而是留到庭审过程中提出。在这种情况下，法官仍有可能排除该证据。但是，英国1984年警察与刑事证据法改变了这种状况，该法规定当被告方提出排除证据的理由是违反了该法第76条第2款规定时，法庭必须举行预先审核程序对证据的可采性作出裁定，辩护律师不得再使用这种辩护策略。

当然，也不可能使所有的问题都在庭审前得到彻底解决。例如，证人证言因为要经过控辩双方当庭的交叉询问，使得证言的内容总是存在一定的不确定性，因此法官在开庭审理之前仅就证人的资格进行审查，证言可采性问题还需留待庭审过程中根据证人作证的实际情况作出判断。因此，在英美法系，也允许当事人在某些情况下在庭上对证据提出异议。

英美法系法官与陪审团在法律问题与事实问题上的不同分工，确保了证据事先排除的可行性。在英美法系，法官负责解决法律问题，陪审团则负责解决事实问题。证据的可采性问题一向被看做法律问题，由法官进行判断。这样，证据的可采性问题就可以由法官在审前解决，使陪审团在开庭审理之前接触不到不具有可采性的证据。即便在庭审中，当事人临时提出动议，法官也可以尽量通过不影响陪审团的方式加以解决。在英美法系，对庭审中提出的动议，法官一般会将双方律师叫到审判席前，听取关于动议的理由和反驳意见，这必须以陪审团听不到的声音进行。这种处理方式被称为"栏边会议"。

在大陆法系，理论上也认为证据能力是证据可以进入庭审接受调查的资格。许多学者都认为，"原则上，有证据能力之证据为容许进入证据调查之前提要件，亦即无证据能力之证据不容许其提出于公判庭或作为证据调查之对象"。[①] 但由于在程序设置上，不区分专业法官和陪审员的分工，也没有一个专门对证据能力问题进行预先裁判的程序，当事人在庭审中的质证既可以针对证据的证明力，也可以针对证据的证据能力。证据的证据能力问题由法官在对事实的正式审理中一并解决。例如，意大利刑事诉讼法典第495条第4项规定："在法庭调查过程中，法官以裁定的形式就当事人针对证据的可采性提出的抗辩作出裁决。"[②] 日本刑事诉讼法也规定，自白的证据能力与证明

---

① 黄朝义著：《刑事诉讼法》（证据篇），元照出版公司2002年版，第21页。

② 《意大利刑事诉讼法典》，黄风译，中国政法大学出版社1994年版，第178页。

力、传闻证据的证据能力以及其他证据材料的证据能力等证据调查，均在法庭调查阶段进行。这就使得证据能力从一种接受法庭调查的资格实际演变成为定案依据的资格。使理论与司法实践出现一定的脱节。

不过，也有的国家在庭前审查程序中给予被告人对证据提出异议的机会，如德国的中间程序。这种发生在公诉后正式庭审前旨在对公诉进行审查以决定"应否开启审判程序"的中间程序，由一名独立的专业法官或法官组成的委员会，以不公开的审理方式对案件进行审查。在此程序中，被告人被告知在一定期间内有机会申请证据调查或提出异议申明。如果被告人提出证据调查或异议申请，审判长不得单独裁判，而须由法院作出一个不得提起抗告的裁定。不过此期间的证据调查程序不会像审判程序一样适用严格的规定加以裁判，而是以法官的审理义务进行裁量。如果法官裁决证据异议成立，有可能影响开启审判程序。①

两大法系在证据排除时机上的不同，是与各自的诉讼制度和司法理念相适应的。在英美法系，案件的事实问题与法律问题分别由陪审团和法官负责。基于对陪审团能力的不信任，产生了对证据事先进行过滤的压力，同时这种主体职责上的分工，也为证据事先排除提供了良好的条件。另外，对抗制的诉讼模式和集中审理原则也对证据的质和量提出了一定要求。在这种情况下，证据的"采纳"和"采信"被明确区分为两个阶段也就成了必然。而在大陆法系，出于对法官能力的信任，法律允许法官全面接触证据。在审理中，对集中审判的要求也并不那么强烈。这也在一定程度上降低了对证据事先进行排除的需求。因此，总体上大陆法系对证据能力的判断和证明力的判断阶段性并不明显。

另外，两大法系采取的证据排除的方式上的差异，也导致了二者在时机选择上的不同。英美法系在证据排除问题上更多地采取的是法定方式，即由法律事先对证据排除的各种情况作出明确规定。在有明确法律规范的情况下，法官在审理之前首先对证据是否应予排除作出裁断是可行的。而在大陆法系，法官作出的证据排除决定更多的是裁量的结果。这就使得在庭前作出排除决断是比较困难的，因为法官在没有接触案件事实的情况下，是很难综合各种因素作出合理裁量的。关于证据排除的方式，将在下节进行集中论述。

---

① ［德］克劳思·罗科信著：《刑事诉讼法》，吴丽琪译，法律出版社 2003 年版，第 377～379 页。

第二节　证据排除的方式

在诉讼过程中，排除某一证据的方式有两种：法定和裁量。前者是由法律对证据在何种情况下应当排除作出相对比较明确的规定；后者是法官综合权衡案件具体情况，通过行使自由裁量权对证据进行排除。也有学者将这两种方式称为规则调整模式与自由裁量模式。①

一、法定排除

法定排除的基本特点是，法律预先以相对比较明确、具体的方式，规定出证据排除的具体情形，只要符合法律规定的条件和情形，法官就应该作出排除该证据的裁判。该排除方式具有以下几方面优势：

第一，具有较强的直观性和预见性。清楚、明确的法律规范为法官排除某一证据提供了直接依据，法官只需对照法条即可作出是否排除的决定，从而降低法官作出决定的成本。当事人也可以根据法条，预先对证据进行评估，及时调整取证和举证的方向，避免将精力放在应予排除的证据的收集上，从而降低收集调查证据的成本。

第二，具有较强的统一性。法律规范是立法者为司法者预先设立的裁判规范，具有一定的稳定性。法官据此作出裁判，有利于防止法官专断，从最大限度上保证同种情况同等对待。将证据排除这样一个较为复杂且对案件结果具有重大影响的问题，以确定性规范的形式规定在法律中，也同样会起到确保裁判权统一行使的作用，并将直接关系到诉讼公正的最终实现。

第三，具有较强的执行性。法定排除以法律的明确规范为前提。法律自身的强制性决定了只要符合法律规定，必须依法进行处理。这可以使立法者的意图得到最大限度的实现。在证据排除规范中，有一些是为了贯彻某些外部政策而设立的。例如，各国普遍建立了非法证据排除规则，就是为了实现抑制警察机关非法取证、保障被告的人权等政策目标。将这些规范法定化，无疑有助于这些政策性目标的实现。

法定排除方式虽有许多优点，但其自身也存在一定的局限性。作为一种规则判断，它必然带有规则判断所必然产生的弊端：

首先，规范的范围有限，具有一定的滞后性。现实生活的复杂性和多变

---

① 吴宏耀、魏晓娜著：《诉讼证明论原理》，法律出版社 2002 年版，第 112 页。

性，决定了法律不可能事无巨细、面面俱到，也不可能随着社会生活的变化作同步变化。正是在此意义上，有学者指出，"法律游离于现实，而现实远比法律丰富"，① "在法典时代开始后，静止的社会和进步的社会之间的区分已暴露出来"。② 而证据排除本身又是一个非常复杂的问题，指望在法律中对所有排除情形作出明确而及时的规定更不现实。例如，科技的进步使诉讼中的证据获取方式和证据种类越来越多，诱惑侦查、秘密监听已被许多国家用于犯罪侦查，电子证据在诉讼中也越来越多地被使用。这对证据规则提出了新的要求。目前这些问题仍处于探索之中，相应的证据立法很难随着诉讼中的这些变化作出及时的应对。因此，可以说，证据排除法定化的范围仍是有限的，并不能解决所有的问题。

其次，法定化的程度有限。法律规定得再具体，也难免会存在不确定的情况。哈特就曾指出，任何被用来传递行为标准的工具——判例或立法，无论它们怎样顺利地适用于大多数普通案件，都会在某一点上发生适用上的问题，表现为规则的不确定性，即法律的空缺结构。③ 例如，英美法系的传闻证据规则虽然法定化程度较强，对何种情况下应予排除、何种情况下应作为例外作了比较详细的规定，但仍首先存在一个是否构成法律上的传闻的判断问题。法律不可能详尽地列举构成传闻的各种情形，因此该规则仍存在一定的不确定性。再比如，意见证据规则要求证人证言必须是对案件事实的陈述，而不能是意见。但"事实"和"意见"有时很难区分。正如美国联邦最高法院在一个判决中指出的，所谓的"我看到"只不过是"我看做"的一种更为直观的说法。④ 另外，对于那些以政策性目标的实现为目的的证据排除规则，虽然法律预先规定了比较明确的价值取向，但个案情况千差万别，在适用上很多情况下还需要法官根据个案的具体情况进行权衡，才能作出最合理的排除决定。对于此类证据排除，也不可能做到完全的法定化。

再次，缺少足够的灵活性。现实生活丰富多彩，每个案件的具体情况也千差万别。法律规范提供的仅是一种类型化的处理方式，而具体个案难免有其特殊之处。这就使得规范在有些情况下显得有些僵化。就证据排除规范而言，此类规范直接规定了法官在诉讼中对哪些证据应予排除。在很多情况下，

---

① ［日］棚瀬孝雄著：《纠纷的解决与审判制度》，王亚新译，中国政法大学出版社1994年版，第126页。

② ［英］梅因著：《古代法》，沈景一译，商务印书馆1984年版，第13页。

③ ［英］哈特著：《法律的概念》，张文显等译，中国大百科全书出版社1996年版，第127页。

④ Robert P. Burns, A Theory of The Trial, Princeton University Press, 1999, p. 86.

尤其是在政策性证据排除规范实施的情况下，证据排除直接影响到案件事实真相的查明。由于每个案件都有自己的特殊性，在个案中查明案件事实与政策性目标的实现孰轻孰重需要结合案件的具体情况才能作出更加合理的判断。如果一概加以排除，难免会出现不公。

因此，可以说单靠明确、具体的法律规定，不可能解决所有的证据排除问题。既然法律不能解决所有的问题，那么赋予法官在证据排除问题上一定限度的自由裁量权，就是一种必然的选择，裁量排除也就必然存在。

二、裁量排除

根据《牛津法律大辞典》的解释，"自由裁量"是指酌情作出决定的权力，并且这种决定在特定情况下应该是正义、公正、正确、公平和合理的。[①]关于自由裁量问题，存在不同的看法。以孟德斯鸠和布莱克斯东为代表的形式主义者否定自由裁量的存在，他们分别将法官称为法律的"代言人"[②] 和"活着的法律宣誓者"[③]，认为法官只能严格地适用法律，而不能进行自由裁量。与此相反，现实主义法学的规则怀疑论则认为，"法定"的概念是不存在的，自由是法官判决的唯一手段，法官是没有法律约束而治理的哲学王。[④]以哈特为代表的法律实证主义者采取折中观点，认为规则在绝大多数情况下具有确定性，但有时候法律会出现空缺，在这些空缺领域，需要法官行使自由裁量权创制规则。[⑤] 尽管存在这些争论，但从目前世界范围的立法来看，各国普遍采取规则与自由裁量权相结合的模式。在证据排除领域，也是如此。

（一）裁量排除的利与弊

相对于法定排除，裁量排除也有其自身的优势。其灵活性更强，法官可以根据个案的具体情况，作出更加符合公正要求的处理决定，避免法律类型化的规定所带来的僵化。但是，这同时也蕴藏着弊端：裁量具有一定的主观性，不可避免地会掺入法官个人的因素，个人的理解和情感会对处理结果产生较大的影响，"法律的精神可能会取决于一个法官的逻辑是好还是坏；取

① 《牛津法律大辞典》，中国大百科全书出版社1980年版，第261页。
② ［法］孟德斯鸠著：《论法的精神》，张雁深译，商务印书馆1961年版，第163页。
③ ［美］本杰明·卡多佐著：《司法过程的性质》，苏力译，商务印书馆1998年版，第7页。
④ ［美］史蒂文.J.伯顿著：《法律和法律推理导论》，张志铭、解兴权译，中国政法大学出版社1998年版，第109页。
⑤ ［英］哈特著：《法律的概念》，张文显等译，中国大百科全书出版社1996年版，第134～135页。

决于他对法律的消化是贯通还是不良；取决于他感情的冲动；取决于受难者的软弱程度；取决于法官与被害人之间的关系；取决于人们被动的心中改变着事物面目的一切细微的力量"。① 这就极可能导致同案不同判，从而损害司法的公平性。当然，自由裁量权在行使过程中所体现出的个体差异是无法避免的，即便是以高度同质化的司法队伍为基础也无法完全杜绝，因此在一定限度内是合理的，应该得到承认，但若出现较大的差异，无论是出于故意还是非故意，都是与法治目标相悖的。因此，各国在肯定法官自由裁量的同时，也纷纷通过制度的设计来进行制约，以保证裁判尺度的统一，防止被滥用和误用。

　　对自由裁量权的制度制约一般从两个角度出发：一是对自由裁量权行使的范围进行限制。英国大法官丹宁勋爵认为，"一个法官绝不可以改变法律织物的编织材料，但是它可以，也应该把褶皱熨平"。② 美国大法官霍姆斯也说过，"我毫不犹豫地承认法官立法，并且他们必须这样做，但他们只有在弥补裂缝时才能这样做"。③ 这实际上说的都是法官行使自由裁量权必须有一定的界限。在证据排除问题上，法官行使自由裁量权的范围一般仅及于排除有关联性的证据，而不能采纳无关联性的证据。二是对自由裁量行使的过程进行监督。法官在行使自由裁量权时，必须遵循一定的程序。比如，法官在作出证据排除与否的决定之前，需保障当事人对证据提出异议的权利，同时给予当事人充分的机会参与到证据是否应予排除的辩论当中；在作出排除决定后，还需公开证据被排除的理由，以便当事人有机会提出异议，同时供上诉法院审查。严密的程序可以规范法官的决策过程，增强法官自由裁量权行使的理性色彩，同时也有助于当事人对裁量结果的接受。除了制度制约外，法官良好的道德品格对规范自由裁量权的行使也具有非常重要的作用。正如我国台湾地区学者史尚宽所言，"虽有完美的保障审判独立之制度，有彻底的法学之研究，然若受外界之引诱，物欲之蒙蔽，舞文弄墨，徇私枉法，则反而以其法学知识为其作奸犯科之工具，有如为虎附翼、助纣为虐，是以法学修养虽为切要，而品格修养尤为重要"。④

---

① ［意］贝卡里亚著：《论犯罪与刑罚》，黄风译，中国大百科全书出版社1993年版，第18页。

② ［英］丹宁勋爵著：《法律的训诫》，杨百揆等译，群众出版社1985年版，第10页。

③ ［美］亨利·埃尔曼著：《比较法律文化》，贺卫方、高鸿钧译，三联书店1990年版，第207页。

④ 史尚宽：《宪政论丛》，荣泰印书馆1973年版，第336页。

（二）裁量的方法——利益衡量

"在每个法律制度中，都有宽泛的和重要的领域留待法院或其他官员去行使自由裁量权，以使最初含糊的标准变得明确，解决法律的不确定性，或者扩展或者限定由有效判例粗略传达的规则。"① 但是，赋予法官裁量的权力并不意味着法官可以随意为之。为了确保裁量结果的合理性，必须有一定的依据。法国学者惹尼（Geny）就曾指出，法官的自由裁量权不应当根据那种不受控制的专断的个人感情来行使，而应当根据客观的原则来行使；法官应当努力在符合社会一般目的的范围内最大可能地满足当事人的意愿；实现这个任务的方法应当是"认识所涉及的利益、评价这些利益各自的分量、在正义天平上进行衡量，以便根据某种社会标准去确保其间最为重要的利益的优先地位，最终达到最为可欲的平衡"。② 这就是所谓的利益衡量方法，即当法律裁断关涉到价值、权利或法益冲突的时候，裁判主体需要在各种相冲突的法益之间进行甄别、选择、权衡。

证据制度的首要目的在于发现事实真相，但同时也存在着效率、程序正义等其他诉讼价值或社会价值。这些价值之间并不总是协调一致的，常会出现矛盾和冲突，这就需要在不同价值之间进行衡量和取舍。可以说，客观真实的目的追求与其他法律或社会价值之间的冲突协调是证据法的中轴，利益权衡是其中最重要的方法。③ 在证据采纳问题上，它要求法官在采纳某一证据时，综合考虑该证据的采纳给诉讼公正带来的收益及对其他诉讼价值或社会价值可能带来的损害。如果前者小于后者，即应当排除该证据。《美国联邦证据规则》第403条即规定，虽然证据具有关联性，但是若其证明价值实际上被下列因素超过，即导致不公正、偏见、混淆争议或误导陪审团的危险，或者考虑到不适当拖延、浪费时间或不必要的出示重复证据，则仍然可以排除该证据。英国1984年警察与刑事证据法第78条也规定，在任何诉讼中，法庭在考虑到包括证据收集在内的各种情况以后，如果认为采纳这一证据将会对诉讼的公正性产生不利的影响，以至于不应将它采纳为证据，就可以拒绝将控诉一方所据以提出指控的这一证据予以采纳。目前，在证据排除问题的裁量上，很多国家均采取了利益衡量的方法。典型的如对非法取得的实物证据的排除。

---

① ［英］哈特著：《法律的概念》，张文显等译，中国大百科全书出版社1996年版，第135页。

② ［美］E. 博登海默著：《法理学：法律哲学与法律方法》，邓正来译，中国政法大学出版社1999年版，第145页。

③ 高家伟：《论证据法上的利益权衡原则》，载《现代法学》2004年第4期，第163页。

目前，世界上绝大多数建立非法证据排除规则的国家在对非法实物证据的排除上，均采通过权衡多元因素来判断是否应当予以排除的制度模式。例如，加拿大宪法第24条第2款规定："对于那些以侵犯公民基本权利的方式获取的证据，法院权衡所有相关的情形后，如果认为采纳它们将使司法制度的声誉受到损害的，即可以将这些证据排除。"具体而言，主要考虑三大因素：第一，采纳非法获取的证据是否影响审判公正；第二，程序性违法造成的侵权程度；第三，排除证据是否导致司法制度声誉受损。[①] 在德国，对于违法搜查、扣押取得的实物证据也并不一概予以排除，是否排除由法院根据平衡个人利益与社会利益的需要裁量决定，并为此设定一系列附加条件，只有满足这些条件证据才可以排除：（1）违法取证行为必须损害了能从排除证据中受益的人（通常是被指控人）受到法律保护的利益；（2）该证据除了使用违法手段外不能取得；（3）证据的排除必须是为曾经被破坏的程序性规则服务的；（4）证据的排除不能与根据"真实"事实处理案件这一最高利益相冲突。[②] 在新西兰，原本实行的是类似于美国的自动排除模式，即只要证据是经由侵犯1990年新西兰权利法案中规定的基本权利的方式取得的，均应推定排除于被追诉人的刑事审判程序之外。但是，在2002年由R. v. Shaheed[③] 判例确立了利益权衡方法。该案判决指出，为完成此项权衡任务，法官在决定是否排除非法证据时，必须考虑下列相关因素：（1）被侵犯权利的属性和侵犯方式的属性；（2）侵犯权利的方式是恶意还是过失；（3）是否存在其他可资利用的侦查方法而警察没有采用；（4）以侵犯权利法案的方式获取的证据的可信性、真实性及证明价值；（5）被追诉人涉嫌犯罪的严重程度；（6）该证据对于检察官实施起诉的重要性和关键性。[④]

虽然各国在裁量排除的过程中所权衡的因素不尽相同，但都采取了利益权衡的方法。可见，这种方法具有相当的普遍性。正如有学者所言，"不论以何种理念为出发点，在现实环境下始终无法脱离相对性之解决方法——即针对个案，法院严格审查客观上所呈现之资料，衡量得失，以决定排除法则

---

　　①　R. v. Collins, (1987) 1 S. C. R. 265.

　　②　林喜芬著：《非法证据排除规则——话语解魅与制度构筑》，中国人民公安大学出版社2008年版，第328页。

　　③　R. v. Shaheed, (2002) 2 NZLR 377（CA）.

　　④　Scott L Optican, the New Exclusionary Rule, Interpretation and Application of R v. Shaheed, NZ Law Review 451, 453(2004).

适用与否"。①

　　另外一点还需要说明的是，利益衡量应当遵循一定的标准。否则，"对于依在个案中之法益权衡所作的裁判即无从控制，法官也可以堂而皇之地依自己的主观见解来裁判"。② 利益衡量的目标是通过价值判断实现相关合法利益的衡平，力求各种利益兼顾，实现利益最大化、损失最小化，即我们通常所说的"两利相权取其重，两害相权取其轻"。这就涉及利益排序的问题，它是我们进行衡量取舍的标准。不同的排序将导致不同的利益取舍，从而作出不同的决定。不同的国家由于在历史传统、社会现实等方面存在一定差异，导致对不同利益重要性的排序也不同。即便是同一个国家，在不同时期、不同的社会条件下也会有不同的选择。因此，指望寻找一个放之四海而皆准的标准是不现实的。正如博登海默所指出的那样，"人的确不可能凭据哲学方法对那些应当得到法律承认和保护的利益作出一种普遍有效的权威的位序安排。……一个时代的某种特定历史偶然性或社会偶然性，可能会确定或强行设定社会利益之间的特定的位序安排，即使试图为法律制度确立一种长期有效的或刚性的价值等级序列并没有什么助益"。③ 在对证据排除问题的权衡上，也是如此。由于存在不同的标准，因此会出现针对同样的证据，不同国家以及同一国家在不同的社会历史时期所做的排除与否的选择也是不同的。从这个意义上讲，在对证据排除的权衡问题上，没有对与错之分，只有合理与不合理之分。这就需要法官在个案中根据案件的具体情况，结合当下的国家政策、社会的基本价值观等具体实际对各种利益进行权衡，以求得最合理的裁断。关于这一点，我们也可以从法国最高法院院长巴洛·博普雷在1904年庆祝民法典颁布一百周年时所做的演讲的一段话中得到同样的启示。他说道，当法官需要对条文进行解释时，"他不必致力于无休止地探讨百年以前法典制作者制定其某条文时是怎样想的；他应问问自己假如今天这些作者制定这同一条文，他们的思想会是怎样的，他应想到面对着一个世纪以来法国在思想、风俗习惯、法制、社会与经济情况各方面所发生的一切变化，正义与理智迫使我们慷慨地、合乎人情地使法律条文适应现代生活的现实与

---

① 黄朝义著：《刑事证据法研究》，元照出版公司1999年版，第81页。

② ［德］拉伦茨著：《法学方法论》，陈爱娥译，商务印书馆2005年版，第279页。

③ ［美］E. 博登海默著：《法理学：法律哲学与法律方法》，邓正来译，中国政法大学出版社1999年版，第400页。

要求"。①

　　由此可见，诉讼证明不仅是一个查明案件事实真相的过程，同时也是各种不同价值和利益冲突的协调过程。证据法不可能回避这些冲突，而只能在这些冲突中努力寻求一种平衡。这也是利益权衡方法的独特作用所在。

三、二者的关系

　　法定排除和裁量排除虽然各自有其相对比较明确的内涵，但二者在适用上并非绝对界限分明、非此即彼，而是互相补充的。一方面，规则规定得再明确具体，总有不确定因素。在一定情况下，为了使法律能够适应复杂多变的社会生活而具有较为普遍的适用性和持续的生命力，又必须具有一定的模糊性。因此，法律在适用上总是离不开法官的自由裁量。另一方面，法官的自由裁量也并非主观臆断、随心所欲，还需要受到法律的制约。正如德沃金所形容的那样，"自由裁量权恰如面包圈中间的那个洞，如果没有周围一圈的限制，它只是一片空白，本身就不会存在，所以，它是一个相对的概念"。②

　　从逻辑上讲，法定排除与裁量排除各有利弊，如何取舍离不开价值权衡。正如王亚新教授所言："在证据能力的决定上采取何种方式取决于究明案件真相与防止个人恣意这两种要求之间的利益衡量，其一般的基准是：在涉及个人的重大权利或利益的事项上，应该优先考虑防止法官主观随意性的要求，即采法定方式；在不涉及或较少涉及这种重要权利的事项上，则可以采取更灵活更有弹性的自由裁量方式，以利于发现真实。"③ 正因为如此，为了确保对被告人基本人权的保障，各国对于以非法方式获取的被告人供述均采取的是法定排除方式，而对于以非法方式获取的实物证据则普遍采取的是裁量排除方式。

　　总体而言，各国在证据排除问题上也都没有舍此求彼，只是各有侧重而已。一般认为，英美法系偏重于法定排除方式，在证据排除问题上，设立了一套数量较多、体系相对比较完备、内容相对比较明确的证据排除规则，如

---

　　①　［法］勒内·达维德著：《当代主要法律体系》，漆竹生译，上海译文出版社 1984 年版，第110 页。

　　②　［美］罗纳德·德沃金著：《认真对待权利》，信春鹰、吴玉章译，中国大百科全书出版社1998 年版，第 51 ~ 52 页。

　　③　王亚新：《关于自由心证原则历史和现状的比较法研究——刑事诉讼中发现案件真相与抑制主观随意性的问题》，载《证据法论文选粹》，中国法制出版社 2005 年版，第 111 页。

品格证据规则、意见证据规则、传闻证据规则、非法证据排除规则、证人特免权规则等。但是，也存在裁量的因素，法官在一定情形下也享有排除证据的自由裁量权。例如，英国1984年警察与刑事证据法第78条规定，法庭在考虑包括证据收集在内的各种情况后，如果认为采纳这一证据将会对诉讼的公正性产生不利影响，以至于不应将它采纳为证据，就可以拒绝将控方所据以提出指控的这一证据予以采纳。《美国联邦证据规则》第403条规定，证据虽然具有相关性，但可能导致不公正的偏见，混淆争议或误导陪审团的危险大于该证据可能具有的价值时，或者考虑到过分拖延、浪费时间或无须出示充分证据时，也可以不采纳。澳大利亚1995年证据法第135也规定，法院如果认为证据存在以下情形之危险远远大于其证据价值的，可以拒绝采纳证据：（1）对一方当事人有不公正的偏见；或者（2）误导性或者疑惑性；或者（3）将产生不适当的迟延。[①] 相对而言，大陆法系则偏重于裁量排除方式。尽管大陆法系也存在一定数量的证据排除规范，但非常有限，与英美法系相比要少得多。从法定化的程度来看，大陆法系也不如英美法系高。

究竟是以法定排除为主，还是以裁量排除为主，并不是由立法者的喜好决定的，而是由一国的诉讼模式、法律传统等多种因素综合决定的。

英美法系偏重于法定排除方式，主要与其陪审团审判的传统有关。为了防止未经过专门法律训练的陪审团受到不当证据的干扰，客观上需要对证据进行一定的限制，而法定方式很显然易于实现庭审前的证据审查。英美法系的对抗制也对证据提出了一定要求。为了使控辩双方在诉讼中能够展开平等、有序的对抗，需要对双方的取证、举证等诉讼行为进行适当的约束和引导。以比较明确的法律规定方式对允许进入法庭审判的证据加以限制，无疑有助于该目的的实现。此外，英美法系是判例法国家，大量判例的存在也为其总结、归纳出比较明确、丰富的证据排除规则提供了实践基础。因此，英美法系在证据排除问题上表现为以法定排除为主。

大陆法系实行的是职权主义，出于充分发挥职权主义效能的考虑，立法对证据资格较少加以限制，是否为适格证据，往往依靠法官的裁量。在价值取向上，大陆法系由于比较关注案件的实质真实，在证据排除过程中所要考虑的不仅仅是法律问题，也会涉及事实问题，法官经常要权衡被排除的证据在案件中的重要作用。显然，预先以法律规定的方式无法兼顾到个案中证据

[①] 以上法条引自何家弘、张卫平主编：《外国证据法选译》（上、下），人民法院出版社2000年版。

价值的考量。另外，大陆法系国家适用的是成文法，这种立法模式也对证据排除的法定化产生一定影响。一方面，因某些技术性或政策性因素而排除相关证据的做法从英美法系发展到大陆法系，也不过几十年时间。大陆法系有关证据排除的司法实践相对于具有数百年证据排除历史的英美法系还显得非常薄弱，因而使得其缺乏制定法典的实践基础。另一方面，证据采纳问题本身是诉讼中非常复杂的问题，成文法自身所具有的刚性特点决定了在成文法中设立证据排除规范在确定性上无法达到判例法的程度。因此，大陆法系在以成文法方式制定证据排除规范时，必然要为法官留出更大的裁量空间。上述几方面原因决定了大陆法系在证据排除问题上比较偏重于裁量方式。

　　近年来，由于两大法系在诉讼模式上的相互借鉴、融合，在证据排除的方式上也表现出相互靠拢的趋势。在英美法系，法官在证据采纳问题上的裁量权越来越大，如在加拿大，"近年来，最高法院试图从严格地使用各种规则全面转向更加积极地、主要是靠个案方法来决定证据的可采性。此一运动的结果是，大大增强了法官在决定证据可采性问题上的作用"。① 但是，即便如此，有关可采性的规范仍是法官排除证据的主要依据。在大陆法系，为了弥补自由裁量方式的不足，设立比较明确的证据排除规则的国家越来越多。例如，德国设立了非法证据排除规则。该国刑事诉讼法典第136条明确规定了禁止使用的刑讯方法包括：不得使用虐待、疲劳战术、伤害身体、服用药物、折磨、欺诈或者催眠等方法侵犯被告人决定和确认自己意志的自由；禁止使用损害被害人记忆、理解力的措施等。对违反这些禁止性规定所获得的陈述，即使被告人同意，也不得使用。意大利、日本也引入了非法证据排除规则、传闻证据规则等带有英美法特征的证据排除规则。意大利1988年刑事诉讼法典在"证据编"的一般规定中规定，在违背法律禁令的情况下获得的证据不得加以使用。该法典第514条规定，在法庭调查中禁止宣读特定笔录。日本最高法院在1978年的判例中进一步肯定了非法证据排除规则。根据该判例，如果证据是在无令状情况下收集，或者从抑制违法侦查角度看采纳该证据是不适当的时候，应当排除非法搜查、扣押取得的物证。这种融合趋势的出现，说明了法定排除与裁量排除实际上是不可分的。无论是以法定排除为主，还是以裁量排除为主，都需要将二者结合起来才能更好地实现证据排除制度的价值。

---

① David M. Paciocco Lee Stuesser. The Law of Evidence, published by Irwin Law (1996), p. 4.

第三节　确定证据是否排除的程序

一、英美法系的确定程序

在英美法系，只有当控辩双方对证据的可采性发生争议时，才需要法官对此作出是否排除的裁断。否则，证据将因双方的一致认可而具有可采性。在确认证据是否需要排除的程序上，英美法系国家依据是否有陪审团参加审理而有所不同。

（一）有陪审团审判之确定程序

在英美法系，证据的采纳与排除虽然被视为法律问题，但在很多情况下也涉及事实问题，法官为了作出准确裁断必须听取事实和法律辩论。例如，被告方如果提出警方所获取的供述是通过采取非法方式取得的，那么该证据是否需要排除即在很大程度上取决于警方是否采取了法律所禁止的方法。再比如，证人的证言是否具有可采性，与证人是否具有证人资格和证人是否具有免证权有很大关系。很显然，这些都是事实问题。只有在解决这些基础事实或先决性事实问题的基础上，法官才有可能作出证据是否排除的裁断。用于证明这些基础性事实的证据因为与审判中的主要事实没有直接的关联，而被称为"次级证据"。法官在对证据可采性作出裁断的过程中常要审查这些次级证据。在多数情况下，证据可采性问题通过法律辩论就可以得到解决，但在有些情况下，可采性问题可能既涉及事实因素又涉及法律因素，这就需要举行一种专门的听证程序来解决证据的可采性问题。在英国，这种程序一般被称为"预先审核"（Voire dire）或者"审中之审"（trials within trials），在美国则称为"微型审判"（Mini - Trials）或"排除听证"。[1]

确定证据可采性的听证程序，通常适用于存在争议的供述证据。书面传闻证据也允许使用该程序，因为书面传闻证据只有在满足特定的条件下，如必须经举证者证实，才能被采纳。此外，当辩方要求法官行使其英国1984年警察与刑事证据法第78条规定的自由裁量权排除证据时，也有必要举行听证程序对证据进行听审。但是，由于举行这种听证程序需花费相当的时间、金钱等成本，法官有时候也通过参考书面的证人陈述、律师提交的意见等作出裁断。

---

[1]　郭志媛著：《刑事证据可采性研究》，中国人民公安大学出版社2004年版，第416页。

在听证程序中，法官只听取就先决事实或基础事实对证人的交叉询问，审查所有相关文件，听取辩护律师的法律意见。在此基础上，法官来判断，一项证据是否因为其为传闻或意见，或者违反了其他排除规则而被排除；证人是否适格；证人是否有权主张特权；等等。

在有陪审团参与审判的程序中，陪审团应否在场也是解决证据可采性过程中一个非常重要的问题。预先审核程序在某种程度上也是为解决这一问题而产生。由于在决定证据是否可采时，将不得不提及该证据，而该证据一旦暴露给陪审团，将不可避免地会对陪审团产生影响。因此，一般情况下对于证据可采性的讨论应在陪审团不在场的情况下进行。法官在听取辩论和审查次级证据时，陪审团应退庭。如果被裁定为不可采的证据已呈现于陪审团面前，可能会要求解散陪审团并进行重审，至少法官应指示陪审团不应考虑该证据。

在英国，最初很少涉及这个问题。1950 年，戈达德大法官认为，在陪审团不在场的情况下确定基础事实仅限于特别的情形，如关于自白的可采性问题，因为这不可避免地会提及自白的内容。目前的做法是，如果可能被排除的证据有暴露于陪审团的危险或者可能对被告人产生不利影响时，法官通常会考虑在陪审团不在场的情况下对证据进行听审。在这个问题上，美国通常是根据要求排除的证据种类的不同而采取不同的做法。对物证的排除听证一般由法官单独进行，因为陪审团如果到场就会看到物证，即便这些物证后来被排除，也很难消除其对陪审团的影响。对于自白的排除，最初各州至少存在三种做法：第一种为"正统规则"，被告人的供述是否为任意性自白由法官单独作出决定，陪审团不在场。第二种为"马萨诸塞规则"，确定自白是否自愿需经过两次听审，若法官认为自白是任意性的，则自白将被排除，陪审团无须再作审查；若法官认为该自白是任意性的，该自白的任意性还需经陪审团再次审查。第三种为"纽约规则"，自白的任意性主要由陪审团决定。在 1964 年的杰克逊诉德诺一案中，最高法院裁定"纽约规则"不合宪法。目前，美国联邦和大部分州采用的是"正统规则"，少数州采用"马萨诸塞规则"。

在听证程序中，法庭对证据的可采性作出决定时，不受证据规则的限制。《美国联邦证据规则》第 104 条（a）"关于可采性的一般询问"规定，关于证人资格、存在（拒绝作证的）特权或证据可采性的初步询问将由法庭决定，适用下述（b）款的规定。除涉及特权的问题外，法庭作证时不受证据规则的限制。例如，法庭在确定证据可采性的预先审核中，决定是否存在合理根据时，不受传闻规则的限制，可以采纳传闻证据。此外，被告人如果在预先审核程序中作证，在日后的开庭审理中仍可以选择不作证。例如，被告人为了证明其有资格提出排除非法证据的动议而在预先审核程序中所作的陈述，不得在日后的开庭审理中用来决定其是否有罪。

在经过了对证据可采性的预先审核程序后，法官一般要对证据的可采性作出裁决。美国最高法院在本姆斯诉佐治亚州一案①中曾指出，正当程序的要求并不强制法官作出正式的裁决或写出书面意见，但是有关口供是否自愿的结论应当在记录中明白无误地体现。但是，最高法院仍倾向于让下级法院的法官就证据可采性的问题作出裁决，因为如果没有裁决，上诉法院将很难全面了解案情。②

（二）无陪审团审判之确定程序

在治安法庭和独任法官进行的审判中，也很容易出现证据的可采性问题。但是，在这样的程序中并不存在法律审判者和事实审判者的分工，法官同时负责处理法律问题与事实问题。在这种情况下，便产生一个问题：预先审核程序是否适用于简易程序。

由于预先审核程序的功能被认为是使法律裁判者能够在事实裁判者不在场的情况下决定法律问题，而在简易程序中并不存在这样的分工，法律裁判者同时也是事实裁判者，因此在普通法系一般认为预先审核程序对于简易程序并不合适。在肯特郡警察局局长一案（F v. Chief Constable of Kent）中，莱恩（Lane）大法官说："在法官独任审判的过程中，可能存在必须解决的各种各样的辅助性、准备性或者附属性的事项；其中可能就有关于证据可采性的问题。他们把这些事项作为单独的问题加以解决，而不是作为审中之审。"③ 但是，近年来，有关当局的态度已发生变化。英国1987年的一个判例确认，在简易程序中，如果被告人在控方的举证结束之前向法庭提出，自白是通过1984年警察与刑事证据法第76条（2）所列举的方式取得的，那么就会要求治安法官举行预先审核程序，并在控方的举证结束之前就证据的可采性问题作出裁定。在该程序中提出的以1984年警察与刑事证据法第78条为根据的替代性争辩也可以在同一审核程序中同时得到审查。④

---

① Sims v. Georgia 385 U. S. 538 (1967).

② 郭志媛著：《刑事证据可采性研究》，中国人民公安大学出版社2004年版，第426页。

③ 郭志媛著：《刑事证据可采性研究》，中国人民公安大学出版社2004年版，第427页。

④ Keane, Adrian. The Modern Law of Evidence, Butterworths(1996), pp. 33 – 34. 转引自吴宏耀、魏晓娜著：《诉讼证明原理》，法律出版社2002年版，第153页。

简易审判中确定证据是否应予排除的做法一般是，尽量通过引用一般性的法律原则和对争议证据的宽泛描述，在不将证据细节暴露于治安法庭的情况下进行辩论。如果审判由一名职业法官或者受过法律训练的领薪治安法官主持，则由该法官自己决定证据是否可采。如果审判由一名治安法官主持，则在其就证据的可采性问题向书记官征询意见时，由书记官就该证据的可采性问题向这些业余法官提出建议。

在没有陪审团参与审判的情况下，法官因为在解决证据可采性过程中对证据的实质内容事先有了了解，使得法官在对事实进行判断时无法完全摆脱被排除的证据的影响。学者 K. S. 肯尼与 J. W. 塞西尔·特纳就曾指出："……法官逐步发现，有些证据很容易被那些没有经验的陪审员不适当地接受。因此，主要是在由陪审员来衡量证据的情况下，证据规则才得到反复强调。而在法院单独行使职权的时候（如在为被判定有罪的被告人确定刑罚时），那些未被按照严格的证据规则确立的事实也经常被考虑进去。"[1] 在这种没有陪审团的审理中，法官对证据的可采性的裁定也被要求记录到笔录当中。如果裁定存在重大错误，有可能影响案件的实质性审理时，上级法院也同样可以撤销该裁决。但是，在司法实践中，一审法官为逃避上级法院的审查经常不对证据的可采性作出裁定，上级法院对下级法院在证据可采性方面的错误也持相对宽容的态度。这一问题已引起英美法系国家学者及实践部门的关注。有学者提出，由于无法避免被排除的证据对法官产生影响，在没有陪审团参与的案件中，应当允许法官有更大的裁量权，但这种裁量权应仅针对出于可靠性的考虑而排除的证据，对于基于诉讼证明以外原因设置的证据规则，如保密特权规则和非法证据排除规则，即使没有陪审团参加审判，法官也应当严格适用。[2]

二、大陆法系的事后控制模式

大陆法系在解决证据是否排除的问题上，只有极少数国家确立了专门程序。例如，俄罗斯联邦刑事诉讼法典第 229 条第 2 款第 1 项规定："一方提出排除证据申请"的，应当进行庭前听证。该法典第 234 条和第 235 条对具体

---

① ［英］J. W. 塞西尔·特纳著：《肯尼刑法原理》，王国庆等译，华夏出版社 1989 年版，第503 页。

② Levin Cohen，The Exclusionary Rules in Nonjury Criminal Cases，119U. Pa. L. Rev.（1981）. 转引自纪格非著：《证据能力论——以民事诉讼为视角的研究》，中国人民公安大学出版社 2005 年版，第280 页。

程序问题作了详细规定。大多数的大陆法系国家在证据是否排除问题上未设有如英美法系那样的专门程序。在大陆法系国家，对证据排除的控制和制约主要是采取在判决书中详细列明判决理由的方式，通过充分展示事实认定所依据的证据和推理过程，以示依法应予排除的证据在事实认定过程中确实已被排除。

例如，法国刑事诉讼法规定，法官应当在判决中对其内心确信作出表述，并用诉讼案卷与庭审辩论中向其提供的各项证据材料来证明其内心确信是正确的。没有说明理由的判决，或者理由不充分的判决，或者包含有相互矛盾之理由的判决，均将受到最高法院的审查。[1] 德国刑事诉讼法典第 267 条规定："被告人被有罪判决的时候，判决理由必须写明已经查明的、具有犯罪行为法定特征的事实。如果是根据其他事实推断出来的时候，也要写明这些事实。"从表面上看，该规定似乎只要求记载已经证明的事实，而无须列举证据及法官形成内心确信时所依据的理由。但在实务中，只要有必要，每一份判决都应含有证据评价的内容，否则该国第三审法院可以"心证瑕疵"为由撤销判决。因此，下级法院一般都会在判决中详细写明证据评价的内容。[2] 日本刑事诉讼法也有类似规定。该法第 335 条规定，有罪判决书中必须指明构成犯罪的事实，并列举据以认定事实的证据。这意味着法官必须在判决书中表明作出事实判断时的依据。我国台湾地区 2003 年修订"刑事诉讼法"时对判决理由的说明也作了详细规定，其第 301 条规定："有罪之判决书，应于理由内分别情形记载下列事项：一、认定犯罪事实所凭之证据及其认定之理由。二、对于被告有利之证据不采纳者，其理由。三、科刑时就刑法第五十七条或第五十八条规定事项所审酌之情形。四、刑罚有加重、减轻或免除者，其理由。五、易以训诫或缓刑者，其理由。六、谕知保安处分者，其理由。七、适用之法律。"其中，就包括了对证据采纳情况的说明。

如果说英美法系通过庭审前的专门审查程序对证据进行筛选是一种事前控制，那么大陆法系这种强化判决书说理的方式则是一种事后控制。大陆法系之所以未设立专门的证据审查程序，主要与大陆法系重视查明案件事实、重视实体公正的诉讼传统有关。正是因为对事实真相的关注，在证据问题上只重证据收集，而不重证据排除。德国法院就曾指出，"证据的排除不能与

---

① ［法］卡斯东·斯特法尼等著：《法国刑事诉讼法精义》，罗结珍译，中国政法大学出版社1998 年版，第 780 页。

② ［德］克劳思·罗科信著：《刑事诉讼法》，吴丽琪译，法律出版社 2003 年版，第 465 页。

根据'真实'事实处理案件这一最高利益相冲突"。① 另外，从诉讼程序上看，大陆法系没有英美法系那样的陪审团制和诉讼对抗制，对集中审理的要求也并不强烈，自然也就没有英美法系诉讼程序对证据排除那样的强烈需求，也就无从发展出英美法系那样与证据排除相适应的程序结构。但是，第二次世界大战后基于政策原因发展起来的非法证据排除规则等证据规则的实施，使大陆法系在相应的程序适用方面显得有些力不从心。如何调整自身的刑事审判模式，使证据排除真正落到实处，是目前大陆法系面临的一个重要问题。

三、排除效果分析

大陆法系采用公开判决理由的方式来实现对法官在证据排除问题上的制约，其内在机理在于：公开判决理由不仅可以促使法官对自己的判断再次进行审视，以检查其判断过程中是否存在不合理之处，而且可以为当事人、社会公众及上级法院提供核查和评价的对象，对法官在证据采纳过程中形成一定的心理制约，使其谨慎行事，不至于形成枉法裁判。对此，法国学者勒内·达维德曾说："对于我们这个时代的人，判决必须说明理由的原则是反对专断的判决的保证，也许还是作出深思熟虑的判决的保证。"② 不过，客观地说，这虽然能起到一定的作用，但效果有限。

真正的证据排除不仅表现在证据从形式上被排除，即被排除的证据不能作为裁判依据出现在裁判文书中，而且更要在实质上得到排除，即被排除的证据不能在事实上对审理者产生任何影响。在大陆法系将解决证据资格问题与解决案件实体问题程序合一的程序设置下，不具有证据资格的证据被排除仅能实现的是表面排除，被排除的证据仍会在实际上影响审理者对案件事实的认定和对被告人的定罪量刑。这种影响至少可以通过两种途径予以实现：

一是被排除的证据影响着法官对其他证据的采信，对案件事实起着间接的证明作用。法官在审理案件的过程中，对事实的认定一般遵循两个步骤：首先，选择可以作为定案依据的证据；然后，根据选定的证据作出对案件事实的认定。在这一过程中，证据的选定尤为关键。一般来讲，证据之间相互印证的证据数量以及印证的程度，对法官在选定证据时具有很重要的影响。能够相互印证的证据数量越多，证据内容吻合程度越高，法官就越有可能接

---

① ［德］托马斯·魏根特著：《德国刑事诉讼程序》，岳礼玲、温小洁译，中国政法大学出版社2004年版，第195页。

② ［法］勒内·达维德著：《当代主要法律体系》，漆竹生译，上海译文出版社1984年版，第132页。

受该证据。在没有设立专门的证据资格审查程序的情况下，由于对案件事实作出认定的法官接触到了因为某种原因应当被排除的证据，该证据势必会在法官头脑中留下印象。若该证据能够与其他证据相互印证，虽然在最终的判决中该证据没有被作为定案依据，但也会因为增加了其他证据的可信性，促进了对其他证据的采信，而在事实上发挥了对案件的证明作用，只不过是通过间接的方式而已。

二是被排除的证据影响着法官的情感和对被告人的看法，进而影响到对被告人的定罪量刑。这种情况主要发生在非法证据排除中。罪刑法定是刑法的基本原则，但是再明确的法律也不能绝对排除不确定因素，法官在一定限度内行使自由裁量权是司法的常态。在刑事诉讼中，法官在定罪量刑上不可避免地会有一定的裁量权，尤其是一些以情节严重程度、人身危险性大小等主观性很强的因素作为定罪量刑标准的犯罪。当侦查机关将采取违法手段获取的能够直接表明被告人作案手段、过程等证据提交法庭时，势必会影响法官对犯罪情节、被告人人身危险性的认识。虽然该证据最终被排除，但基于其给法官情感和认识上带来的影响，极有可能影响法官行使裁量权，加重对被告人的处罚。

可见，在大陆法系的事后控制模式下，应予排除但被法官接触的证据仍会以一种潜移默化的方式对法官形成影响。这种影响可能是不被法官自知的。在这种情况下，即便在判决书中未提及应予排除的证据，但实际上其已发挥了作用。另外，是不是判决书中所载明的事实认定理由一定能够真实地反映出法官认定事实的心理过程，也是值得考虑的。有心理学研究表明，"在证据与结论之间似乎存在着宛如跳跃一般的中断。直觉的低语、冲动的意志乃至本能的情感，它们联合起来作出一项判决"。[1] 在法官明知某份证据是由于与查明案件真相无关的某种政策性原因，如非法取证而应予排除的情况下，该证据很容易对法官在事实判断上产生影响，对这种证据的排除相对于其他证据的排除显得更加困难。在这种情况下，法官出于惩罚犯罪的强烈愿望，有可能会用其他理由来对其判决结果进行论证。难怪有人说，对于兼有事实裁判者和法律裁判者双重身份的大陆法系法官来讲，往往更会禁不住"使法律迁就他对诉争事实所形成的看法"。[2]

---

① 转引自易延友：《英美证据法的历史与哲学考察》，载《中外法学》2004 年第 3 期，第 267 页。

② ［法］罗伯斯庇尔著：《革命法制和审判》，赵涵舆译，商务印书馆 1997 年版，第 24 页。

　　这种状况也已经引起了大陆法系国家许多学者的关注和担忧。他们普遍认为，当法官已经通过审判了解到证据的具体内容后，该证据即便最终由于缺乏证据能力而被排除在定案证据之外，但实质上仍不可避免地会对其产生某种程度的影响，因此该证据能否得到有效排除是有疑问的。有的学者甚至讽刺说，这些证据能力规范存在的意义只不过是"为法庭论证判决增加困难"而已。① 对此，如何改变旧有模式，使证据排除能够收到更好的效果，已成为目前大陆法系国家正在研究的课题。

　　相对于大陆法系的事后控制模式，英美法系设立了对证据资格的专门审查程序，在确保证据排除的效果上具有明显的优势。美国证据法学家达马斯卡将这种程序设置称为"二元式"结构程序，并认为证据的排除，只有在这种"二元式"结构的程序中，才能真正实现。② 原因很简单，在这种"二元式"结构程序中，对证据资格的审查主体与对案件事实的认定主体二者是分离的，分别由法官和陪审员担任。这使得案件事实认定主体在审理前接触不到应予排除的证据，从而从根本上切断被排除的证据对事实认定者的影响。

　　当然，在英美法系"二元式"结构程序中，在有些情况下也会产生与大陆法系类似的问题，即当陪审团在正式听审过程中出现新的证据可采性问题的时候。这时，法官要对陪审团作出不予考虑那些应当排除的证据的指示。这种指示是对陪审团接触到不可采证据时的一种补救措施，但由于陪审团已经接触到了不具可采性的证据，这些证据已经在他们脑海中留下了或深或浅的印象。即便有法官的正式指示，这种指示能够在多大程度上消除这些证据对陪审团的影响，目前还没有足够有说服力的心理学上的研究来加以论证。在普通法系，这种指示的有效性也已经受到越来越多的怀疑。但是，与大陆法系相比，"不得考虑法律所禁止的证据信息"这一要求在英美法系仍具有更大的意义。在英美法系，法官对证据的指示可以影响陪审团的集体评议，陪审团不得在集体评议中把这种证据信息作为争论的武器。而在大陆法系，首席法官地位崇高，评议时也不要求一致通过。这使得评议时交流和争辩的意义大为削弱。因此，对于某一证据信息不得予以考虑的法律要求，在大陆法系主要在个体认知层面上发挥作用。③

　　① ［德］托马斯·魏根特：《德国刑事诉讼程序》，岳礼玲、温小洁译，中国政法大学出版社2004年版，第188页。

　　② Mirjan R. Damask, Evidence Law Adrift, Yale university Press, 1997, pp. 46 - 57.

　　③ ［美］米尔吉安. R. 达马斯卡著：《比较法视野中的证据制度》，吴宏耀、魏晓娜等译，中国人民公安大学出版社2006年版，第222页。

　　除了有利于更加彻底地排除证据外，设立专门的证据资格预先审查程序的好处还在于，可以使庭审更加集中，有利于诉讼效率的提高。一方面，采用专门的程序对证据进行事先过滤，可以使庭审将时间集中在对被告人定罪量刑的问题上，防止庭审偏离主要方向；另一方面，控辩双方可以根据证据被采纳情况，及时调整诉讼策略，在庭审中展开有效对抗。控方也能够根据证据被排除的情况，合理估计控诉成功的概率，进而及时撤回证据不足的控诉，从而提高效率，节省诉讼资源。

　　当然，英美法系设立庭前证据专门审查程序具有较好的排除效果，并不意味着大陆法系也一定要设立相同的程序，毕竟二者在证据排除规则的特点、诉讼模式等方面存在着差异。以非法证据排除规则为例，在大陆法系，非法证据是否被排除，需要法官综合权衡案件各种因素来作出决定。这些因素包括：违反程序的程度、状况，是否存在故意，是否经常违反程序，违反程序与证据之间的因果关系，证据的重要性、案件的严重性等。[①] 显然，这其中既包含了程序因素，也包含了实体因素。对程序因素的判断可以在庭前进行，但对实体因素的判断，如证据的重要性、案件的严重性等，还必须结合全案的事实情况进行。如果在庭前只对案件进行形式审查的情况下，显然无法做到。而如果在庭前由其他法官在对案件实体进行审查的情况下再对证据进行排除，又势必会导致诉讼成本的增加。另外，在大陆法系也并不存在英美法系那样彼此分离的事实裁判者和法律裁判者，其实行的是法官主审的"一元式"结构。这些因素的存在，决定了大陆法系不可能完全将英美法系的排除程序照搬过来。目前，在大陆法系如何在兼顾诉讼效率的前提下有效排除证据还是一个未解的难题。

　.　① 参见［日］田口守一著：《刑事诉讼法》，刘迪等译，法律出版社 2000 年版，第 242～244 页。

第六章 刑事证据排除与民事证据 排除之比较

不同性质的诉讼，由于在运行机制上存在一定的差异，在证据排除问题上也表现出各自不同的特点。本章将对刑事诉讼和民事诉讼中的证据排除进行比较，以全面把握诉讼中证据排除的规律。但是，由于证据排除本身涉及的问题很多，而且不同法系、不同国家内部刑民之间的差异也有所不同，因此这种比较仅限于宏观层面。

第一节 证据排除适用的严格程度

一般来讲，刑事诉讼对证据的要求相对于民事诉讼要严格些。英国学者塞西尔·特纳曾指出："在民事诉讼中，不能仅仅因为在原审中不适当地采纳或排除了证据就进行复审，除非引起了'实质性的误审或误判'。但是，在刑事诉讼中，不适当地采纳任何控诉证据（即使是微不足道的证据）都必然引起有罪裁决的撤销。"① 日本学者在研究本国的证据制度时也指出："日本的刑事诉讼证据法大量采纳了英美法系的证据法则，在证据能力和证明力受限制方面与民事诉讼的证据法形成鲜明的对照。"② 关于刑事诉讼和民事诉讼在证据排除严格程度上的不同，可以从两大诉讼对待相同证据的不同态度上得到比较明显的体现。

一、刑民诉讼对待相同证据的不同态度

在许多国家，刑事诉讼和民事诉讼针对同种证据的态度并不完全相同。

---

① ［英］J. W. 塞西尔·特纳著：《肯尼刑法原理》，王国庆等译，华夏出版社 1989 年版，第 68 页。

② 王以真主编：《外国刑事诉讼法学》，北京大学出版社 2004 年版，第 56 页。

相对而言，民事诉讼中对证据的限制要宽松一些，比较明显地体现在对传闻证据、非法证据的适用上。

（一）传闻证据

在对待传闻证据的态度上，英美法系在很长时间以来一直采取了比较严格的态度，即以排除传闻证据为原则、以采纳传闻证据为例外。但近年来，出现了放松对传闻证据使用的限制的趋势。尤其是在英国，在传闻证据的使用上，民事诉讼和刑事诉讼出现了较大的差异。在刑事诉讼中，虽然近年来屡次修改，逐步放宽了对传闻证据的限制，不仅扩大了例外情形，也加强了法官在传闻证据规则适用中的裁量权，但对传闻证据总体上仍然坚持以排除为原则、以采纳为例外。在民事诉讼中却有所不同。英国 1968 年民事证据法不仅以立法方式设定了大量例外，而且将许多应存在于普通法中的例外情形纳入成文法。其结果是造成了例外对于传闻证据规则本身的冲击，"几乎使传闻证据规则陷于名不副实的境地"。[1] 到了 1995 年，英国民事证据法则完全取消了民事诉讼中的传闻证据排除规则。该法第 1 条第 1 款规定："在民事诉讼中，不得因为证据是传闻而予以排除。"当然，在取消该规则的同时，在程序上也规定了一些保障性条款，要求当事人提前通知对方当事人关于传闻证据的具体情况；赋予对方当事人对陈述者的可信性提出质疑的权利以及法庭在衡量传闻证据的分量时，应当考虑可以从中合理推出关于证据的可靠性或其他特性的各种情形。[2] 英国证据法之所以在对待传闻证据上民事诉讼和刑事诉讼采取不同的策略，与近年来英国在民事诉讼中取消陪审制有很大关系。因为案件由法官审理，立法者相信法官有能力对传闻证据的可靠性和价值进行准确分辨，而不需要事先由法律进行明确规定。同时，民事诉讼主要涉及的是私人财产等方面利益，刑事诉讼涉及的是定罪量刑问题，对人的影响巨大，因此在刑事诉讼中需要更加谨慎。

同属普通法区域的澳大利亚近年来也对传闻证据规则进行了改革。其 1995 年证据法保留了传闻证据规则，但规定了新的例外，特别是以所述事实是否陈述者亲身感知为标准，将传闻区分为第一手传闻（first - hand hearsay）与非第一手传闻（more remote hearsay）。对第一手传闻又区分为民事第一手传闻和刑事第一手传闻，对其采纳条件作了不同规定。在民事诉讼中，如果

---

① 齐树洁主编：《英国证据法》，厦门大学出版社 2002 年版，第 502 页。

② 李伟：《分立与差异——当代英国民事证据法与刑事证据法之现状与评析》，载《证据学论坛》（第四卷），中国检察出版社 2002 年版，第 77 页。

第一手传闻陈述人不能到庭作证的，对他方当事人发出通知的可采纳。对于第一手传闻陈述人可到庭作证的，如传唤陈述人作证将产生不合理的费用或迟延，或不切实可行的，传闻法则不适用。如果陈述人已经或将由法院传唤作证，并且如果陈述人进行陈述时对所宣称事实记忆犹新的，则传闻法则不适用于陈述人看见、听见或者以其他方式感知到所陈述事实的人所作陈述之证据。在刑事诉讼中，除非传闻证据是可调取的最佳证据，并且可信性具有合理的保证，否则不应采纳针对被告的传闻证据。因此，当第一手传闻陈述人不能到庭作证时，在控方向被告开示了第一手传闻证据，且符合可信性特别保障要件时，控方提出的该传闻证据可予采纳。在第一手传闻陈述人可到庭作证时，传闻陈述人须由法院传唤作证，且在有关事件发生后立刻或不久进行陈述的，方得采纳该传闻证据。① 由此可见，在刑事诉讼中澳大利亚对第一手传闻证据的使用相对更加严格。

　　大陆法系对传闻证据排除的规定，主要体现在刑事诉讼中。例如，日本刑事诉讼法第 320 条明确规定了禁止使用传闻证据的原则，即除了法律规定的传闻证据规则的例外情形，不得以有关书面材料当做证据代替公审期日被告人作出的陈述，或者将以公审期日之外其他人的陈述为内容所作的陈述为证据。意大利、我国台湾地区在修改证据法时也采纳了传闻证据规则。但是，在民事诉讼领域，大陆法系更加强调法官的心证，对于证据采纳问题更多的是交给法官裁量，而不由法律作出硬性规定，因此并不否认证人诉讼外陈述的证据能力。

　　例如，日本尽管在刑事诉讼法中明确规定了传闻证据排除规则，但民事诉讼中则不存在相应规定。日本民事诉讼法规定证人应当出庭作证，对证人不出庭只规定了罚款、罚金、拘传等实体法上的后果，对传闻证据的证据能力并未加以否认。根据日本法院的判例，在日本的民事诉讼中，传闻证据具有证据能力。德国、奥地利、意大利等国也同样规定了证人应当出庭作证，不出庭将承担罚款、罚金、拘传等实体法上的后果，但均未排除传闻证据的使用。例如，德国民事诉讼法典规定，如果向证人询问的事项是须由证人预先根据他所有的账簿或其他记录而陈述的，或者在其他情形，法律按照案件情况，特别考虑到作证中问题的内容，认为证人提出书面陈述已足，并得到双方当事人同意，法律可以命令，证人预先对于作证中问题的书面回答，并

---

① 刘玫著：《传闻证据规则及其在中国刑事诉讼中的运用》，中国人民公安大学出版社 2007 年版，第 108～109 页。

提出担保以代宣誓而保证其正确性，证人就可以不必在庭审当日到场。奥地利法强调，涉及证人的中立性及证言的可信性的所有事项，法院可以依自由心证慎重予以判断；法院认为重要的证据，应当在作出判决的法院的审理过程中进行证据调查和收集，有必要由受命法官或受托法官实施辩论日期外的证据调查，受诉法院应采取必要的措施进行证据调查；同时允许证人和当事人在本人出庭确有困难时或出庭会花费不适当的费用时不到庭。①

可见，多数国家在对待传闻证据问题上，采取了区别对待原则。相对而言，在刑事诉讼中的适用要更加严格。

（二）非法证据

目前，世界各国在刑事领域大都确立了非法证据排除规则，对于非法取得的证据的证据能力予以否认，其目的是遏制司法的违法行为，保障被告人的基本人权。对于民事诉讼中当事人用违法方式取得的非法证据是否具备证据能力，各国立法和实践并不完全相同。但总体而言，各国均采取了比刑事领域相对宽容的态度。

美国是最早确立非法证据排除规则的国家，同时也是贯彻得最为彻底的国家。但其尚没有将非法证据排除规则从刑事诉讼扩展到民事诉讼。② 在民事诉讼中对待普通公民使用违法手段获得的证据并不绝对地禁止，除非该证据的取得方式使证据的可靠性受到影响，法院不予采纳的仅是警察或其他司法机关违反宪法第四修正案的规定取得的证据，而公民个人的非法取证行为不属于该修正案规范的范围，因此是可以采纳的。③ 此外，对私人在民事诉讼中利用警察以非法方式取得的证据，美国法院亦持宽容态度，允许在诉讼中使用。例如，在1975年的霍尼科特诉安泰保险公司案（Honeycutt v. Aetna Isurance）中，被告方利用警察以非法扣押方式获得的原告故意放火的证据，得到了法院的许可。④

英国在民事诉讼中对待非法证据亦持较为宽容的态度。其最初的原则是，可采性取决于它与案件是否存在关联性，证据取得手段或程序不合法并不能成为法院不采纳该证据的理由。取证手段若违法，将依法追究行为人的法律责任，而不会影响该证据的可采性。1897年，在拉特里诉拉特里（Rattry v.

① 尹伟民著：《国际民事诉讼中证据能力问题研究》，法律出版社2008年版，第65~66页。

② ［意］莫诺·卡佩莱蒂等著：《当事人基本程序保障权与未来的民事诉讼》，徐昕译，法律出版社2000年版，第58页。

③ 周叔厚：《证据法论》，三民书局1995年版，第883页以下。

④ 周叔厚：《证据法论》，三民书局1995年版，第1147页。

Rattry）一案中，原告主张自己与被告有通奸行为，并用从邮局窃取来的信件作为证据。原告因为这一行为已构成犯罪，被追究了刑事责任，但该证据仍被法官所采纳。审理该案的英国上诉法院认为，法律的政策是采纳几乎所有有助于查明案件事实并实现司法公正的证据。[①] 这一判决在英国产生重大影响，并被其他法院在处理非法证据时所引用。由于不断有人对此案所确立的原则提出异议，一直到 1963 年的阿盖尔郡公爵诉阿盖尔郡公爵夫人案（Duke of Argyll v. Duchess of Argyll），法院对非法证据的态度才有所转变。审理该案的法官认为，"这里没有绝对的规则，应当根据每个案件的特定情况决定是否采纳某一用非法手段取得的证据。这些应当考虑的具体情况包括：相关证据的性质、使用该证据的目的、取得该证据的方式、采纳该证据是否对被取证方造成不公正以及该证据的采纳是否会对法院查明事实作出公正的判决有所帮助"。[②] 这样，在英国民事诉讼中对非法证据是否采用，交给法官依据案件情况自由裁量，而并未从原则上予以排除。

加拿大在民事诉讼中对待非法证据的态度与英国相似，法院一般不会仅仅因为某一证据取得手段或程序不合法就拒绝采用。在 1927 年的莱特哈特诉莱特哈特案（Lightheart v. Lightheart）中，法院就采纳了作为原告的妻子通过窃取方式获得的丈夫（被告）的情人写给他的信。审理该案的法官认为，由于婚姻关系的存在，原告的行为并没有构成盗窃或侵权，而且即使是当事人取得证据的行为构成了犯罪也不会使因此而获得的证据丧失可采性。[③] 该案例成为加拿大法院在处理相同问题时经常被引用的案例。继该案后，加拿大法院又通过判例进一步确立了对非法证据的自由裁量原则，并对法官行使裁量权的条件、标准作出了解释。但是，在加拿大也不断有人呼吁，在民事诉讼中应当排除那些用非法手段获取的证据。加拿大新近的一项立法对此呼吁予以了回应，对私人使用窃听工具获取的证据的可采性作出了规定，确定使用该种方式取得的证据不具有可采性。

在德国民事诉讼中，对于如何对待非法证据问题，理论上存在广泛的争议。在司法实践中，经常遇到的问题是：是否允许秘密潜入夫妻住宅的人作为离婚诉讼的证人？是否允许通过安装窃听器偷听他人谈话的人作为证人来询问？是否允许受参与谈话人指使偷听有关商业秘密谈话的人作为证人？是

---

① 李浩著：《民事证据立法前沿问题研究》，法律出版社 2007 年版，第 139 页。

② 转引自纪格非著：《证据能力论——以民事诉讼为视角的研究》，中国人民公安大学出版社 2005 年版，第 90 页。

③ John Sopinka Sidney N. Leaderman, The Law of Evidence in Civil Cases, Butterworths, 1974, p. 341.

否允许将偷录偷拍获得的音像资料作为证据?[①] 在实务中，为了保护宪法规定的基本权利，对以侵犯基本权的方法获得的证据不予采纳，不论该证据是由公共机构非法获取还是由个人非法获取。对以其他非法方法获得的证据，如果法院认为非法获得的证据是保护当事人权益的唯一合理的方式或者是为保护更为重要的基本价值所需要，就会采纳该非法证据。如在一民事案件中，一当事人为证明自己受到敲诈勒索，提供了其秘密录制的记录了勒索者实施口头威胁的录音带。联邦法院认为，该偷录是当事人的合法自卫，系正当防卫行为，可以作为证据采信。[②]

法国法并未对非法证据的证据能力问题作出明确规定，但其刑法不仅保护通信秘密、住宅不受侵犯，而且也禁止在一定范围内对他人偷拍偷录。因此，通过非法侵入他人住宅、侵害通信秘密、偷拍偷录等方法取得的证据，都是违反法律禁止性规定的。法国民法典还规定，"一方配偶不得在法庭辩论中提出其采取暴力行为或欺诈行为获得的另一方配偶与第三人之间的往来信件；应一方配偶请求制作的现场见证，如有侵犯住所或侵犯私生活之非法行为，应排除于法庭辩论之外"。但在实务中，为了平衡保护个人私生活秘密和保护当事人的证明权及查明案件事实的需要，法院在处理这一问题时也会有一定的灵活性，有时也会采纳当事人提交的他人的信件，尽管该信件的取得侵害了他人的通信秘密。[③]

在日本民事诉讼中，对非法证据是否具备证据能力存在争议。一般理论认为，对违法收集的证据，应考虑该证据的重要性、必要性以及审理的对象、收集行为的样态和被侵害的利益等因素综合作出评价。日本东京高等裁判所1977年7月15日的一则判决承认私录录音带具有证据能力。该判决认为，采用明显反社会的方法收集证据，如限制他人肉体上和精神上的自由等侵犯人格权的方法，就必须否认其证据能力，但本案中的录音带不过是偷录案外人在酒席上的谈话，并未造成对他人人格权的严重侵害。[④] 日本地方裁判所出于抑制违法取证的考虑，也作出过否定偷录的视听资料的证据能力的判决，

---

① ［德］奥特马·尧厄尼希著：《民事诉讼法》，周翠译，法律出版社2003年版，第277～278页。

② ［意］莫诺·卡佩莱蒂等著：《当事人基本程序保障权与未来的民事诉讼》，徐昕译，法律出版社2000年版，第58页。

③ ［法］雅克·盖斯旦等著：《法国民法总论》，陈鹏等译，法律出版社2004年版，第596～598页。

④ 王亚新著：《对抗与判定——日本民事诉讼的基本结构》，清华大学出版社2002年版，第182～183页。

但日本裁判所总的态度还是认为秘密录音大多是私人收集证据的行为，对私录的视听资料是否适用排除规则是有疑问的。对于其他的非法行为，如原告以偷拿的被告日记作为证据的，日本法院曾在一起案件中以民事诉讼法中并未否定其证据能力为由，肯定了它的证据能力；在另一起案件中，法院虽认为在对私人日记进行调查会造成人格权损害的场合应否定其证据能力，但在该案中法院还是肯定了该日记的证据能力。

当然，也有一些国家和地区在相关法律中明确规定了应当排除非法证据。例如，俄罗斯宪法第 50 条规定："在从事司法活动的过程中不许利用违反联邦法律而获得的证据。"同时其民法典第 49 条第 3 款亦规定："非法取得的证据，不具备证据效力，不能作为判决的根据。"我国澳门地区民事诉讼法典第 435 条规定："不得于审判中采用透过侵犯人之身体或精神之完整性，又或透过私人生活、住所、函件及其他通信方法而获得之证据。"

通过上述考察可见，非法证据排除规则并未在各国的民事诉讼中得到广泛运用，其主要还是适用于刑事领域的规则。

二、原因分析

总体而言，刑事诉讼与民事诉讼在性质上存在根本性的不同，导致各自在政策导向、程序运作等方面存在较大差异。相应地，对证据的运用也提出了不同的要求，使得刑事诉讼与民事诉讼在证据排除严格性上表现出一定的差异。具体分析如下：

第一，刑事诉讼的法律关系性质不同于民事诉讼。刑事诉讼是国家打击和控制犯罪的活动，涉及国家刑罚权的运用以及个人人身自由、财产乃至生命为国家所剥夺的重大问题，与人权保障、社会稳定直接相关。民事诉讼则是解决平等主体间的争议，保护民事主体合法权益的活动。相比较而言，刑事诉讼涉及更多的公共利益，而且对人的影响更大。正如有学者所言，"定罪的后果是非常可怕的，在人们的眼里，一个无辜的人被定罪，无论如何都是一场巨大的灾难"。① 因此，为了防止刑罚权的扩张和滥用，在刑事诉讼中更加强调严格的证据裁判，对证据的要求也就更高。

第二，刑事诉讼与民事诉讼中双方力量对比不同。在民事诉讼中，原被告双方地位平等，在诉讼能力上一般也大体相当。而在刑事诉讼中，一方是

---

① ［英］J. W. 塞西尔·特纳著：《肯尼刑法原理》，王国庆等译，华夏出版社 1989 年版，第 484 页。

拥有庞大权力的国家机关，另一方则是处于被指控地位的被告人个人，双方实际上处于不平等地位，力量对比悬殊。因此，刑事证据制度存在比较明显地保护被追诉者权利的政策导向，通过制定有利于被追诉者的证据规则，使诉讼更具公平性，以保证司法公正的实现。民事证据制度规范的重心则是放在保障双方当事人调查取证权的行使上，而不是保护处于弱势一方当事人的权利免受另一方的侵害。因此，刑事诉讼将证明责任赋予控方承担，民事诉讼则实行谁主张谁举证的证明责任分配原则。在刑事诉讼中，传闻证据、非法证据通常是由控方提出，实行比较严格的排除规则，实际上有利于辩方，是基于保护被追诉人权利的特殊需要。

第三，刑事诉讼与民事诉讼对秩序的影响不同。秩序是诉讼所追求的重要价值之一，"必须先有社会秩序，才谈得上社会公平"。[①] 秩序实现的关键在于规范国家权力的依法行使。在刑事诉讼中，涉及更多的国家机关，除法院外，还包括侦查机关和检察机关，而且刑事诉讼本身事关被追诉者人身权利等重要权益，因此防止职权滥用应当成为立法者在制定相关法律时的重要考量因素。如果侦控机关滥用权力，采取刑讯逼供等违法手段获取证据，无疑从另一方面造成了社会秩序的混乱。审判机关采纳因此获得的证据对被告人定罪量刑，无疑也将造成被告人对判决的不满，从而引发无休止的申诉、上访，产生新的无序。国家机关的形象也会因此受到严重损害，法治的威严也将荡然无存。传闻证据规则也同样具有这种价值取向。过多的采纳侦控机关在审判前取得的传闻证据，会在一定程度上损害公众对于刑事司法体制的信心，因为这有可能使被追诉者遭受巨大伤害。[②] 因为在刑事诉讼中滥用职权的空间更大，危害性也更大，因此法律一般对刑事诉讼中的证据提出了更加严格的限制，以制约国家权力的滥用。

第二节　证据排除中的相关主体

一、诉讼双方在证据排除中的作用

从结果意义来看，证据排除是法官在证据采纳过程中对证据的一种处置

---

① ［美］彼得·斯坦等著：《西方社会的法律价值》，中国人民公安大学出版社 1989 年版，第 38 页。

② 刘玫著：《传闻证据规则及其在中国刑事诉讼中的运用》，中国人民公安大学出版社 2007 年版，第 206 页。

方式。但在这一过程中，诉讼中的另一重要主体——诉讼双方具有怎样的作用，会对证据排除起到怎样的影响，是一个颇值得研究的问题。总体说来，民事诉讼由于所解决的是平等主体之间的私权纠纷，存在更多的可处分因素，因此在证据排除问题上当事人也发挥着更为积极的作用。

（一）民事诉讼

在民事诉讼中，当事人可以在法律限度内就证据方法进行约定，通过合意选择某种证据方法的使用或限制某种证据方法的使用。这种协议属于证据契约的范畴。

证据契约是诉讼契约的一个组成部分，是诉讼契约在证据法层面的体现。所谓诉讼契约，是指当事人在诉讼前或诉讼中对民事诉讼的程序运行施加某种影响并以引发一定法律效果为目的的合意行为。① 证据契约则是指当事人在证明的各个环节上改变现有法律的规定并能产生实际效果的合意约定。② 它有如下几方面特征：首先，从形式上看证据契约是当事人达成一致的意思表示。这也是"契约"本身的应有之义。其次，从内容上看证据契约涉及举证责任分配、证据采纳、证明力等"证明"事项。如果契约内容与运用证据认定事实无关，则不构成证据契约。再次，从效力上看证据契约是对一般证明规则的变更。这种变更可以分为两种，一种是否定性变更，另一种是约束性变更。前者直接改变立法的规定，如对举证责任分配一般规则的改变、对超过举证时限证据效力的肯定等。后者是约束法官自由选择空间，约定法官只能选择某种特定行为，如某项证据未提交到法庭，法官本有权自主决定是否调查，但如果契约约定不容许调查，法官便要受此限制。最后，从时间上看证据契约既可以发生在诉讼前，也可以发生在诉讼中，但不能发生在诉讼之后。

根据契约涉及的内容，可以将证据契约划分为证据形式契约和证明契约。前者又称证据方法契约，是当事人在对某项争议事实的证明上所作的关于证据形式的限制的契约；后者又称证据运用契约，是当事人对证明程序所订立的契约，主要包括证明对象契约和证明责任分配契约。在各种证据契约中，证据形式契约与证据排除直接相关。这种契约直接对诉讼中可使用的证据形式进行限制或扩张，可以使原本能够进入诉讼证明案件真实情况的证据材料失去证据能力，或使法律规定之外的证据形式具有证据能力。比如，对某争

---

① 陈桂明、李仕春：《诉讼契约论》，载《清华法律评论》1999 年第 2 期，第 17 页。

② 汤维建：《论民事证据契约》，载《政法论坛》2006 年第 7 期，第 77 页。

议事实，双方可以约定只能用书证加以证明，而不能使用其他证据形式。这种约定实际上排除了其他形式的证据在证明此项争议事实上的证据能力。如果有一方提交此种证据，将会导致被排除的后果。再比如，对于超过举证期限的证据，本来不具有证据资格，但如果双方一致同意提交法庭审查，该证据便获得进入庭审的资格。大陆法系国家立法所认可的仲裁鉴定契约即属于证据形式契约，因为通过该种契约，当事人只能通过特定的鉴定来证明案件事实，从而排除了其他形式的证明方法。[1]

关于证据契约的效力，各国法律规定并不一致。有一些国家在法律上明确认可证据形式契约的效力。例如，日本东京地方法院1964年就裁判过相关案例。该案判决认为，当事人之间关于只接受租赁人书面形式的承诺的约定是合法的，当事人的其他形式的承诺无效，即在证据方法上，只有关于承诺的书证才能证明承诺事实的存在，有效的证据方法被限制于书证。[2] 法国也认可证据形式契约，认为证据方法与当事人的个人权利紧密相关，在有关证据的协议不改变司法组织或公共官员的法定职权的前提下，当事人有安排证明方式的自由，正如他们能够证明其权利一样。[3] 法国民法典对证据能力的协议问题进行了明确，该法第1341条规定，当事人可以通过合意变更该条规定，使证人证言在第1341条规定的情形下也具有证据能力。也有的国家并不承认证据协议的效力，认为证据问题的法律规定属于强制法，当事人并不能通过协议加以处分。例如，英国1977年不公平合同条款法规定，禁止当事人之间通过协议的方式排除或限制证据规则或者诉讼规则。埃塞俄比亚民法明确规定，当事人之间不能通过约定变更或者限制法定的证明方式，当事人不能对阻却或限制某种证明手段的规定作出例外约定。[4] 是否承认证据契约，与各国的诉讼价值取向有一定关系。一般来讲，越强调个人处分的国家，越倾向于接受证据契约；反之，越强调法院职权探知与举证责任严格性的国家，越倾向于排斥证据契约。

相对于当事人对自身实体权利的处分，证据契约带有一定的公法性色彩，它不仅涉及诉讼双方当事人，同时还会涉及案外人及审判者。因此，承认证据契约效力的国家一般也对证据契约进行了限制，即不得影响案外人的合法

① 汤维建：《论民事证据契约》，载《政法论坛》2006年第7期，第78页。
② ［日］伊藤真等编：《民事诉讼法判例百选》，有斐阁1992年版，第262~263页。转引自张卫平著：《转换的逻辑——民事诉讼体制转型分析》，法律出版社2004年版，第309页。
③ ［法］雅克·盖斯旦等著：《法国民法总论》，陈鹏等译，法律出版社2004年版，第573页。
④ 尹伟民著：《国际民事诉讼中证据能力问题研究》，法律出版社2008年版，第51页。

权益以及审判者恰当行使审判权。例如，我国澳门地区法律规定，如果约定涉及不可处分的权利，或者是一方当事人极难行使的权利，则排除某种证据方法或者采纳某种法律规定之外的证据方法的约定无效；如果规范证据的法律规定是以公共秩序为依据，则任何关于证据方法的约定均属无效。法国法认为，关于人的身份问题属于社会公共秩序，因此对身份问题的证据方法不允许当事人通过协议加以限制或变更。我国台湾地区一些学者也认为，"现行法因采辩论主义，故于辩论主义适用之范围内，可承认证据契约之效力，但若逾此范围而与法院职权探知之真相相违，或与法院自由之心证形成冲突时，即不能承认其效力"。①

在理论上，证据契约的效力问题也争议颇多。赞成者主要从辩论主义和处分权主义出发，认为"于诉讼上既然有承认当事人提出证据和撤回证据的自由，从而以此契约来限制自由心证的证据而左右审判结果应无不许之理"。② 具体而言，辩论主义和处分主义均认可了当事人在诉讼中有处分自己权利的自由。当事人根据自己的意志对证据事项的处分，也是基于自身利益的考虑。如果法院拒绝接受，则与处分原则相悖，同时也有违辩论主义要求的"裁判应当在当事人主张范围之内"。否定者则从自由心证角度出发，认为证据契约是当事人通过合意形式对证据运用所作的安排，而证据的采纳和采信是法官自由心证的领域，当事人对证据的合意介入了法官心证领域，直接违反了自由心证原则，将会因此动摇证据制度的根基。例如，我国台湾地区学者陈计男认为，"证据契约中，只约定限制或特定之证据方法，或以变更举证责任分配原则为目的之合意，此类合意足以影响法官之心证自由形成，违反自由心证主义之原则，应不准许。惟当事人既能自由处分诉讼标的之法律内容，则约定以一定之事实为前提，决定其存否之内容，应予准许"。③

笔者认为，证据契约有其合理性，应在一定限度内予以认可。首先，不是所有的证据契约都会与法官的心证形成冲突。法律对法官采纳和采信证据的活动设定一定的规则进行规范和约束，其根本目的是确保事实认定的准确性和正当性。一方面，这些规则是司法经验的总结，具有较强的科学性，有助于帮助法官准确认定案件事实；另一方面，这些规则可以起到制约法官自由裁量权的作用，防止其滥用权力，也可在一定程度上确保裁判尺度的统一。

---

① 吕太郎著：《民事诉讼之基本理论》（一），中国政法大学出版社2003年版，第340页。
② 陈荣宗、林庆苗著：《民事诉讼法》，三民书局1996年版，第516～517页。
③ 陈计男著：《民事诉讼法论》（上），三民书局1999年版，第445～446页。

当事人在有些情况下，对这些规则作出一定的变更，并不会有碍准确认定事实这一目标的实现；相反，可能会有助于案件事实的认定。如双方当事人对超过举证期限的证据可采性的一致认可，可以扩大法官据以认定案件事实的证据信息范围，有助于对案件事实的还原。

其次，有助于法官更有效地行使裁判权。在诉讼中，处于利益对立的争议双方基于胜诉的目的，均会倾向于向法官提供所有有利于己的证据，甚至提供背离案件事实的伪证。这使法官在认定案件事实的过程中难免会面临着一些障碍。如果当事人基于自己的真实意愿，就某些证据事项达成一致协议，无疑将有利于法官对诉讼进程的控制，同时也有利于法官有效率地作出裁判。更为重要的是，由于当事人深入地参与到诉讼中来，自主性得到了较为充分的发挥，裁判的可接受性和稳定性也因此大大提高，纠纷也会因此得到比较彻底的解决。

再次，有助于当事人更好地维护自身权利。案件事实是法官裁判的基础，但是格式化的法律与非格式化的事实之间有着多多少少的差异，完全符合法律标准的纠纷解决方案未必是最合理的，法律的这种追求普适合理性的特征与当事人的预期有时有着极大的差距。[1] 在大多数民事诉讼中，当事人追求的都是个体利益的最大化。作为法律行为的直接参与者和诉讼结果的直接承受者，他们最有权利也最有可能对自身利益作出最符合自身期待的安排。正如法学家康德所言："当某人就他人事务作出决定时，可能存在某种不公正。但当他就自己的事务做决定时，则绝不存在任何不公正。"[2] 当事人对证据事项上的处分，也是其综合考虑各种利益的结果。例如，为了防止诉讼拖延，尽快解决争议，约定证人可以不出庭；为了保护隐私，约定不将某知情人引入到诉讼中来；等等。这些利益追求均合情合理，应当得到认可。

当然，当事人对证据事项的处分也应有一定的界限。否则有可能被滥用，损害其他法律价值的实现。首先，不得侵犯他人的利益和社会公共利益及国家利益。民事诉讼对当事人意思自治的尊重和保护，是建立在合法的限度内。当处分事项仅涉及案件双方当事人的利益时，当事人自然有权处分。但是，一旦处分涉及案外人，对案外人的利益产生影响时，当事人便无权进行随意处置。因此，如果当事人所订立的证据契约涉及了第三人利益、公共利益以

---

① ［日］棚濑孝雄著：《纠纷的解决与审判制度》，王亚新译，中国政法大学出版社2004年版，第35页。

② 转引自孟涛：《民事诉讼契约化基本问题研究》，载《法学家》2004年第2期，第14页。

及国家利益的，应属无效。其次，不得显失公正。在民事实体领域，显失公正是民事法律行为无效的一个法定事由，其基本的考虑是通过国家的一定干预来防范恶意行为的发生，加强对弱势一方的保护。在诉讼领域，也应当适用此原则。公正是诉讼的首要价值，失去公正，诉讼就失去了应有的功效，不仅既有纠纷无法得到有效化解，还会产生新的无序。再次，不得对法官自由心证发号施令。自由心证原则是现代证据制度的一项基本原则。当事人可以通过证据契约对证据方法进行限制，划定可供法官自由判断的证据资料的范围，但在法官可考虑的证据资料的范围内，不得对法官开展自由心证发号施令。否则，将会从根本上破坏证据制度的基础，失去事实认定的理性。

（二）刑事诉讼

刑事诉讼由于以实现国家刑罚权为目的，国家公权力的行使具有深刻性和广泛性。现代刑事诉讼虽然具有了更多的人权保障功能，但惩罚、控制犯罪始终是刑事诉讼必须承载的重要使命，它直接关系到国家的统治和社会秩序的稳定。因此，刑事诉讼不能像民事诉讼一样全面地实行处分原则，当事人的自由意志在刑事诉讼中要受到更多的限制，以保证国家与社会公益不致受到损害。也正是因为如此，在证据排除问题上诉讼双方意志的影响较为有限。

在一些国家和地区的刑事诉讼中，一些本不具有证据能力的证据可以因当事人的认同而具有证据能力。在立法和司法实务中，往往以被告人的"同意"为表现形式，也包括控辩双方的一致同意。这主要适用于传闻证据和非法证据，分别被作为传闻证据规则和非法证据排除规则的例外。

根据日本刑事诉讼法第 326 条规定，检察官和被告人已经同意作为证据提交法庭的书面材料或供述，在经过考虑该书面材料或者作出供述情况后，以认为适当为限，可以不受第 321 条至第 325 条规定的传闻证据排除规则的限制，而将其作为证据。该法第 327 条规定，检察官和被告人或辩护人达成合意并把某种文书的内容记载为笔录作为证据提出时，法院可以将该笔录作为证据采用。① 此种文书一般被称为"合意笔录"或"双方同意笔录"。德国刑事诉讼法典在规定直接言词原则的同时亦规定了例外。该法第 250 条规定："对事实的证明如果是建立在一个人的感觉之上的时候，要在审判中对他询问。询问不允许以宣读以前的询问笔录或者书面证言而代替。"随后，该法第 251 条又规定了若干例外，其中就包括公诉人、被告人及其律师同意宣读

_____

① 宋英辉译：《日本刑事诉讼法》，中国政法大学出版社 2000 年版，第 75 页。

该笔录的情况。我国台湾地区"刑事诉讼法"第 159 条第 1 项也规定，被告
以外之人于审判外之陈述，虽不符前四条之规定，而经当事人于审判程序同
意作为证据，法院审酌该言词陈述或书面陈述作成时之情况，认为适当者，
亦得为证据。

在肯定当事人的同意可以使传闻证据取得证据能力的同时，这些国家和
地区一般也保留了法院的审查权，以实现当事人的选择权与法院认定事实的
裁量权的合理对接。例如，在我国台湾地区，对于经当事人同意的传闻书面
材料或传闻证言，法院审酌该言词或书面陈述作成时之情况，如果认为欠缺
任意性，或者证据取得程序有重大违法，或证明力显然过低等情形，而认为
不具有相当性的，则该合意书证或证言无法取得证据能力。①

对于非法证据排除规则，美国有一项"消除污点"的例外，即虽然存在
非法取证的情况，但被告人后来自愿的介入行为使最初的违法性中断，警方
在此之后所取得的证据与先前的非法行为不再具有联系而具有可采性。例如，
在伍森诉合众国案（Wongsun v. United States）中，伍森被非法逮捕后又被释
放。在这之后，他又主动到警察机关投案并作了供述。后来，伍森反悔并提
出其供述是"毒树之果"的辩护。最高法院否定了他的申诉，认为他的供述
是合法的，没有受到先前非法逮捕的污染，因为他自己的主动投案切断了非
法逮捕与其供述的联系。② 可见，在这种情况下，被告人的单方自愿行为直
接影响了非法证据是否被排除。但是，需要注意的是先行污点是否已经被充
分消除是一个主观的判断，它可能因法官而异，并没有一个"简明的规则"
或简单的答案。③ 在日本，也有最高法院的判例允许法院采用经过当事人同
意的违法收集的证据。同时，也有学者认为，同意违法收集的证据原则上是
有效的。④

在刑事诉讼中，因当事人的同意而使证据具有证据能力的情况并不多见。
在理论上，国内外的刑事证据理论尚未对此展开深入研究。目前，在已被立
法确认的国家里，理论上也还存在颇多争议。笔者认为，在强化当事人诉讼
主体地位以及控辩双方协商解决刑事纠纷的大趋势下，加强当事人在刑事诉

---

① 王兆鹏、陈运财、林俊益等著：《传闻法则理论与实践》，元照出版公司 2004 年版，第 258 页。
② 杨宇冠著：《非法证据排除规则研究》，中国人民公安大学出版社 2002 年版，第 72~73 页。
③ ［美］罗纳尔多 . V. 戴尔卡门著：《美国刑事诉讼——法律和实践》，张鸿巍等译，武汉大学出版社 2006 年版，第 121 页。
④ ［日］田口守一著：《刑事诉讼法》，刘迪等译，法律出版社 2000 年版，第 280 页。

讼领域对证据合意问题的研究具有重大的现实意义，而且从长远来看，在制度层面其也会有一定的发展。就目前的相关立法例情况来看，与民事诉讼领域的证据方法契约相比，其具有以下几方面特点：第一，从形式上看，当事人意志的体现往往表现为单方即被告人的"同意"。而民事诉讼中双方关于证据方法契约的达成一般是双方在充分协商、沟通的基础上达成的，其互动性体现得更为明显。第二，从内容上看，一般限于通过当事人的认同使本不具有证据能力的证据重新取得证据能力。而在民事诉讼领域，当事人通过证据契约对证据形式进行约定，既可以使原本能够进入诉讼证明案件真实情况的证据材料失去证据能力，也可以使法律规定之外的证据形式具有证据能力。第三，从时间上看，发生在诉讼过程中。而在民事领域，证据契约的达成既可以在诉讼过程中，也可以在诉讼之前。这些特点的形成，都是由控辩双方特殊的诉讼地位以及刑事诉讼自身的特殊性质所决定的。

二、有权排除证据的主体

在民事诉讼中，有权排除证据的主体只有一个，即法官。而在刑事诉讼中，由于存在以侦查、起诉为职能的审前程序，在"诉讼阶段论"根深蒂固的国家里，证据排除的主体除了法官外，还可能包括侦查、检察人员。

例如，俄罗斯2001年颁布的联邦刑事诉讼法典第88条第3项和第4项分别规定："检察长、侦查人员、调查人员有权根据犯罪嫌疑人、刑事被告人的请求或主动地认定证据不允许采信。被认定不可采信的证据不得列入起诉结论或起诉书。""法院有权依照本法典第234条和第235条规定的程序根据控辩双方的请求或主动认定证据的不允许采信。"① 可见，在俄罗斯的刑事诉讼中，有权排除证据的主体除了法官外，还包括检察长、侦查人员、调查人员等，证据排除不仅适用于审判阶段，审前阶段也会发生证据排除问题。在这种模式下，有关证据排除的规范不再仅仅是供法官裁判的规范，同时也是立法机关为检察长、侦查人员、调查人员设定的行为规范。

当然，这种做法在世界各国的刑事诉讼中并不普遍，但作为一种客观现实，仍有研究的必要。这种做法扩大了证据排除的人员和阶段范围，表面上看似乎增强了对证据的过滤和把关，但实际上存在着一些自身无法克服的问

---

① 俄罗斯联邦刑事诉讼法典第75条规定，不允许采信的证据包括：（1）犯罪嫌疑人、刑事被告人在没有辩护人在场时，包括在他拒绝辩护人的情况下在审前诉讼过程中所作的，而没有被犯罪嫌疑人、刑事被告人在法庭上证实的陈述。（2）被害人、证人基于猜测、假设、传闻所作的陈述，以及证人不能指出其信息来源的证言。（3）违反法典的要求所获得的其他证据。

题。不同的人对同一法律规定会存在不同的理解，对证据排除规范的理解也是一样。由不同的人承担证据排除的责任，可能会产生因对法律理解的不同而出现不同的标准，从而得出不同的结论。其结果是，破坏了证据排除制度适用上的统一性。此外，法官排除证据，可以通过说明理由、撤销原判等制度进行制约，以确保法官在证据采纳与排除问题上作出合理的裁断。而侦查人员和检察人员排除证据，最多也只是一种自律行为。如何保证这种排除的公正性、合理性，值得考虑。

第三节 程序性因素对证据排除的影响

证据被排除不仅可以借由带有实体性质的证据排除规则直接予以实现，而且还可以通过某些程序性因素间接产生。这也正体现了诉讼法对证据法的影响与制约。这种程序性因素除了比较明显的证据收集过程中的取证方式与程序外，还包括举证程序的某些要求，如证据提出主体、证据提出时间等。在不同的领域，这种影响也存在一定的差异。从两大法系目前的情况看，在民事诉讼中证据提出主体与时间对证据排除的影响更为普遍。由于取证程序对证据能力的影响，可直接体现为非法证据排除规则，前文已有所论述，本节重点对举证程序与证据排除之间的关系进行分析。

一、证据提出主体

（一）民事诉讼中的辩论主义

1. 辩论主义的含义

辩论主义是民事诉讼中的一项基本原则。按照日本学者谷口安平的归纳，辩论主义包括以下几层含义：（1）只有当事人主张并提出的事实，法官才能予以认定。换言之，作为法院判决基础的诉讼资料只能由当事人提供，法院不能随意改变或补充当事人的主张。（2）对当事人双方都没有争议的事实，法官必须照此予以认定，这种事实成为自白事实，法院受自白事实的拘束。（3）原则上只能就当事人提出的证据进行调查。① 辩论主义的概念由德国普通法时期的法学家肯纳（Nikolaus Thaddaus Gnner）首创。作为一个法律专业术语，其只在大陆法系国家的民事诉讼理论中使用。因为文化的差异，英美

---

① 转引自王甲乙：《辩论主义》，载《民事诉讼法论文选辑》（上），五南图书出版公司 1984 年版。

法系尽管没有使用辩论主义这一概念，但也采取了辩论主义的做法。

　　辩论主义与职权探知主义相对。职权探知主义是指法院判决所依据的必要的诉讼资料由法院依职权收集，不受当事人所提交诉讼资料的限制。辩论主义的核心是当事人的辩论内容对法院或法官裁判的制约，其是对当事人辩论与法院裁判关系的说明，而并非对辩论这种行为的表述。前苏联和东欧国家以及我国民事诉讼中经常提到的辩论原则与此有本质的区别。其只是一种针对当事人的抽象的权利性规范，只是对当事人辩论权的认可，并不具有限定当事人和法院在诉讼中各自地位和作用的功能。

　　关于辩论主义的根据，存在以下几种观点：其一，"本质说"认为，民事诉讼本质上是关于私权的争议，争议的事项应听任当事人的自由处置，根据这一点，作为裁判依据的事实的取舍上，就应尊重当事人的意志。其二，"手段说"认为，当事人与民事争议具有利害关系，将提供证据资料的责任交给当事人，当事人必然会基于求胜的心理尽其全力提出所有有利于自己的证据，从而可以更好地发现事实真相，推动诉讼发展。其三，"多元说"认为，在民事诉讼中采取辩论主义，其根据不是单一的，而是有着尊重私人自治、高效率地发现真实、防止出其不意的攻击、确保对裁判高度公平的信赖等多元根据。其四，"程序保障说"认为，辩论主义包含了两种意义上的辩论主义，一种是本来意义上的辩论主义，另一种是功能意义上的辩论主义。前者是指作为判决基础的事实由当事人收集提供，后者是指对当事人没有提出的事实法院不能加以认定。功能意义上的辩论主义是保障当事人平等地进行攻击或防御。①

　　客观地分析，这几种观点均具有一定的合理性，但同时也存在不足。日本学者谷口安平教授在评价以上观点时曾指出，"本质说"的内容很有说服力，但显得有些抽象。"手段说"也包含着令人首肯的内容，但目的如果仅仅在于查明案件真相，也有不妥的地方。尽管辩论主义确实有助于发现案件的真相，但发现真相很难作为辩论主义的全部根据。辩论主义有时会与查明真相的要求相抵触。总的说来，辩论主义的根据是多样性的，但本质说大概是最根本的部分，是绝对不能排斥的。② 可见，不论学者之间的认识有多大的不同，但有一点是可以明确的，即辩论主义充分反映了诉讼中的自由主义，

---

　　① 张卫平著：《诉讼构架与程式——民事诉讼的法理分析》，清华大学出版社2000年版，第159～160页。

　　② ［日］谷口安平：《口述民事诉讼法》，转引自王亚新、刘荣军译：《程序的正义与诉讼》，中国政法大学出版社1996年版，第110～111页。

这种自由主义的基础是私权自治。正是由于私权自治，法官在诉讼中便只能是被动和消极的。

2. 辩论主义对证据能力的影响

辩论主义对证据能力的影响主要体现在，对提出证据的主体设定了要求，即当事人才是适格的举证主体，只有当事人提出的证据才具有证据能力，才能成为法官认定案件事实的依据。换句话说，法官不得在当事人提出的证据以外展开证据调查。比如，法国新民事诉讼法第 146 条规定，任何情况下，均不得为弥补当事人提出的证据不足而命令采取审前预备措施。

辩论主义还要求，对双方没有争议的事实，法官必须予以认定。在这种情况下，法官不需要对证据进行审查，相应地也就无须对证据进行筛选，证据排除也就不再需要。双方当事人对事实没有争议在民事诉讼中也是比较常见的现象。辩论主义对法官的这项约束，实际上减少了证据排除的适用，也使得证据排除对查明事实真相的不利影响在整体上得到了削减和控制。

辩论主义的产生与人们对民事诉讼目的的认识有很大关系，是以民事诉讼目的被定位为私权保护为前提的。到了 19 世纪末期，资本主义发展到垄断阶段，民事诉讼同时被看做贯彻国家意志、维护社会秩序的手段，司法机关在诉讼中变得相对积极。许多国家对辩论主义也进行了修正，主要体现在三个方面：第一，法官在当事人提出的证据之外可考虑其他证据。例如，法国新民事诉讼法第 7 条第 2 款规定，在辩论的各项材料中，法官得考虑当事人可能未特别加以援述、用以支持其诉讼请求的事实。[①] 第二，法官负有引导当事人进行适当诉讼行为的义务。例如，德国民事诉讼法典第 139 条规定了法官的释明权：审判长应该让当事人就一切重要的事实作充分的说明，并且提出有利的申请，特别是在对所提事实说明不够时加以补充，还要表明证据方法。为达此目的，在必要时审判长应与当事人共同从事实和法律两个方面对事实关系和法律关系进行阐明，并提出问题。[②] 第三，确立民事诉讼中的诚实信用原则，要求法官、当事人及其他诉讼参与人在诉讼中要善意、诚信、公正地进行一切诉讼行为。例如，奥地利民事诉讼法规定，当事人据以声明的一切事情，须完全真实且是正确陈述。日本新民事诉讼法第 230 条规定，当事人或其代理人出于故意或重大过失，与事实相反去争执文书制作的真伪

---

① 《法国新民事诉讼法》，罗结珍译，中国法制出版社 1999 年版。

② 宋冰编：《读本：美国与德国的司法制度及司法程序》，中国政法大学出版社 1999 年版，第 313 页。

时，法院可以裁定处以 10 万日元以下罚款。[①]

　　辩论主义的修正对证据能力问题也产生了一定的影响，即证据是否由当事人提出不必然对证据能力产生直接影响。比如，依照修正后的辩论主义，法官如果认为当事人违反了真实义务，故意作出虚伪的自认，则可以不受当事人自认的拘束，裁决当事人的自认不具有证据能力。当然，尽管有所修正，提出证据的主体对证据能力仍有很大影响，该主体是否合法仍是判断证据是否具有证据能力的一个重要因素。

　　另外，近年来又有许多学者提出了在民事诉讼中建立协同诉讼模式的观点，即在民事诉讼中最大限度地发挥法官与当事人的主动性及积极作用，由法官和当事人共同推进民事诉讼程序。[②] 这种思想受到了越来越多的关注，已有国家的民事诉讼法中体现了协同诉讼的内容。例如，德国民事诉讼法典第 278 条规定，在法庭辩论和法庭调查程序结束后，法官应就案件情况与争议情况与当事人进行讨论。从对证据制度的影响看，协同诉讼模式强化了法官在证据收集和审查方面的作用，也使得证据提出主体与证据能力之间的联系进一步被削弱。

　　（二）刑事诉讼中的相关情况

　　从世界范围来讲，两大法系国家一般在民事诉讼中均实行辩论主义，法院作出判决需要根据当事人提出的事实和证据，一般情况下不依职权调查收集证据。而在刑事诉讼中，情况有所不同。

　　在以英美法系国家为代表的当事人主义审判方式中，在刑事诉讼领域当事人的主张和所提供的证据对法官也同样构成制约，法官原则上不得在当事人提出的证据外另行收集证据。只是在某些情况下，开庭审理过程中需要实地察看时，法官在其他诉讼参与人的参与下可能会实地察看，以便详细了解情况形成正确心证。例如，根据英国立法和判例，陪审团可以对任何与争议事实有关的地方进行视察，法官对是否允许陪审团对现场进行视察有酌定权。法官可以主动要求其视察现场。[③] 在陪审团视察现场时，被告人一般也必须在场，除非被告人不愿意在场并经法官同意。然而，这种实地视察并非庭外调查，而应看做对案件进行审理的一个组成部分。[④] 美国与英国的做法类似，法官的庭外活动仅限于现场的实地考察。

---

① 《日本新民事诉讼法》，白绿铉译，中国法制出版社 2000 年版。

② 田平安、刘春梅：《论协同型民事诉讼模式的建立》，载《现代法学》2003 年第 1 期。

③ 龙宗智著：《刑事庭审制度研究》，中国政法大学出版社 2001 年版，第 382 页。

④ 林顿编著：《世纪审判》，吉林人民出版社 1996 年版，第 143 页。

但在大陆法系，虽然在民事诉讼中实行当事人处分原则和形式真实发现原则，但在刑事诉讼中则实行职权原则和实质真实发现原则。① 在法国、德国等国家，法官负有所谓的"审理义务"，在审判中应积极查明案件事实，为达此目的可依职权主动调查对判决有重要意义的事实和证据。关于法官的审理义务，我国台湾地区学者陈朴生先生认为，"法院对于受诉事实，本负有发现真实，公正适用法律之义务。故法院在诉讼上应尽审理义务，不特在程序上为其主持者，有指挥与管理之义务；且为程序之形成者，应尽其职权为必要证据之调查。如违背此项义务，即属审理未尽。因审理未尽，足致误认事实，故认其为判决为违背法令，得为上诉之理由"。② 许多国家的立法也对此予以了确认。例如，德国刑事诉讼法典第 173 条第 3 项规定（在检察院移送案件材料、证据后）："为了做裁判准备，法院可以命令调查并且嘱托一名受托或者受命法官进行调查。"该法第 244 条第 2 款规定："为了查明事实真相，法院应当依职权主动采取足以证明一切事实真相的证据，以及对作出决定所必要的一切证明方法。"法国刑事诉讼法第 283 条规定："审判长如果认为预审尚不完整，或者在预审结束后发现新的情况，可以命令进行他认为需要的任何侦查行为。此项侦查行动由审判长或一名同庭陪审官或者他所指派的一名预审法官进行。"该法第 310 条第 1 款还规定："审判长被授有随机应变权，他凭借自己的名誉和良心，可根据此项权力采取他认为有益于发现真相的一切措施。"

在日本、意大利等实行"混合式诉讼"的国家，法官也有职权主动开展证据调查，但是仅作为例外情形存在。在日本，开头陈述后，控辩双方请求调查证据。先由检察官请求其认为对案件审判有必要的所有证据，被告方在检察官请求完毕后可以请求调查证据。法院在听取对方当事人意见后，作出是否准许调查证据的裁决。必要时，法院也可以依职权调查证据，但应在当事人请求的证据调查完毕后进行调查。为确保证据调查范围的确定性和有效性，2004 年日本法增设了"争点及证据的整理程序"，规定在公审前整理程序中，控辩双方明确提出调查证据的请求、意见，法院作出是否同意的裁定。凡交付整理程序的案件，除非存在不得已的事由未能在整理程序中请求调查证据，在整理程序终结后，检察官及被告方不得再提出调查证据的请求，但

---

① 参见何家弘主编：《外国证据法》，法律出版社 2003 年版，第 390～392 页。
② 转引自奚玮、谢佳宏：《刑、民证据法之差异论纲》，载《天津市政法管理干部学院学报》2006 年第 4 期，第 11 页。

这一限制并不妨碍法院认为必要时依职权调查证据。① 意大利法中也有类似规定，同时也有自己的特色，在法官的职权调查上规定了法官的证据补充原则。② 法官的这种证据补充权在刑事诉讼的各个阶段都有所表现，其特征主要在于"补全"或"辅助"上。例如，意大利刑事诉讼法典第 506 条第 2 款规定，法官只有在双方当事人实施之后，在确有必要的情况下，才可主动调取新的证据。

不同法系国家之间之所以会出现上述差别，与各自不同的诉讼构造、诉讼理念有很大关系。英美法系实行的是当事人主义诉讼模式，控辩双方在诉讼中平等对抗，法官居中裁判，诉讼程序的运作主要由当事人推进，法官比较消极，只起"维持秩序"和裁决争议的作用。在英美法系，审判制度被认为是"法官开庭听讯或裁定各方争论的问题，而不是代表整个社会进行调查或验证"，法官介入争论，"有可能被甚嚣尘上的争吵遮住明断的视线"。③ 因此，英美法系国家证据调查的范围仅限于控辩双方有争议的事实和证据，法官不主动调查新的证据。而在大陆法系的职权主义诉讼模式下，虽然表面上控辩双方地位平等，法官居中裁判，但事实上法官和检察官同为官方代表，具有天然的联系。在诉讼中，法官居于主导地位，程序的进行由法官推进。另外，在大陆法系存在一个根深蒂固的司法观念，即刑事诉讼和民事诉讼的目标不同。其主流观点认为，刑事司法主要是为了实现国家应对犯罪的政策、保护公共秩序，因而刑事制裁不必涉及争议事项的解决；事实调查目标——为刑事政策发挥效力而确定的先决条件——较民事诉讼解决纷争的目标相比，国家关注信息的完整性，并要求负责最终裁判的官员坚定地控制事实认定活动；而民事诉讼则不同，其主要目的是解决争端，正确地贯彻实体私法是其附属目标。④ 因此，大陆法系的刑事诉讼和民事诉讼在真实的发现上出现了实质真实和形式真实的分野。在日本、意大利等实行"混合式诉讼模式"的国家，诉讼程序兼具当事人主义和职权主义的特点，在程序推进和事实发现方面，既不是主要属于当事人之间的"双方作业"，也不是主要由法院独自

---

① 罗祥远：《论刑事庭审中的证据调查范围》，载《广西政法管理干部学院学报》2008 年第 2 期，第 98 页。

② 宋英辉、孙长永、刘新魁等著：《外国刑事诉讼法》，法律出版社 2006 年版，第 480 页。

③ ［英］丹宁勋爵：《法律的正当程序》，李克强等译，法律出版社 1999 年版，第 65 页。

④ ［美］米尔建·R. 达马斯卡：《漂移的证据法》，李学军等译，中国政法大学出版社 2003 年版，第 155～158 页。

依职权完成的"单方作业"，而是控辩审三方共同进行的"三方作业"。① 这在一定程度上反映了日本和意大利的立法者和司法者对于纯粹由当事人举证的证据调查不太放心。正如有学者所言，"意大利的法官对于达成准确而公正的结果感觉有个人责任，因此，他们希望有控制真实发现过程的权力"。②

可见，与两大法系在民事诉讼中普遍要受到辩论主义约束不同的是，在刑事诉讼中大陆法系的法官负有调查取证的职权，法官可以在当事人所提供证据之外进一步收集证据。在符合法律规定的情况下，法官依职权取得的证据同样具有证据能力。

二、证据提出时间

（一）民事诉讼中的举证时限制度

1. 举证时限制度的含义和制度价值

举证时限制度是民事诉讼中的一项重要制度，是指当事人应当在法律规定或法院指定的期间内提出证据，否则将承担不利的法律后果。具体而言，它包括以下两方面内容：一是期限，即在法律规定或法院指定的期间内，当事人应提供支持其主张的证据；二是法律后果，即当事人如果逾期未能提出相关证据，将要承担由此产生的不利后果。这两方面内容共同构成举证时限制度的完整内容，二者缺一不可。

举证时限制度的设立主要是基于程序法方面的理由。首先，它有助于实现程序公正。举证时限制度会促使双方当事人在举证时限内积极提供证据，保证双方当事人能够对对方的证据有充分的了解，防止在庭审中出现证据突袭而导致一方处于不利的诉讼境地，避免了诉讼技巧和能力上的差异成为审判结果的决定性因素。其次，它有助于提高诉讼效率。由于举证时限制度设定了一定的不利后果，可以有效地敦促当事人积极举证，防止其有意拖延诉讼。当事人在特定时间内集中提供证据，还有利于庭审的集中进行，防止因证据随时提出而导致的反复开庭。此外，当事人在充分了解对方证据的基础上，可以对诉讼形势作出合理判断，从而有利于促进双方达成和解，使纠纷尽早得到解决。再次，它有助于实现程序的安定。举证时限制度的设置使举证成为诉讼中特定阶段的行为，杜绝了当事人出于诉讼策略的考虑，在庭审

---

① 孙长永：《日本和意大利刑事庭审中证据调查程序评析》，载《现代法学》2002 年第 5 期，第 90 页。

② Elisahetta Grande, Italian Criminal Justice, Borrowing and Resistance, 48 Amscan Journal of Comparative Law 227（2000），at250.

中随时抛出新证据，或者故意在一审中不提交证据，而将关键证据留待二审程序或审判监督程序，从而避免了程序的回复或重新启动，使程序的有序性和稳定性得以实现。

举证时限制度是证据适时提出主义的要求。从世界范围来看，对当事人提交证据的时间主要有两种模式，即证据适时提出主义与证据随时提出主义。前者对证据提出的时间施加一定的限制，而后者则没有限制，当事人可以随时提出证据。由于证据随时提出主义容易造成诉讼拖延及诉讼突袭，目前越来越多的国家在民事诉讼中都采取了证据适时提出主义，要求当事人必须在诉讼过程中的适当阶段提出证据，否则将承担不利后果。

2. 举证时限制度与证据失权

举证时限制度的核心在于其对逾期举证的后果的法律规定。从各国法律规定来看，证据失权是其中非常重要也是较为普遍的一种，即当事人丧失向法院提出该证据的权利。证据失权实际上就意味着证据能力的缺失，会导致证据被排除的后果。

如在美国，为了加强对审前程序的控制，《美国联邦民事诉讼规则》第15条规定，法院应当在审前会议的事项中规定准许提出证据的合理期限的命令。该命令对双方当事人均有约束力。对于当事人违反证据期限提出的证据，一般不允许作为证据在庭审中提出。对此，《美国联邦地区法院民事诉讼规则》第37条第3款予以了明确。该条规定，如果当事人没有在发现程序中向对方当事人出示有关信息和证据，就不能在法庭审理阶段出示这些证据或信息资料。在美国，这种失权效果及于上诉审程序，因为美国民事诉讼的上诉审程序是法律审，即使涉及对事实的审查，也是在一审程序有关事实审的基础上进行的。可见，美国的举证时限制度比较严格。

在大陆法系的典型代表德国，为解决诉讼迟延的问题，自20世纪70年代开始改变原有的证据随时提出主义，而实行证据适时提出主义，并将诉讼程序结构改为审前准备加集中审理。新修订的德国民事诉讼法典为法官和当事人设定了诉讼促进义务，要求法官受理案件后，积极进行准备，在准备程序中为当事人实施诉讼行为包括提出证据指定适当的期限，并授权法官在必要时采取失权方式制裁不遵守时限的当事人。该法第282条第1款规定："当事人各方都应该在言词辩论中，按照诉讼的程度和程序上的要求，在为进行诉讼所必要的与适当的时候，提出他的攻击和防御方法，特别是各种主张、否认、异议、抗辩、证据方法和证据抗辩。"第2款规定，声明以及攻击和防御方法，如果对方当事人不预先了解就无从对之有所陈述时，应该在言词辩论前，以准备书状通知对方当事人，使对方当事人能得到必要的了解。该法第 296 条第 1 款又规定："在作为判决基础的言词辩论后，再不能提出攻击和防御方法。"

日本的民事诉讼制度深受美国影响，也采取了证据适时提出主义的立场。日本民事诉讼法第 156 条规定，攻击和防御方法，应当按照诉讼进行状况的适当时期提出。原则上，证据的提出限于审前的证据整理程序中。对于具体的期限，审判长可以指定，当事人必须在所指定的期限届满前提出证据。对于违反期限提出的证据，日本民事诉讼法并没有明确规定失权的后果，是否失权由法官自由裁量决定。而证据一旦产生失权效力，对控诉审同样有效。

两大法系国家虽然都对逾期证据规定了证据失权的后果，但理论基础和价值取向并不完全相同，也由此产生了时限设定上的差别。英美法系国家主要是从诉讼的阶段性来审视这一问题的，认为举证时限制度是基于诉讼的阶段性而产生的一种具有约束力的适用规则，即有关证据的提出已经超越了特定的诉讼阶段，而现在的诉讼阶段不是用来考虑证据的可采性问题，因而将这种证据排除在程序之外。[①] 英美法系关于举证时限的规定是与审前准备程序相吻合的，因为当事人已在审前程序中得到充分的程序保障进行了证据收集和交换，因此法律规定在开庭审理后当事人不得提出在审前程序中未提出的证据。而大陆法系国家的诉讼理念是追求事实真相，虽然其审理结构也被划分为审前准备和集中审理两个阶段，但法官一直处于对案件真相的探究中，审前准备与正式庭审往往可以交叉进行，有时甚至并不存在明显的界限。这使得大陆法系国家对举证期限的届满时间规定得比较迟，如德国民事诉讼法典规定"在作为判决基础的言词辩论后，再不能提出攻击和防御方法"。

在处理逾期举证与证据失权关系时，各国也具有一定的灵活性，并非只要没有在法定时限内提出证据都将丧失证据能力。毕竟排除具有相关性的证据会影响到对当事人实体权利的保护，断然地排除逾期证据也显得有些苛刻。因此，大多数国家都规定，在特定情况下可以采纳当事人逾期提出的证据。而采纳该证据是否会造成诉讼严重拖延、当事人是否存在重大过失等，都是法官在权衡时考虑的因素。例如，美国虽然实行了比较严格的举证时限制度，但《美国联邦民事诉讼规则》第 16 条第 5 款仍然规定，最后审理前会议的命令在为防止明显的不公正时可以被变更。也就是说，为防止出现明显的实体不公正，可以接纳新的攻击防御方法。德国民事诉讼法典第 296 条规定，

---

① 毕玉谦：《试论民事诉讼上的举证时限》，载《法律适用》2001 年第 1 期。

法官只有在依其自由心证认为准许提出不至于使诉讼延迟或当事人就逾期无过失时，才能准许其提出。如果在法官依自由心证认为逾期提出证据足以使诉讼延迟并且当事人对逾期有重大过失时，可以予以驳回。日本民事诉讼法第 157 条第 1 款规定，当事人因故意或重大过失延误时机所提出的攻击和防御方法，法院认为其目的是导致终结迟延时，法院可以依据申请或依职权作出驳回的裁定。可见，只有在法院认为当事人存在拖延诉讼故意时，才可能导致证据失权。也有的国家通过但书对证据失权作出例外规定，如法国新民事诉讼法在第 296 条第 1 款的后半部分规定了一些例外，即自愿参加诉讼之请求、有关住房租金、已到期尚未支付的年金、债券、利息与其他附加款项以及直至辩论开始所垫付的款项，如按期支付不会产生严重争议，有关这些事由的说明，仍可接受。有关旨在撤销审前准备裁定的请求，亦同。①

逾期举证的后果，除了丧失证据能力外，许多国家还规定了罚款、承担有关费用等后果。例如，《美国联邦民事诉讼规则》第 37 条规定，凡当事人不依法在指定的期限内披露证据的，法院可要求其支付因其不作为而支出的合理费用，包括律师费。法国新民事诉讼法第 134 条规定，法官确定当事人相互传达书证的期限，如有必要，确定传达书证的方式；必要时，得规定科处逾期罚款。

民事诉讼中规定得比较严格的举证时限制度，是与民事诉讼本身的性质相适应的。民事诉讼主要是关于私人利益的纠纷，其结果主要与双方当事人自身的利益相关，因此可以将不及时提供证据看做当事人对自身权利的一种处分行为，即放弃举证。依据当事人意思自治原则，这种处分应当是法律所准许的，除非这样会损害国家和社会的利益。

（二）刑事诉讼中的相关情况

在刑事诉讼中，并不存在民事诉讼中那样专门的举证时限制度，证据提出的时间对证据能力并没有必然的联系。

如在德国，虽然在民事诉讼中实行举证时限制度，逾期提出的证据将不具有证据能力，但在刑事诉讼中没有类似规定。有德国学者指出："由刑诉法第 244 条第 3 项第 2 段的方面解释可得出以下的结果，即针对证人讯问或证件文书的举证所提出的证据申请，如以下述理由为据而拒绝该申请时，乃属不法：证据（物）太迟才提出者。由于证据申请之提出太迟，而对之加以驳回时，此违反了擅断禁止及法定审判原则。即或在审判期日才提出之申请，

---

① 《法国新民事诉讼法》，罗结珍译，中国法制出版社 1999 年版。

其亦需被接受处理。"① "法庭不能因为举证迟延而驳回举证申请（刑事诉讼法第 246 条第 1 款）。因此，当事人可以等到最后一分钟，甚至在总结陈词中提出举证申请。只有当举证申请的目的是造成庭审延误时，该申请才可以被恰当地拒绝。上诉法院指出，只有当寻找的证据明显与案件不相关并且提出申请的当事人故意造成不适当延误时，才允许基于上述理由驳回举证申请。"②

在刑事诉讼中，虽然没有专门的举证时限制度，但由于证据开示制度的存在，使得证据提出的时间也会对证据能力产生一定影响。证据开示（discovery）是当事人主义或类当事人主义（如日本、意大利等国家所谓的混合式但在技术上以当事人主义为特征的诉讼形式）诉讼程序中一项非常重要的制度。其基本含义是指庭审调查前在当事人之间相互获取有关案件的信息。根据《布莱克法律词典》的解释，discovery 的本义是"了解事先所不知道的，揭露和展示原先隐藏起来的东西"。在审判制度中，"它是一种审判前的程序和机制，用于诉讼一方从另一方获得与案件有关的事实情况和其他信息，从而为审判作准备"。③

一般认为，设置证据开示的目的主要在于确保诉讼公正和诉讼效率。美国大法官特雷勒（Traynor）说过："真实最可能发现在一方合理地了解另一方时，而不是在突袭中。"④ 证据开示程序能够让诉讼双方在庭审前对各自的证据有详细的了解，并据此为诉讼做好充分的准备，从而使事实得到更好的发现。不仅如此，诉讼双方在审前对证据做好充分的准备，还可以减少或避免为应对庭审中突然出现的各种情况而产生的中断庭审，从而防止诉讼的拖延。当事人主义诉讼模式的特点决定了证据开示在其诉讼程序中的重要意义。在当事人主义诉讼模式下，采取的是控辩双方对抗的诉讼构造，为了获取诉讼的胜利，双方均有可能采取"竞技"的手段，在尽可能收集各种有利于己的证据的同时，也会采取各种手段来削弱对方的进攻和防御能力，从而使诉讼结果更多的是建立在诉讼技巧上而非案件事实上，同时也会导致诉讼资源的浪费和诉讼效率的低下。在这种情况下，证据开示无疑就显得非常必要。

① ［德］克劳思·罗科信著：《刑事诉讼法》，吴丽琪译，法律出版社 2003 年版，第 11 页。

② ［德］托马斯·魏根特著：《德国刑事诉讼程序》，岳礼玲、温小洁译，中国政法大学出版社 2004 年版，第 56 页。

③ 《布莱克法律词典》1979 年英文版，第 418～419 页。转引自龙宗智：《刑事诉讼中的证据开示制度研究》，载《政法论坛》1998 年第 1 期。

④ Roger J. Traynor, Grond Lost in Criminal Discovery, 39 N. Y. U. L. Rev 228, 249（1964）.

而在实行非对抗制的职权主义诉讼模式下，实行案卷移送制度。为保证律师的辩护权，一般赋予律师查阅全部案卷的权利。非对抗制的诉讼结构以及检察官的客观义务使得律师阅卷并不会发生特别的困难。正如德国刑事诉讼法学家赫尔曼所言，"根据对抗制进行的公判审理，是以当事人为中心的类型。为准备公判审理，不仅起诉一方，就是辩护一方也必须收集自己方面的证据。辩护方面通常不是完全无权要求事前出示和查阅检察方面持有的证据，就是这种权利受到一定的限制。双方当事人可以根据起诉、交换诉状以及承认不利事实，来限定辩论的焦点，并由他们决定提出证据和询问证人的顺序。""与对抗制的情形不同，审问制程序中的辩护人通常是在公判审理前有查阅起诉方面证据的权利。当然，这种查阅如果妨害事后的调查审问则另当别论。"①

证据开示只有在正式审判之前进行才有实际意义，因此其本身蕴涵着时间要求。例如，根据《美国联邦刑事诉讼规则》第 12 条（b）（3）的规定，请求按照第 16 条的规则开示证据必须在审判之前提出。在美国刑事诉讼中，证据开示主要在起诉前的预审（Preliminary hearing）阶段和起诉后的审前动议（Pretrial motions）进行。预审的主要目的是审查是否有足够的证据支持指控，以便决定是否将案件移交大陪审团起诉（在需要大陪审团审查起诉的情况下）或将案件交付法庭审判。在预审程序中，检察官须提供证明被告人犯有重罪的证据。控方在举证时通常依靠证人出庭作证，这些证人将受到被告人律师的交叉询问，被告人也可以提出己方证人。②在预审程序中进行的这种证据开示属于附带开示。在案件正式起诉后，诉讼进入审前动议阶段，即法院在决定对案件开始法庭审判之后组成陪审团之前，控辩双方就证据开示、禁止提出某一证据等法律问题向法官提出动议和申请的阶段。该阶段包括一系列审前程序，其中最重要的当属证据开示程序。这一阶段所进行的证据开示属于专门开示。与美国相类似，在意大利证据开示也分两个阶段：初步庭审阶段和初步庭审之后法庭审判之前的阶段。初步庭审的目的在于审查起诉，并要求法院发布审判令启动正式审判程序。辩方不仅可以在初步庭审前查阅控方卷宗，而且可以在初步庭审过程中与公诉人就指控证据是否确实充分等问题展开辩论。通过这一程序，辩方实质上获得了控方对其进行的证据开示。在初步庭审完毕，预审法官发布审判令后，预审法官文书室应为法庭审理准

① ［德］赫尔曼：《刑事诉讼的两个模式》，载《国外法学参考》1982 年第 2 期。
② 何家弘编著：《欧美刑事司法制度》（英文版），法律出版社 1998 年版，第 32 页。

备卷宗，辩方在审判前有权查阅。对于公诉人在预审法官发布审判令后进行补充侦查而获取的证据材料，辩护人也有权查阅。[①] 在日本，根据刑事诉讼法及其刑事规则的规定，证据开示的时间为"提起公诉后，第一次公审期日前"。但在司法实践中，在主询问以前开示证据的方法已基本确定下来。[②]

　　证据开示对证据能力的影响主要体现在违反证据开示义务的法律后果上。在美国，对于未能遵守《美国联邦刑事诉讼规则》要求进行证据开示的，法院可以采取以下几种方式处理：命令该当事人进行证据开示；批准延期审判；禁止该方当事人提出未经开示的证据；作出其他在当时的情况下认为是适当的决定。[③] 其中，排除应开示而未开示的证据可以说是最严厉的制裁措施。为了慎用这种措施，通常要求以发现这种违反开示的行为是故意实施或会引起偏见为前提。但是，有些人抨击这种做法，认为辩护律师在辩护策略和措施上发生错误，但其不利的后果因有利于被告的证据被排除而导致往往是由无辜的被告来承担，这种做法是不公平的。因此，建议用对律师的纪律性处罚来代替这种证据排除。[④]

　　英国对违反证据开示义务的法律后果与美国相似，法院仍可采用证据排除手段对控辩双方不开示证据的行为进行处罚。但相比较而言，英国对控方违反开示义务承担的法律后果较为偏袒，如果检察官不依法履行初次开示或第二次开示义务，法律并没有明确规定任何法律后果，并且对是否排除控诉方未经开示的证据法官拥有较大的自由裁量权。而辩护方如果不履行或者不适当履行法定的展示义务，检察官可以因此不再进行关键的"第二次展示"，而且法官或陪审团也可以据此对被告人作出不利的推论。

　　意大利刑事诉讼法典第 416 条规定，检察官在审判前全面开示其掌握的一切证据，第 468 条进一步规定，控辩双方最迟在开庭 7 日以前向法院提交准备在审判时询问的证人、鉴定人、技术顾问的姓名及需要询问的 10 项清单，凡是未经开示的证据，除非是提交清单后才发现的，一律不得在审判中提出。

---

　　① 潘金贵：《刑事证据开示制度与诉讼模式》，载《刑事诉讼前沿研究》（第一卷），中国检察出版社 2003 年版，第 17 页。

　　② ［日］田口守一著：《刑事诉讼法》，刘迪等译，法律出版社 2000 年版，第 202～203 页。

　　③ 《美国联邦刑事诉讼规则和证据规则》，卞建林译，中国政法大学出版社 1996 年版，第 57 页。

　　④ ［美］特里斯．M. 迈尔斯：《违反相互开示规则：辩护律师的过错由无辜委托人承担》，载（美国）《刑事法评论》第 33 卷，1996 年春季号。

　　一般认为，证据开示是当事人主义诉讼模式中的一项制度，大陆法系实行律师阅卷制度，并不存在证据开示制度。① 但是，也有学者提出不同观点，认为实行职权主义的大陆法系也同样存在证据开示制度，只不过其主要内容是辩方的阅卷权，在方式上是以单向开示和间接开示为主。② 大陆法系的这些做法是否可以归类为证据开示制度，与本书的主旨并非直接相关，因此在此不作过多评述。但是，有一点可以明确的是，实行职权主义诉讼模式的国家并不禁止控方在庭审中提出其在起诉时未移送的新证据，只要法庭就新证据给予了双方准备答辩的时间和便利。这与职权主义诉讼模式的特点有关。职权主义国家实行法官审理制，审判组织较为灵活，而且法官在审判中具有较为积极、主动的职权，可以运用其主导庭审的权力进一步整理事实、争点。因此，对在审前固定证据的需求并不强烈。可见，在大陆法系的刑事诉讼中，证据提出的时间与证据能力之间并无必然的联系。

　　综上所述，在世界各国的民事诉讼中，普遍对证据提出时间有所要求，并且许多国家规定了逾期提出证据将产生证据失权的后果。而在刑事诉讼中，对证据提出时间的要求并不具有普遍性，只有当事人主义诉讼中对证据提出时间有比较严格的要求。因此，可以得出的结论是，证据提出时间对证据排除的影响在民事诉讼中体现得更为明显和普遍。

第四节　实体法对证据排除的规范作用

　　从目前各国的立法来看，有关证据排除的规范除了主要存在于证据法和诉讼法外，一些国家的实体法也对此问题有所涉及，特别是民事实体法。许多国家都在民事实体法中对证据形式作出某些特殊要求。违反这些形式上的要求，也同样会导致证据被排除。这使得在证据排除问题上，民事实体法比刑事实体法发挥了更大的规范作用。

　　例如，法国民法典第 1341 条规定，一切物体的金额或价值超过 50 法郎者，即使为自愿的寄存，也须在公证人前做成证书，或由双方签名做成私证书。证书做成后，当事人不得就与证书内容不同或超出证书所载的事项以证人证明，亦不得就证书做成之时、以前或以后所声明的事项以证人证明，如

---

　　① 孙长永：《当事人主义刑事诉讼与证据开示》，载《法律科学》2000 年第 4 期。

　　② 潘金贵：《刑事证据开示制度与诉讼模式》，载《刑事诉讼前沿研究》（第一卷），中国检察出版社 2003 年版，第 146 页。

物件的金额或价值不足 50 法郎者，亦同。① 该规定实际上排除了特定情况下证人证言的证据能力。在法国民法典中，还有一些条款规定，对特殊法律行为和法律事实必须采取特定的证明方法。例如，对于身份的证明，应当采用户籍登记簿的方式，在没有户籍登记簿或者户籍登记簿丢失的情况下可以采用证书的方式或者证人证言的方式。

意大利民法典也作了相似规定，在三种情况下排除了证人证言的可接受性，即标的额超过 5000 里拉的合同；证明文件的附加条款或者与文件内容相冲突的条款；民法典中要求采用书面证明或者采用书面形式的合同。英国 1989 年《不动产法案》规定，如果保证合同和土地合同不采取法律规定的形式，不得提出诉讼。《美国统一商法典》也规定，除本条另有规定外，价款达到或超过 500 美元的货物买卖合同，如果缺乏充足的书面材料，表明当事方已达成买卖合同，且合同已由被要求强制执行的当事方或其授权代理人或经纪人签名，合同即不得通过诉讼或抗辩强制执行。这实际上是间接排除了不符合法律规定的合同形式的证据能力。

在我国，也存在类似规定。比如，合同法第 215 条规定："租赁期限六个月以上的，应当采用书面形式。当事人未采用书面形式的，视为不定期租赁。"也就是说，对于租赁期限为 6 个月以上的租赁合同，当事人如果要证明租赁为定期租赁，必须采用书证的方式，否则将被认定为不定期租赁。相比之下，我国澳门民法典第 387 条规定得更为明确。该条规定："法律行为之意思表示，如因法律之规定或当事人之订定而须以书面作出，或须以书面证明时，则不采纳人证；事实已由文件或其他具有完全证明力之方法完全证明时，亦不采纳人证。"

当然，实体法关于证据形式的限制也并不是绝对的，也同样存在例外。例如，法国法对排除证人证言能力设定了如下几种例外：一是商事领域不受该限制，对于商人和商事行为可以采用任何方式证明；二是请求相对方制作文书，倾向于主张待证事实的真实性；三是一方当事人或保管人没有保存证书原本，但提交的抄本与原本相符且可以长期保存；四是不可能取得书证的情况，如当事人因意外事件或者不可抗力丢失书证等。意大利法也规定了排除证人证言的例外情形：一是有一份不具有完全证明力的书证，该书证由对方当事人制作且用以确认待证事实的真实性；二是缔约人的精神或身体状况处于不可能制作书面文书的状态；三是缔约人非因其过失丢失了给予证明的

---

① 萧熔编：《世界著名法典选编》（民法卷），中国民主法制出版社 1998 年版。

书面文件。另外，对于标的额超过 5000 里拉的合同，法官可以考虑当事人的资格、契约的性质等因素，自由裁量决定是否接受证人证言。

　　除了对证据形式提出要求外，有些国家的民事实体法还从程序上对证据能力进行了限制。例如，《美国统一商法典》规定，对于买卖合同和租赁合同，在预期违约的情况下，如果以市场价格或者市场租金作为损害赔偿的标准，应当以受损方知道违约时的市场通行价格计算，当通行价格难以取得时，法院可以裁量决定接受其他可比的市场通行价格或者与系争时间可比的其他时间的通行价格的证据。一方当事人提出证据证明此种替代价格，必须适当通知另一方，只有通知是充分的，且不会不公正地使另一方感到意外时，证据可以被接受。①

　　民事实体法之所以会存在较多的关于证据形式要求等方面的证据规范，与民事实体法自身的功能是分不开的。民事实体法是规范实体法律关系设立、变更、消灭的法律，其不仅是纠纷发生后法官作出裁判的依据，同时也是规范民事主体开展民事行为的准则，对民事主体的行为将起到引导和制约的作用。换句话说，在民事领域，"证据问题离开诉讼也会发生"。② 葡萄牙民法典的主要起草者瓦兹·塞拉就坚持认为，证据法的功能已超越了对解决个案争议的规范作用，证据法对法律行为中的利害关系人就其行为建立信心及安全感也有作用。③ 因此，为了更好地发挥民事实体法的这些作用，保护权利和避免纠纷，许多国家的民事实体法基于各类民事法律行为的特殊性而规定了相应的形式要件，以促使民事主体选用法律规定的方式进行法律行为。例如，针对特定数额的合同标的排除证人证言的证据能力，是为了促使当事人在签订合同时采用书面形式，以保障交易的安全和快捷。民事实体法中与证据排除有关的规范主要是证据方法规范，表现为民事法律行为的形式要件。④

---

　　① 参见《美国统一商法典》第 2 - 723、2 - 724 条。

　　② 沈达明编著：《比较民事诉讼法初论》，中国法制出版社 2002 年版，第 300 页。

　　③ 王利明：《民事证据立法的若干问题探讨》，载《民商法研究》（第 5 辑），法律出版社 2001 年版，第 728 页。

　　④ 民事实体法中还有一类证据规范是举证责任规范，包括举证责任分配规范、推定规范等，表现为民事法律行为的责任要件。

第七章　完善我国证据排除制度应当解决的几个问题

尽快完善证据排除制度对于我国来讲具有非常重要的现实意义。它对于规范司法权的行使，防止滥用、误用将起到直接的作用，同时也是对司法权力运作的有力支持，是实现权力运用正当化的一个重要机制。它的完善对于我国证据制度从"证明性"转向"可采性"也将起到非常关键的作用，进而使证据法摆脱依附于实体法目标、缺乏自身独立价值的尴尬处境。就如何完善我国证据排除制度问题，如果只是进行简单的对策性研究，虽然会对司法实践中存在的相关问题起到一定的缓解作用，但由于缺乏更为全面、系统、深入的分析论证，恐怕仍无法改变我国当前证据法的整体性危机，无法实现制度转型与可持续发展的目标。同时，"即使其中有一些属于令人惊喜的意外收获，但也有一些将是人们非常不愿意见到的。"① 基于此，笔者将从考察我国现行的理论和制度能否以及怎样为其提供足够的发展空间入手，对此问题展开深入的探讨。

第一节　理论的反思与建构

理论研究是立法的先导。立法往往是在一定的理论指导下开展的，所制定的法律也往往是一定理论的体现，二者之间具有内在的逻辑联系。由此决定了理论研究在立法完善过程中的重要地位。我国证据制度所存在的诸多问题，在很大程度上也与证据理论研究中存在一定误区有较大关系。目前，我国证据理论研究正处于新旧体系的转型时期。传统的理论研究体系和研究方法仍占据比较重要的地位，无论是在人们的观念、思维还是制度建设上，都

---

① Mirjan R. Damaska: The Uncertain Fate of Evidentiary Transplants: Anglo – American and Continental Experiments,45 Am J, Comp, L. 839,1997.

有很大的影响。同时，对国外先进理论的学习、研究还处于起步阶段，而且难免会受到传统理论的束缚，在体系性和深入性方面还略显不足，无法满足目前立法和司法的需求。为了更好地指导证据立法和诉讼实践，证据理论研究不但亟待发展和完善，同时还必须审慎地对自身进行必要的反省、甄别与扬弃。

一、关于证据概念的研究

证据的概念是证据学理论中一个基础性的理论问题。对证据概念的理解和界定，往往决定了整个证据理论体系的构建。我国对证据的理解在很大程度上限制了证据排除制度的生存和发展空间。

我国理论界对于证据概念问题一直表现出了极大的关注。到目前为止，出现了多种学说。比较有代表性的有：（1）事实说。该说认为，证据是能够证明案件真实情况的一切事实。将证据等同于事实是该说的基本特点，许多学者都在这一框架内为证据下定义，如"诉讼证据是能够证明案件真实情况的客观事实"。[①] "我国刑事诉讼证据是侦查、检察、审判人员依照法定程序收集用以确定或否定犯罪事实，证明被告人有罪或无罪，加重或减轻刑事责任的一切客观事实。"[②] 这一学说在我国影响最大，几乎成为通说。早在民国时期就存在这样的定义，如"证据乃一种根据事实，以证明他种不明事实之用者也"。[③]（2）统一说。该说认为证据是内容与形式的统一，"是以法律规定的形式表现出来的能够证明案件真实情况的一切事实"。[④] 与传统事实说不同的是，它在肯定证据是事实的同时，也强调了证据的法定形式。（3）根据说。该说认为诉讼证据是指"用来证明案件事实情况，正确处理案件的根据"。[⑤] 此外，也有一些学者将证据定义为证明案件事实的"材料"、"反映"、"信息"等。

上述诸多研究成果体现了我国证据法学者们的研究热情与努力，也均从一定的角度揭示了证据的某些特征。但是，冷静地分析，我们也不难发现其中所存在的一些误区。这些误区的存在成为制约证据法学理论深入发展的较大障碍。

---

① 江伟主编：《证据法学》，法律出版社1999年版，第87页。
② 张子培等：《刑事证据原理》，群众出版社1982年版，第87页。
③ 郑竞毅、彭时编著：《法律大辞书》，商务印书馆1940年版，第2198页。
④ 卞建林主编：《证据法学》，中国政法大学出版社2000年版，第70页。
⑤ 杨荣新主编：《民事诉讼法教程》，中国政法大学出版社1991年版，第210页。

（一）传统对证据概念的界定偏重于实体属性

尽管目前关于证据概念的研究日渐呈现出多样化的趋势，但"证据是客观事实"的观点长久以来一直占据统治地位。无论是 1979 年制定的刑事诉讼法，还是后来问世的民事诉讼法、行政诉讼法，以及 1996 年修订的刑事诉讼法都体现了此种观点。其最大的特点是强调证据的真实性，但实际上无论是当事人提供的证据还是司法机关收集的证据都有真有假，即便是经法院审查判断后用作定案依据的证据也可能存在虚假的情况。这一点在法律上也有所体现，法律在证据概念的使用上出现了前后不一的自相矛盾现象。刑事诉讼法一方面规定"证明案件真实情况的一切事实，都是证据"，另一方面又规定"证据必须经过查证属实，才能作为定案的根据"。为解决这个问题，有学者提出了"证据材料"的概念，将未经过审查的有真有假的证据统称为"证据材料"。① 这看似解决了矛盾，但实际上不仅存在同义反复的问题，而且反倒容易在原本已误区重重的证据概念领域引起更大的混乱。这一提法本身也存在顾此失彼的困境：如果法官采纳了一个虚假的证据并据此定了案，那么它算不算证据？如果算，它不属实，应属于证据材料；如果不算，它又被采纳并用于定案，成为定案证据。另外，从方法上看，采取的是依照不严谨的法律规定来做解释的方法。这也体现了理论研究尚未走出注释法学的藩篱。对于证据概念的研究，有学者也曾明确指出，证据一词本身并没有真假善恶的价值取向，改变证据概念的这种"中性"立场是一种误区。② 对证据实体属性的偏好在一定程度上也反映出我国的证据法学研究还具有较强的自然科学的研究属性，缺乏一定的法学研究思路和方法。

（二）传统证据法学理论将证据与证明相割裂

证据是证明的手段，只有将"静态"的证据置于"动态"的证明活动中，才有可能真正理解法律意义上的证据。在我国传统证据法学理论研究中，一般将证据与证明作为两个独立的部分。前者从证据本身出发研究证据概念、种类和分类，后者则从证明过程出发研究与证明活动有关的证明责任、证明标准、举证、质证、认证等。由于采用一种静态的研究视角和研究方式，对证据概念的研究也仅停留在对某一阶段证据的状态和特征上，③ 而忽略了证

---

① 王振河：《谈我国诉讼中有关证据立法的修改与完善》，载《中国诉讼法研究会 1995 年年会论文集》；毕玉谦著：《民事证据法及其程序功能》，法律出版社 1997 年版，第 11 页。

② 何家弘：《让证据走下人造的神坛——试析证据概念的误区》，载《法学研究》1999 年第 5 期，第 103 页。

③ 处于通说地位的"事实说"以及法律对证据的界定实际上是对定案证据的描述。

据在不同诉讼阶段所具有的不同状态、特征和不同的法律意义。而这些恰恰正是对证据的正确运用最有实际意义的。

当然，近些年随着证据理论研究的不断深入，也有一些学者开始从诉讼阶段角度对证据进行解读。例如，汪建成教授指出，"若对一个案件的诉讼进程进行分析，便不难发现，从案件发生到最终定案，相关证据事实经历了三个不同的阶段，即纯客观世界中的证据；进入主观世界，被当事人发现并用来证明自己所主张事实的根据的证据；以及在被事实裁决者在法律允许的范围内予以假定真实，作为定案根据的证据。"[1] 陈瑞华教授认为，证据有三个基本阶段：客观证据阶段、主观证据阶段和定案根据阶段。[2] 这些研究突破了传统研究的惯常静态视角，将证据放在诉讼过程中进行动态研究，使对证据的研究更为精细化，但同时也存在一定缺憾，即在当事人已提交证据与被法院用作定案证据之间缺少"适格证据"阶段。按照现代各国普遍认可的理论，证据能力和证明力是证据的两大基本属性，二者具有不同的作用。前者用来限制证据的准入，只有具备证据能力才是"适格证据"，才允许进入法庭被审查，才能够作为法律认可的证据发挥其证明作用。至于其证明价值的大小，则属于证明力的范畴。换句话说，在审查决定某份证据材料是否能够作为定案依据之前，需要经过证据能力的规范。在我国关于证据阶段的研究中，恰恰缺少证据被证据能力规范调整后的阶段，从而没有体现出证据能力认定以及证明力认定对证据的不同规制和筛选作用。[3] 这也体现出我国对证据的理解尚缺乏"适格证据"的意识和理念。既然没有适格与否的区分，自然在定案之前也就不需要对证据进行筛选和排除。

（三）为"概念"而"概念"，过分纠缠于对概念的界定

概念是研究问题的一项有益工具。但需要注意的是，人类语言的有限性和事物无限性与复杂性之间的矛盾决定了任何概念都不可能是完美无缺的。因而，概念只能作为一个相对确定的分析工具。对证据概念进行界定，也同样面临这个问题。证据在各个阶段具有不同的形态和特征，从一个阶段引申出的证据概念可能无法适用于其他阶段，而过于包容的概念又会显得空洞，丧失其本应所具有的指导意义。如果我们只执著于对证据概念的争论，则有

---

① 汪建成著：《理想与现实——刑事证据理论的新探索》，北京大学出版社 2006 年版，第 33 页。

② 陈瑞华著：《问题与主义之间——刑事诉讼基本问题研究》，中国人民大学出版社 2003 年版，第 369 ~ 370 页。

③ 廖依娜：《论证据状态的阶段性划分》，载《宜宾学院学报》2006 年第 7 期，第 57 页。

可能会使证据理论研究局限于狭窄的范围，阻碍其进一步发展，同时也难以有效发挥出对实践的指导作用。在这个问题上，笔者认为我们不妨采取一种更加务实的态度，将更多的精力投入到证据的准确、规范运用问题的研究上，以更好地解决目前司法实践中遇到的各种证据问题。在证据立法上，也不一定非要对证据概念进行定义。正如许多国家的证据法也并未对证据概念作出严格界定，而是设置了严密的条件及完善的证据规则来规范证据在诉讼中的使用。

二、关于证据属性的研究

我国一直以来均将证据属性问题作为证据法的核心问题，但在这个问题上也一直处于争论状态，还没有形成完全一致的认识。证据属性在我国证据法学中的权威地位，使得学者们在这个问题上倾注了大量的精力，同时也在一定程度上影响了学者们的研究思路，以致影响了证据能力理论在我国证据法学理论中的生存和发展。笔者认为，证据属性理论研究的欠缺主要体现在以下三个方面：

（一）从属性制度的内容上看，容易产生争议，同时也不利于证据理论研究的深化与成熟

在我国传统的证据法学理论中，关于证据的基本属性长期存在着"两性说"和"三性说"的争论。"两性说"认为，证据的属性包括客观性和关联性。"三性说"则认为，除了客观性、关联性外，证据还应当具备合法性。两种学说争论的焦点在于，合法性究竟应否属于证据的基本属性。[1] 直到今天，这种争论仍没有停止。除了在合法性上的争论，许多学者也对证据的客观性提出了质疑。[2]

1. 证据的合法性

关于证据的合法性，学者们不仅对其究竟应否属于证据的基本属性存在不同认识，对合法性自身的理解也不尽相同。按照我国学者的一般解释，证据的合法性是指证据的主体、形式、收集程序或提取方法必须符合法律的有

---

① 参见陈一云主编：《证据学》，中国人民大学出版社 1991 年版，第 104～110 页；刘金友主编：《证据法学》，中国政法大学出版社 2001 年版，第 130～137 页。

② 参见吴家麟：《论证据的主观性与客观性》，载《法学研究》1982 年第 6 期；张晋江、易萍：《证据的客观性特征质疑》，载《法律科学》2001 年第 4 期；纪格非著：《证据能力论——以民事诉讼为视角的研究》，中国人民公安大学出版社 2005 年版，第 154～156 页；等等。

关规定。① 也有部分学者认为，合法性除了上述内容外，还应当包括证据必须经过合法的程序查证属实。② 有学者认为，证据的合法性是人为的附加属性。③ 也有学者认为，证据合法性既不是外在的认识论属性，也不是人为的附加属性，而是证据的内在固有属性。④

　　合法性的提出，是我国证据法学研究领域的一个重要发展，表明理论界已经开始认识到诉讼证明相对于纯粹的认识活动具有其自身的特殊性。但是，客观地说，仍有较大的局限性，不仅对其内涵、地位在认识上还存在较大分歧，而且基本上还只是局限于证据属性的研究框架内。有学者曾评价说，我国的合法性无法支撑起一套逻辑上自洽的理论体系，其逻辑上的严密程度还不足以使其像证据能力或可采性那样，在日常的司法实践中成为法律分析与推理的工具。⑤

　　2. 证据的客观性

　　关于证据的客观性，一般的解释包括两个方面：一是证据的形式应当是客观的，即各种证据必须以客观的形式表现出来为人们所感知；二是证据的内容也应当是客观的，即证据所反映出来的内容必须符合客观事实。传统对客观性的理解重在后者，强调证据内容上的"客观真实性"。学者们对客观性的质疑也都集中在这个方面，许多学者从主观与客观的角度做了阐述。例如，"证据有主观性也有客观性，证据体现了主观性与客观性的统一"，片面夸大、强调证据的客观性而抹杀其主观性"恰恰是给主观随意性开了方便之门，给主观想象披上客观事实的外衣"。⑥

　　从逻辑上分析，客观性也同样存在不合理性。证据内容是否具有客观性应当是证据审查判断所要解决的问题，在诉讼程序的开始无法检验证据是否客观真实。如果在程序的开始就必须对案件事实和证据进行实质审查，这不符合现代诉讼规律。在实践中，判决后发现证据不具有客观性的情况也并不鲜见。如果要求证据必须在内容上具有客观性，那将面临无法自圆其说的尴尬境地。因此，笔者认为，应主要从形式的角度理解证据的客观性，即客观性主要指的是"客观存在性"。对证据客观性的强调，实际上是"事实说"

---

① 参见何家弘、刘品新著：《证据法学》，法律出版社 2004 年版，第 116～117 页。
② 参见汪建成、刘广三：《刑事证据学》，群众出版社 2000 年版，第 15 页。
③ 卞建林主编：《证据法学》，中国政法大学出版社 2002 年版，第 55 页。
④ 高家伟、邵明、王万华著：《证据法原理》，中国人民大学出版社 2004 年版，第 19 页。
⑤ 孙远著：《刑事证据能力导论》，人民法院出版社 2007 年版，第 35～36 页。
⑥ 吴家麟：《论证据的主观性与客观性》，载《法学研究》1982 年第 6 期。

证据定义的自然延伸，同时与传统证据法学将理论基础定位于单纯的认识论有很大关系。笔者认为，客观性是一个定性的概念，但诉讼活动具有阶段性，证据在不同诉讼阶段具有不同的特点和要求，因此不宜采用客观性、真实性等带有绝对色彩的词语对证据进行描述，可以采用可靠性、可信性等具有主观判断色彩同时能够体现程度差别的术语来代替。

3. 证据的关联性

尽管各种学说对证据属性的看法均存在不同，但对证据关联性的态度相对比较一致，一般均认为证据必须具有关联性。正如有学者所言，"经过大浪淘沙，犹如磐石岿然而始终不动的证据属性，当推关联性。不管人们对证据的属性如何争论，也无论证据的属性问题出现在何国、何一历史时期的证据法学论坛，人们对于证据的关联性似乎总不加争执，体认它为证据属性之中的当然品格。"① 关于关联性的含义，比较权威且有代表性的表述为，"关联性，也称相关性，是指证据必须与案件事实有实质性联系，从而对案件事实有证明作用。关联性是证据的一种客观属性，根源于证据事实同案件事实之间的客观联系，而不是办案人员的主观想象或者强加的联系，它是案件事实作用于客观事物以及有关人员所产生的。"②

虽然我国的证据理论也包含证据的关联性，但与国外作为证据可采性的关联性又有所不同。证据事实与待证事实之间的关联性既有内容上的关联，也有形式上的关联。对二者之间的区别，我国台湾地区学者陈朴生有过精辟的论述，"惟证据评价之关联性，乃证据经现实调查后之作业，系检索其与现实之可能的关系，为具体的关联，属于现实的可能，而证据能力之关联，系调查与假定之要证事实间具有可能的关系之证据，为调查证据前之作业，仍是抽象的关系，亦即单纯的可能，可能的可能。故证据之关联性，得分为证据能力关联性与证明价值关联性两种。前者，属于调查范围，以及调查前之关联；后者，属于判断范围，亦即调查之后之关联性。"③ 在英美法系国家证据法中，关联性的核心要求是证明性，即能够证明待证事实的实际能力，强调的是证据事实与待证事实之间形式上的关联，属于证据能力的范畴。《美国联邦证据规则》第401条即规定，"相关证据"是指证据具有某种倾向，使决定某项在诉讼中待确认的争议事实的存在比没有该项证据时更有可

① 汤维建：《关于证据属性的若干思考和讨论——以证据的客观性为中心》，载《政法论坛》2000年第6期，第129页。

② 陈光中、徐静村主编：《刑事诉讼法学》，法律出版社1999年版，第163页。

③ 陈朴生著：《刑事证据法》，三民书局1979年版，第276页。

能或更无可能。在这里，只要求证据具有证明案件事实的"倾向性"，从而淡化了对证据真实性的要求。而在我国，强调的则是关联的客观性，重在证据事实与待证事实之间内容上的关联，即"实质联系"。这种关联属于证明力的范畴。

（二）从研究思路上看，呈静态性，无法将证据基本理论的研究与诉讼程序结合起来，使证据属性理论发挥作用的空间有限

证据的客观性、关联性及合法性从整体上可以理解为是对作为定案根据的证据的特征或要求，只有在经过庭审审查判断后才能最终确定。然而，诉讼过程呈阶段性，不同的时间段对证据的要求不同，在诉讼开始阶段即对证据提出这些要求并不现实。实际上，为了赢得诉讼，诉讼双方在诉讼中都会倾向于向法院提交一切能够证明其主张的证据，而不管这些证据最终是否能够作为定案依据。换句话说，证据的"三性"仅能在诉讼的最后阶段发挥识别定案根据的作用，而在此之前阶段无法起到对证据的过滤作用。由于缺乏早期为证据准入设置最低要求，不可避免地会造成诉讼资源的极大浪费，当事人花费较大成本所取得的证据最终可能不会被采纳，法官在审查判断证据时也需要投入更大的成本。

相比较而言，国外的证据能力则在这方面具有较大的优势。其通过设置证据的准入标准，既可以起到在开庭审理前对证据进行筛选、减少进入庭审证据总量的作用，也可以起到引导当事人富有效率地取证、提高证据质量的作用，从而进一步提高诉讼效率，降低成本，同时也可以防止裁判者受到不良证据的影响，促进案件的公正审理。例如，英美法系国家的法官必须在开庭审理前对证据的可采性作出判断。只有具备可采性的证据才能够提交给陪审团。在大陆法系，也不允许当事人随心所欲地将证据引入庭审程序。大陆法系的证据禁止理论分为证据取得禁止与证据运用禁止，[①] 分别对证据的取得方式、程序及证据采纳的条件作出规范，从而在定案之前发挥规范证据的作用。比如，不能用法律禁止的方法获得被告人的口供，不能要求有权拒绝作证的人提供证言等。对这些证据，法官不能用来认定案件事实，否则判决将被上诉法院推翻。

---

① 岳礼玲：《德国证据禁止的理论与实践初探——我国确立非法证据排除规则之借鉴》，载《中外法学》2003 年第 1 期。

（三）把应由法律规范的问题与应由裁判者自由判断的问题糅合在一起，不利于证据的科学运用

法律应当具备一定的确定性，否则将无法发挥其所应具有的规范、引导作用。但是，法律又不是简单的一般性的抽象规则，也不是固定不变的逻辑推理，更不是一贯包容一切的规则体系，它是一系列的社会实际，包括技术手段和实际执行经验。[①] 因此，赋予法官一定的自由裁量权必不可少。实际上，法官在诉讼中的自由裁量也是司法的常态。但是，我国现有的证据属性制度将应由法律规范的问题与应由法官自由判断的问题糅合在了一起。我国对证据的客观性、关联性和合法性的要求具有确定性、唯一性的特点。例如，对证据的关联性并不会判断其强弱，没有区分内容上的关联与形式上的关联。对合法性强调的是法律形式上的规定性，局限于从法律的具体规定中寻求标准，而对于许多形式上虽然合法但实质上可能侵犯了被告人的权益或其他诉讼价值及社会利益的证据无法起到规范作用。客观性也仅有有无之别，体现不出不同的证据在说服力程度上的差异。因此，在目前我国的证据属性制度下，法官的自由裁量权受到一定限制，导致经验、社会政策或其他重要的价值无法在证据的运用过程中得到实现。

我国目前的证据属性制度也并没有体现出事实发现的不同阶段的不同特征。在英美法系，法律问题和事实问题分别由法官和陪审团裁断。从过程上讲，先由法官对证据的可采性问题进行裁断。然后，再由陪审团对证据的真实性和实质关联性进行裁断，最终确定对案件事实进行推理的依据。作为法律问题，证据的可采性要受到立法的规范，英美法系的证据规则绝大多数都与证据的采纳与排除有关。而证据的真实性和实质关联性则属于证明力问题，其在这些国家的立法和法学著作中被更多地表述为"可信性"、"可靠性"。对于证明力问题，法律并不作过多的规定，较少设定具体规则，主要依赖法官的自由心证。在大陆法系国家，诉讼法虽然没有对确认证据能力与确认证明力的阶段作出明确区分，但对这两个过程也使用了不同的调整方法。对前者，从程序、政策、形式等方面作了规定，法官不能任意决定。对后者，则主要靠法官依据良心、理性等作出自由裁量。在我国，客观性、实质关联性属事实层面的问题，合法性则属法律层面的问题。依照证据能力与证明力的划分，前者应属证明力范畴，后者应属证据能力范畴。对这两个问题的判断，

---

① 井涛著：《法律适用的和谐与归———论法官的自由裁量权》，中国方正出版社 2001 年版，第 32～33 页。

我国都是在诉讼的最后阶段同时完成的，并没有作出阶段上的区分。同时，也没有针对不同的内容相应地设置不同的调整方式，许多应由法官自由判断的问题却通过法律予以规范。我国证据立法中大量存在的关于证明力的规范就是很好的例证。①

　　笔者认为，我国证据属性研究中存在的上述问题，不仅限制了证据理论的进一步发展，同时也不利于我国证据规则体系的构建，因此应从"三性说"或"两性说"的研究思路转向对证据能力和证明力的研究，以更好地凸显诉讼的阶段性，更好地发挥对实践中运用证据的指导作用，促进证据理论和制度的进一步发展。②

三、关于证据能力的研究

　　随着我国证据理论的进一步发展，一些学者对证据能力这个证据法的核心问题开始关注，并做了一定的研究。但是，就目前的研究状况而言，还很难说对这个问题已经有了全面、深入的认识。笔者认为，目前我国对证据能力问题的研究中尚存在以下几个问题：

　　（一）将证据能力与传统证据理论中的合法性相对应

　　在我国，有不少学者将证据能力与我国证据理论中的"合法性"相对应。例如，有学者认为，"证据能力是指事实材料成为诉讼中的证据所必须具备的条件，及法律对事实材料成为诉讼中的证据在资格上的限制。因此，证据能力也称之为证据资格，或证据的适格性。在英美法系国家，称之为证据的可采性；在我国，则称之为证据的合法性，某证据材料是否具有证据能

---

①　如早在 1957 年，最高人民法院在《关于与案件有直接利害关系的人能否当证人等问题的复函》中就确立同当事人有利害关系的证人所提供证言的证明力规则。1994 年，最高人民法院在《关于审理刑事案件程序的具体规定》中确立了关于书证副本、复制件与物证照片、录像的证明力规则。后在《关于执行〈中华人民共和国刑事诉讼法〉若干问题的解释》中对该原则进行了重申。1998 年，随着《关于民事经济审判方式改革问题的若干规定》的颁布，关于证明力的规则进一步增多。

②　在新近出版的证据学和诉讼法学教材中，证据的属性被归纳为两个方面：证明力和证据能力。参见陈光中主编：《刑事诉讼法学》（新编），中国政法大学出版社 1996 年版，第 148～154 页。卞建林主编：《证据法学》，中国政法大学出版社 2000 年版，第 73～78 页。也有学者认为，证据属性是一种自在自为的东西，不依赖于主体的变化而变化。证据要求则是反映主客体关系的一个范畴，它随不同主体或同一主体的不同愿望或需求而体现出不同的内容。因此，对证据要求的研究的意义远远超过对证据属性的研究，应从证据属性的研究视角向证据要求的研究视角转变。参见史立梅著：《程序正义与刑事证据法》，中国人民公安大学出版社 2003 年版，第 10～13 页。不管是将证据能力作为证据的属性看待，还是作为证据要求看待，加强对证据能力问题的研究已成为越来越多学者的共识。

力，必须取决于法律的规定。"① 还有学者认为，"对于一定的事实与材料，法律上允许其为证据，即符合法律上的形式及要件要求，才可以作为诉讼证据加以采纳。"② 笔者认为，将证据能力与合法性等同的观点并不可取，理由是：

1. 从内容上看，二者的内涵不完全相同

合法性只反映了证据一个方面的特性，即只反映了法律对证据的形式、内容、提供主体、取证方式等的要求。而证据能力则具有更加丰富的内涵，除了"合法性"的要求，还包括"相关性"等方面的要求。两大法系在考虑某一证据是否具有证据能力时，需要首先对证据是否与案件具有形式上的关联性作出判断，没有关联性的证据不具有证据能力。例如，《美国联邦证据规则》第 402 条规定："相关证据一般可以采纳，无相关性的证据不能采纳。"依此看来，合法性仅能涵盖证据能力的部分含义。在某些情况下，合法的证据可能由于其他方面的考虑而不被采纳。例如，基于提高诉讼效率的考虑会排除某些重复的合法证据。品格证据规则、意见证据规则、特权证据规则等证据规则针对的证据之所以不具有证据能力，也并不是因其不具有合法性，而是因为其本身的特点使其不具有形式上的相关性或无法满足诉讼的某些技术性要求或政策性目标。也正是因为如此，有学者认为，合法性在总体上还无法作为一个解决证据的采纳与排除这一现代证据法之核心问题的法律概念。③

2. 从适用上看，二者的法定化程度不同

证据的合法性，依据学者们的一般解释是指证据的主体、形式、收集程序或提取方法必须符合法律的有关规定。④ 而证据能力的有无并非完全取决于法律的规定，在很多情况下是通过法官自由裁量的方式来确定的。在法律对证据能力缺乏明确规定的情况下，只能由法官行使自由裁量权来作出裁断。即便是在法律有规定的情况下，在一定条件下法官也同样可以作出自由裁量，以使裁断更加公平、合理。这一点已在本书第五章有详细论述，在此不再赘述。可见，在法定化程度上二者是不同的。因此，将证据能力与合法性等同的观点值得商榷。

---

① 李莉：《论刑事证据的证据能力对证明力的影响》，载《中外法学》1999 年第 4 期，第 39 页。类似观点还有何家弘主编：《新编证据法学》，法律出版社 2000 年版，第 431 页。

② 何文燕、廖永安著：《民事诉讼理论与改革的探索》，中国检察出版社 2002 年版，第 306 页。

③ 孙远著：《刑事证据能力导论》，人民法院出版社 2007 年版，第 37 页。

④ 参见何家弘、刘品新著：《证据法学》，法律出版社 2004 年版，第 116～117 页。

（二）将证据能力与定案标准混同

另外一种比较常见的观点是，将证据能力混同于定案标准。例如，"证据能力是指证据能够被法官采信，作为认定案件事实依据所应具备的条件……证据是否具备证据资格取决于证据与待证事实之间是否存在关联性和是否具备真实性、合法性。"[1] 证据能力与定案根据是两个不同层次上的概念。证据能力考察的是证据的法定资格，即证据能否被法律容许而在诉讼中作为证据使用。一般而言，某一证据只要与案件事实存在一定的关联性并且不属于应被排除的证据，就具有证据能力。具备证据能力只是使证据具有成为定案根据的可能性，能否最终成为认定案件事实的依据，还取决于证据的说服力，即证据与待证事实的关联程度和可信度。这涉及对证据证明力的判断，不是证据能力所能解决的问题。无论是在内涵上还是功能上，证据能力与定案标准都存在较大差异。将二者等同，是对证据能力的误解，也会限制证据能力理论在我国的发展。

（三）在证据能力与证明力关系的认识上存在偏差

证据能力与证明力是两个不同的概念。二者之间的区别与联系在本书第一章已作过详细论述。简单说来，证据能力要解决的是何种证据可以作为诉讼上的证据提交到法庭由裁判者审理的问题。证明力要解决的是不同证据在事实审理者的心理上产生的力量的问题。证据能力仅有有无之别，没有大小之分。证明力则不仅有有无之分，也有大小之别。二者分别从质和量两个方面揭示证据的不同特性。我国在论及证据的采纳与排除问题时，往往将二者混同，即将本属于证据能力的问题却从证明力的角度加以看待。例如，有学者提出，应当以客观性、关联性和合法性作为排除证据的标准。[2] 依据我国关于证据"三性"的理解，证据的客观性和关联性实际上决定的是证据能否或在多大程度上证明待证事实，应是判断证据证明力有无和大小的标准，而不是判断证据能力的标准。在立法层面也同样存在这样的问题。例如，最高人民法院《关于执行〈中华人民共和国刑事诉讼法〉若干问题的解释》第61条规定："严禁以非法的方法收集证据。凡经查证确实属于采用刑讯逼供或者威胁、引诱、欺骗等非法的方法取得的证人证言、被害人陈述、被告人供述，不能作为定案的根据。"类似的规定还有刑事诉讼法第47条规定：

---

① 江伟主编：《民事诉讼法学》，复旦大学出版社2002年版，第252页。

② 参见杨荣新、乔欣：《论民事诉讼证据的排除规则》，2000年4月民事诉讼法专业委员会第三届年会论文（武汉）。

"证人证言必须在法庭上经过公诉人、被害人和被告人、辩护人双方讯问、质证，听取各方证人的证言并且经过查实以后，才能作为定案的根据。……"

百家争鸣是理论研究中的必然状态，也是促进理论进一步发展的动力。但是，就我国证据法学的理论研究状况来看，暂且抛开具体观点的妥当性不论，就研究思路和方向来看还存在一定的偏差。看清这一点是非常重要的。因为研究方向无疑是最为基础和关键的，如果发生方向上的错误无疑将会阻碍证据理论整体上的发展，难免会走许多弯路。笔者认为，我国对证据基础理论的研究应从对证据概念、证据"三性"的局限中解脱出来，在关注点上改变只注重从技术角度探寻事实真相查明的原有习惯，转向以证据能力为核心，从法律的角度探寻如何构建一套保护权利、限制权力的证据规则，以充分实现证据制度所本应具有的防止误判、价值协调等多种功能。①

第二节 制度的偏差与调整

一、我国刑事证据排除制度存在的若干问题分析

总体而言，我国证据排除制度还比较薄弱，无论是在制度设计上，还是实际运行效果上，都很难尽如人意。

（一）立法未正式确立证据排除规则，相关司法解释确立的证据排除规则数量少，缺乏系统性

目前，我国诉讼法有关证据排除的规定主要体现在禁止以非法手段收集证据和证人证言必须接受讯问、质证等规定上。刑事诉讼法第 43 条规定："审判人员、检察人员、侦查人员必须依照法定程序，收集能够证实犯罪嫌疑人、被告人有罪或者无罪、犯罪情节轻重的各种证据。严禁刑讯逼供和以威胁、引诱、欺骗以及其他非法的方法收集证据。……"刑事诉讼法第 47 条规定："证人证言必须在法庭上经过公诉人、被害人和被告人、辩护人双方

---

① 这种研究重点的转向在目前已有所显现。从学者们对"审查判断证据"的界说上的变化便可见一斑。例如，在陈一云教授主编的 1991 年版《证据学》教材中，审查判断证据是指"司法人员对收集的证据进行分析研究，鉴别其真伪，找出它们与案件事实之间的客观联系，确定其证明力，进而就案件事实真相作出结论的活动"。而在卞建林教授主编的 2005 年版《证据法学》教材中，审查判断证据被界定为"国家专门机关、当事人及其辩护人或诉讼代理人对证据材料进行分析、研究和判断，以鉴别其真伪，确定其有无证明能力和证明力以及证据力大小的一种诉讼活动"。二者最主要的区别在于，后者增添了对证据能力的审查判断。此外，教材名称上的差别也同样在一定程度上体现了这种研究重心上的转移。

讯问、质证，听取各方证人的证言并且经过查实以后，才能作为定案的根据。"但是，这两条规定均只是从倡导的意义上对相关取证、证据审查等做了要求，并无明确违反规定后的排除后果。因此，严格说来，还并非排除规则意义上的立法。有关证据排除的明确规定，主要体现在相关司法解释性文件中。例如，最高人民法院《关于执行〈中华人民共和国刑事诉讼法〉若干问题的解释》第 61 条规定："严禁以非法的方法收集证据。凡经查证确实属于采用刑讯逼供或者威胁、引诱、欺骗等非法的方法取得的证人证言、被害人陈述、被告人供述，不能作为定案的根据。"《人民检察院刑事诉讼规则》第 265 条第 1 款规定："严禁以非法的方法收集证据。以刑讯逼供或者威胁、引诱、欺骗等非法的方法收集的犯罪嫌疑人供述、被害人陈述、证人证言，不能作为指控犯罪的证据。"2010 年 6 月由最高人民法院、最高人民检察院、公安部、国家安全部和司法部联合发布的《关于办理刑事案件排除非法证据若干问题的规定》对非法证据的排除作了相对细致和集中的规定；《关于办理死刑案件审查判断证据若干问题的规定》则专门针对死刑案件明确了几种明显违反法律和有关规定的证据的排除，如第 20 条规定，没有经被告人核对确认并签名（盖章）、捺指印的讯问笔录，以及应当提供通晓聋哑手势的人员或者翻译而未提供取得的讯问笔录不能作为定案的根据。第 24 条规定，勘验、检查笔录存在明显不符合法律及有关规定的情形，并且不能作出合理解释或者说明的，不能作为证据使用。

　　整体而言，我国证据排除制度建设还比较薄弱，不仅未在正式立法的层面确立证据排除规则，而且相关规定数量有限，比较散乱，体系性较差。这种现状体现出我国证据立法对于证据能力在证据法中的核心地位还未有充分的认识，导致证据立法没有像大多数国家那样，以规范证据能力为核心，而是以规范证明力为核心。[①] 即便是近年来各省制定的地方性的专门证据规则，大部分内容也都是关于证明力的条款，而没有承担起"证据规则作为规范证据能力和司法证明"的使命。[②] 客观地说，这样的制度设置虽有利于降低司

---

　　① 相对于稀疏的证据能力规则，我国关于证明力的规则却形成了较为庞大的体系。早在 1957 年，最高人民法院在《关于与案件有直接利害关系的人能否当证人等问题的复函》中就确立同当事人有利害关系的证人所提供证言的证明力规则。1994 年，最高人民法院在《关于审理刑事案件程序的具体规定》中确立了关于书证副本、复制件与物证照片、录像的证明力规则。后在《关于执行〈中华人民共和国刑事诉讼法〉若干问题的解释》中对该原则进行了重申。1998 年，随着《关于民事经济审判方式改革问题的若干规定》的颁布，关于证明力的规则进一步增多。

　　② 房保国：《现实正在发生——论我国地方性刑事证据规则》，载《政法论坛》2007 年第 3 期，第 47 页。

法的难度，却极大地损害了自由心证的精神，同时赋予法官在证据采纳上过大的权力，也极易造成枉法裁判。从证据法的自身发展来看，无疑也会阻碍其现代化进程。

究其原因，笔者认为不外乎以下几点：一是对证据的认识一直停留在"先验"的层面，无法为证据排除规则的衍生与发展提供足够的制度空间。长期以来，我国无论是证据理论还是立法，强调的都是证据的客观性，认为证据是足以证明案件真实情况的"客观事实"。很明显，这是在先验的意义上给证据下的定义，"是证据尚未进入人类认识领域之前所处的一种带有假定成分的自然状态"。① 既然证据都是客观的，也就无须审核，那些旨在帮助审查证据、防止证据被误用的证据排除规则自然也就不必要。二是我国在诉讼程序上一贯注重法官调查证据的职权主义，忽视当事人提出证据的主导性，因此对证据的限制过少，并将对证据资格的判断问题主要委以法官，缺乏立法上的明确规定。三是将证明标准定位于客观真实。这种证明标准的实现，客观上需要有足够多的证据进入诉讼，而证据排除无疑有碍于该种证明标准的实现，从而造成许多案件无法定案。因此，证据不会被轻易排除。四是法官的整体素质与国外同行有较大差距，产生了对证明力规范的更大需求。在目前法官专业素质不高的情况下，一方面需要规定一定数量的证明力规则以帮助法官对证据进行有效判断，另一方面也需要制定较多的证明力规则对法官判断证据进行必要的规制。立法对证明力的过分关注，必然会影响对证据能力问题的规范。

（二）现有的证据排除规则本身存在缺陷，同时缺乏必要的程序性裁判机制，实施效果有限

虽然从文本上说，我国尚存在一定的证据排除规则，但由于相关规定本身欠缺合理性，以及规则设计上缺乏整体考虑，并未建立起有效的运行机制，影响了规则的实施效果。

1. 规则本身的缺陷

以非法证据排除规则为例，排除的非法证据的范围非常有限，主要限于采用刑讯逼供或者威胁、引诱、欺骗等非法方法取得的被告人口供、证人证言、被害人陈述等言词证据，而不包括使用其他侵犯人权的非法方法或违反其他程序法的规定而获取的言词证据。对于实物证据，虽然新出台的《关于

---

① 陈瑞华：《中国刑事证据规则之初步研究》，载《证据学论坛》（四），中国检察出版社2002年版，第182页。

办理刑事案件排除非法证据若干问题的规定》第 14 条作了补充规定，即
"物证、书证的取得明显违反法律规定，可能影响公正审判的，应当予以补
正或者作出合理解释，否则，该物证、书证不能作为定案的根据"。但很显
然，规定仍然存在较原则、弹性较大的问题。何谓"明显违反法律规定，可
能影响公正审判"，又何谓"合理解释"，均不明确。这就决定了我国目前的
非法证据排除规则所能发挥的制裁作用是比较有限的，无法全面遏制侦查机
关滥用侦查权，也无法对被告人给予充分的保护。

再如刑事诉讼法关于证人证言的规定，虽然第 47 条规定明确表达了要求
证人亲自出庭的立法意图，并且也可以合乎逻辑地推出，证人证言没有在法
庭上经过公诉人、被害人和被告人、辩护人双方讯问、质证，不能作为定案
的根据。但是，立法又允许书面证言进入法庭审理程序。刑事诉讼法第 157
条规定，公诉人、辩护人对未到庭的证人的证言笔录、鉴定人的鉴定结论、
勘验笔录和其他作为证据的文书，应当当庭宣读。对此，如果将其理解为应
当出庭这个原则的例外的话，对例外又应有明确的限定。但遗憾的是，第
157 条后没有任何条文对这种例外情形的运用作出严格而明确的条件限制。
最高人民法院《关于执行〈中华人民共和国刑事诉讼法〉若干问题的解释》
第 141 条虽然规定了证人可以不出庭作证的几种情形，[①] 但规定同样存在着
弹性较大的问题。因为缺乏相对明确的规定，使得相关法律条文无法切实起
到应有的规范作用。在实践中，证人不出庭的现象非常普遍。[②]

2. 程序性裁判机制的缺失

证据排除规则本身能够解决的是明确哪些证据属于应被排除的范围，其
适用还需依赖一定的程序规范。该类程序规范解决的是证据如何被排除的问
题。证据的排除只有通过程序才能转化为司法实践中的现实，才能确保证据
排除的合理性与正当性。在国外，一般都在规定证据排除规则的同时，确立
相应的程序。例如，在美国刑事诉讼中，辩护方对于有关排除某一控方证据
的申请，一般要在"审前动议"（pretrial motion）阶段提出，并由法官主持
专门的证据禁止之听证（suppression of evidence hearing）。

在我国，针对证据采纳问题的程序性裁判机制在很长时间以来一直未予
确立。以非法取证为例，诉讼法虽然确立了禁止性条款，但对于相应的程序

---

① 即"（一）未成年人；（二）庭审期间身患严重疾病或者行动极为不便的；（三）其证言对案
件的审判不起直接决定作用的；（四）有其他原因的"。

② 在我国，证人不出庭有很多原因。关于我国证人不出庭的具体原因分析，参见王进喜著：
《刑事证人证言论》，中国人民公安大学出版社 2002 年版，第 10 页以下。

性后果并无明确规定。非法取证的证明责任、证明标准以及相应程序等非常关键的问题，在很长时间以来无论是诉讼法还是司法解释也都付之阙如。这些都极大降低了非法证据排除规则的可操作性，使其在司法实践中实际处于虚置状态。当辩方提出排除非法证据的申请时，并不会引起专门的审查程序，法院通常的做法是将其放在法庭调查和法庭辩论中附带解决。法官对此往往也并不予重视，并不会花费太多的时间进行调查核实。① 在这一过程中，辩方常常被赋予较重的证明责任，但侦查过程的封闭性，导致辩方无法获取充分的证据证明非法取证行为的存在，因此排除非法证据的申请常常被以缺乏充分的证据为由驳回。② 另外，在决定是否排除的过程中，法官考察的也主要还是实体性因素，即该证据在证明案件事实方面的重要程度，是否为关键证据，以及该案在社会上的影响程度等。显然，其目标是致力于刑罚权的实现，而并非是确保刑罚权的正当性。不过，可喜的是，2010 年 6 月新出台的《关于办理刑事案件排除非法证据若干问题的规定》明确了相关的证明责任、证明标准及相应程序等重要问题，使实践操作有了一定的依据。但客观地说，该规定细化程度仍有不足。例如，遭受非法取证行为侵害的证人、被害人以及法官是否有权发动排除程序、法庭对非法证据排除所做的决定的性质如何以及能否上诉等问题，均未涉及。这必将会直接影响到规定在实践中的全面、准确实施。

证据排除规则不能得到很好的实施，导致证据几乎不加限制地进入庭审，这不仅难以促使控辩双方尤其是控方严格遵守法律规定收集和运用证据，同时也极大地造成庭审时间的延长，使得花在证据审查上的成本大大增加。由于侦查、起诉中证据收集和运用较少受到法庭审判的制约，法庭审判在某种程度上异化为对侦查、起诉活动的确认过程，不仅难以确立以"法庭审判为中心"，就连"司法最终解决"原则也难以贯彻。③

---

① 伴随着提出排除非法证据的申请，被告人常常会推翻原有供述。对这种情况，实践中一般称为"翻供"。从逻辑上讲，翻供既有可能以后来无罪、罪轻之陈述推翻原来有罪、罪重之陈述，也有可能以后来有罪、罪重之陈述推翻原来无罪、罪轻之陈述。但在目前仅将前者视为翻供，而将后者视为如实交代。这反映了对翻供的否定态度。从中也不难想象，在被告人提出非法证据排除申请时，法官会是怎样的一种态度。

② 有学者对此进行了专门的实证研究。经过调查得出的结论是，基于刑讯逼供所进行的辩护意见的被采纳率仅为 8.7%。参见陈瑞华主编：《刑事辩护制度的实证考察》，北京大学出版社 2005 年版，第 125 页。

③ 宋英辉：《证据法的功能》，载《我国证据制度的理论与实践》，中国人民公安大学出版社 2006 年版，第 18 页。

（三）某些证据排除规则虽然与国外的排除规则相类似，但存在机理殊为不同，功能尚有缺陷

虽然我国在形式上也确立了与国外相类似的证据规则，但其内在机理存在较大差异，造成二者虽然形似但在功能上却大相径庭。

对于非法证据排除规则，我国主要是从实体角度看待非法证据排除规则。这反映在两个方面：一是将排除的范围主要限定为非法获取的言词证据，表明了其考量的因素不外乎非法取证行为对言词证据与实物证据可靠性的不同影响，即实物证据可靠性因不易受到影响而不必排除，而言词证据的可靠性受到影响较大而需要排除。二是"不得用作定案依据"的用语反映了仅从证明力角度看待非法证据的效力。因为能否用作定案依据，主要还是证明力的问题，而非证据能力的问题。从中也不难看出，立法虽然对非法证据予以排除，但其目的并不在于限制其进入庭审，只是经过庭审认为这些证据确实是以非法手段获得的，才将其排除在"定案依据"之外。换句话说就是，虽然同样对非法证据予以排除，但我国的排除并非基于证据的证据能力而是基于证明力。

另外，从产生动因来看，我国设立非法证据排除规则，也主要是对司法实践中因刑讯逼供导致许多冤假错案这种现实的一种回应，期望通过对非法证据的排除对侦查机关的刑讯逼供行为能够有所遏制，避免更多的冤假错案发生，而并非是主要出于保护被告人人权的自觉性。① 这一点，从目前各地纷纷出台的刑事证据规则中体现得更为明显。正如有学者所言，"这虽是时代的产物，反映了实践的需要，在一定程度上也是法官经验的总结，却是一种无奈的选择。"② 很明显，这种定位与国外很多国家将其基本功能定位于人权保障存在较大差异。这种定位上的不同从一开始就注定了我国的非法证据排除规则不可能具有国外非法证据排除规则所具有的那样充分的人权保障功能。

同样，在有关证人出庭作证问题上，我国刑事诉讼法一方面原则性地规

---

① 关于防止冤假错案与制定非法证据排除规则之间的因果关系，可以从最高人民检察院2001年1月发布和施行的《关于严禁将刑讯逼供获取的犯罪嫌疑人供述作为定案依据的通知》中看出。该通知指出：近一时期以来，各地陆续发生了严重的侦查人员刑讯逼供案件。……各级人民检察院一定要认真吸取教训，采取有力措施，坚决杜绝刑讯逼供现象的发生，彻底排除刑讯取得的证据，确保办案质量，保护当事人的合法权益，维护司法公正。

② 房保国：《现实正在发生——论我国地方性刑事证据规则》，载《政法论坛》2007年第3期，第48页。

定证人应当出庭，但另一方面又允许书面证人证言进入诉讼。司法解释虽然对几种特殊情况下证人可以不出庭的例外作了补充规定，但同时赋予了法官较大的自由裁量权。从中不难看出立法者以及司法者对排除具有传闻性质的书面证据对事实认定所带来的不利影响的担忧。可以说，我国法律对未经过质证的证人证言的排除，其理论基础实际上仍在于确保实体真实，而不是保障当事人的对质权。这一点在民事诉讼中体现得尤为明显。最高人民法院《关于民事诉讼证据的若干规定》第 69 条规定，无正当理由未出庭作证的证人证言不能单独作为认定案件事实的依据。换句话说就是未出庭的证人的书面证言只要有其他证据加以印证，可以作为认定案件事实的依据。在此，实际上是将其作为有待补强的证据来看待。其背后所蕴涵的客观真实的理论基础也因此暴露无遗。而在英美法系，排除传闻证据虽然一开始是缘于对客观真实的追求，但随着其进一步发展，理论基础已逐渐多元化，从追求实体公正转向兼顾程序公正。大陆法系对待传闻证据的态度也始终是与直接言词原则联系在一起的，是否采纳传闻证据取决于使用这一类证据是否会对该原则造成损害。可见，我国对待传闻证据的态度与国外多数国家还存在较大的差异。

（四）缺乏必要的证据排除规则，限制了证据法功能的实现

两大法系国家普遍将证据资格问题作为证据法的核心，也因此存在许多对证据资格进行限定的规定。特别是英美法系，设立了大量的证据排除规则，如意见证据规则、品格证据规则、传闻证据规则、非法证据排除规则、证人特免权规则，等等。这些规则或是基于发现真实的目的而设立，或是基于确保程序公正，抑或提高诉讼效率。正是这些规则的存在和实施，从制度上确保了证据法在保障诉讼的合理性与正当性等方面功能的实现。① 我国证据排除规则数量寥寥且漏洞明显的现状与之形成了鲜明对比，也导致了我国证据法功能的贫弱。主要体现在：

1. 多元化的诉讼价值目标无法有效实现

从整体而言，我国证据法重实体公正、秩序等价值的保障功能，而在程序正义、效率等价值和利益的保障上明显不足。在证据能力与证明力的关系上，偏重于对证明力的规范，缺乏许多必要的证据排除规则，使得证据法在价值协调方面的功能存在欠缺。例如，没有建立自白任意性规则，对被告人

---

① 当然，我们也并不是主张完全按照英美法系国家那样，设立非常严密的证据排除规则体系。毕竟，这种体系的形成与英美法系自身的当事人主义诉讼模式有不可分割的联系。

的人权保障有限；缺乏对传闻证据的必要限制，导致诉讼效率的降低和诉讼成本的增加；排斥拒证权，某些重要的社会关系无法得到有效保护，降低了证据法在社会控制方面的功能。

2. 对法官裁断证据的权力难以起到应有的制约作用

为了确保裁判的公正和统一，对法官评价证据的权力予以必要限制就成为必然。从各国来看，除了通过诉讼程序规范加以限制，如回避制度、二审程序、审判监督程序等外，证据法发挥了非常重要的作用。证据法对法官在评价证据时自由裁量权的限制又可以通过两种路径实现：一是划定法官形成心证基础的证据范围，二是设定若干有关证明力规则。尽管两大法系国家由于诉讼制度、法律文化等方面的原因，具体方法上有所差异，如英美法系国家主要通过设定严密的证据排除规则对法官采纳证据予以限制，大陆法系国家则从证据方法的角度设定严格的程序性规定以限制心证基础，但普遍均很重视证据范围对法官自由裁量权的制约作用。我国则与此不同，既缺乏英美法系国家那样严密的证据排除规则体系，又没有像大陆法系国家那样从证据方法的角度设定严格的程序性规定，对证据资格几乎不加强调，法官在证据采纳上缺乏必要的制约，法官的自由裁量权很大。

3. 对控辩双方取证、举证行为的约束和引导作用不强

证据法的功能除了体现在为法官设定裁判依据和制约法官行使裁判权外，另外一个非常重要的功能还体现在对控辩双方有关取证、举证等行为的约束和指引上。根据证据法对证据效力和要求的明确规定，双方可以有针对性地开展相关证据收集、举证等活动，防止错过关键证据的收集或提举，以及避免收集过多无关紧要的证据而浪费时间等。但是，这一功能发挥的前提条件是，需要证据法对相关证据的效力问题进行详尽而明确的规定。但遗憾的是，我国证据立法仅从证明过程的角度对取证、举证、质证等环节作了较为详尽的规定，在静态方面对证据的效力问题还缺乏足够明确的规定，双方所收集的各种证据几乎都可以不受阻碍地进入庭审。在这种情况下，出于避免败诉的考虑，双方一般都会倾向于去收集所有对证明案件事实有帮助的证据，而不会过多关注证据的质量，甚至会不惜采取违法的手段收集证据。

（五）包括证据排除规则在内的相关证据规则没有得到广泛认可，在调整范围上很难与诉讼法作出区分

长久以来，我国有关证据的规范一直被置于诉讼法内。随着法治的发展，越来越多的学者认识到提升证据法地位的重要性和紧迫性，并为此作出了不

懈努力。① 但不容忽视的是，证据法在形式上的不独立仅是问题的一个方面，更为关键的是目前证据法在调整范围上与诉讼法还没有形成比较分明的界限，证据法的独立价值还没有得到充分体现。

1. 证据立法自身呈现出程序化特征

我国证据立法多偏重于对过程的调整，大量内容涉及对取证、举证、质证等诉讼环节的规范，却较少直接针对证据本身的效力（除去对证明力）作出规范。例如，"严禁刑讯逼供和以威胁、引诱、欺骗以及其他非法的方法收集证据"的规定，显然关注的是侦查阶段的证据收集，而非庭审阶段的证据调查。在民事诉讼中，证据立法的程序化特征表现得更为明显。在最高人民法院《关于民事诉讼证据的若干规定》中，对人民法院调查收集证据、举证时限与证据交换、质证、证据的审核认定等问题作了较为详细的规定，对与证据资格有关的规则并没有作为专门的问题加以规定。这种带有明显程序化特征的证据立法，在调整范围上很难与诉讼法进行明确区分。由于缺乏自身明确、独特的调整对象，证据法自身的独立价值也就很难体现。

2. 证据规则的简陋、证据法原则不够明确等原因，导致证据规则严重依赖程序规范

尽管我国证据立法就相关证据规则、原则问题作了一定规定，但由于不够全面具体，如前文所述，欠缺许多重要的证据规则、相关规则逻辑结构不全、规定模糊等，使得其所应有的对法官制约与保障的作用无法充分发挥，法官（包括检察机关、公安机关等办案人员）正确办案的保障还主要是诉讼程序约束和诉讼外制度（如错案追究制等），而不是证据规则。② 证据法自身的约束和规范功能没有充分体现。

这种状况的出现，与我国在看待证据规则上所存在的视角偏差有很大关系。一方面，对于证据规则我国更多的是从证据运行或程序操作的立场上加以看待，而非直接针对证据本身；另一方面，在证据效力问题上关注更多的是证据的证明力而非证据能力，甚至将证据能力与证明力混同。③ 这导致了

---

① 许多由学者组成的课题组起草了相关证据法草案。例如，中国政法大学证据科学研究院2006年8月受最高人民法院研究室委托，起草了《人民法院统一证据规定》（司法建议稿）。

② 樊崇义等：《刑事证据前沿问题》，载何家弘主编：《证据学论坛》（第一卷），中国检察出版社2000年版。

③ 最明显的例子是，"凡经查证确实属于采用刑讯逼供或者威胁、引诱、欺骗等非法方法取得的证人证言、被害人陈述、被告人供述，不能作为定案的根据。"理由是：采取非法手段获取的证据，否定的是其证据能力，并非证明力，而能否作为定案依据明显是一个证明力问题。

我国证据立法不可能像国外那样，将证据能力规范作为证据法的核心。这实际上也凸显了我国传统证据法学在理论研究进路上的误区，即一直受到证据学的统摄，在研究对象和研究方法上发生异化，不是主要从法学的角度研究证据的使用规则，而是热衷于从自然科学角度在技术层面上研究证据如何收集与运用。正如有学者所言，就证据的收集方面，"绝大多数论文都并非从立法上对证据收集的规则进行理解性研究，也不是从批判和改进的角度进行分析性研究，而是就特定案件中的证据如何收集、保全，或者就某一特定种类的案件应当如何收集证据，或者就某一特定种类证据的收集与固定等进行论述"。①

证据规则在我国独立价值不明显的另外一个非常重要的原因是，其在我国的出现和发展并不是证据制度自身发展的结果，而是审判方式改革这一外部因素推动的结果。在我国，基于改变传统庭审方式下庭审走过场、控辩双方主体性不明显等弊端，审判方式改革提出了吸收当事人主义的合理因素，加强控辩双方的对抗，充实庭审功能的目标。为了实现这一目标，势必需要对控辩双方在取证、举证、质证等环节进行规范。正是这样一种特殊的发展过程，使得证据规则自身的独特性并不明显，为了满足审判方式改革的现实需要，被赋予了更多的诉讼程序色彩，具有天然的依附性。

二、完善我国现行制度的基本思路

"理论上很完美的制度并不一定可以付诸实施，而行之有效的制度却未必是事先设计好的。"② 制度的完善需要理论上的研究和设计，但同时也离不开实践的不断摸索和积累。因此，其不仅是一个长期渐进的过程，也是一个不断修正的过程。换句话说，在改革的初期寄希望于提出一套尽善尽美的详细方案是不现实的。目前，我们所应该做的是尽快明确一个基本的改革思路。只有首先在这一问题上达成共识，才可能保证改革方向的正确，也才有可能避免许多无谓的争执和不必要的改革成本。

（一）指导思想

不同于个人化的学术研究，作为全民事业的立法活动由于涉及面广、影响重大，因此需要更为稳妥和务实的态度，不能盲目求新、求变。在完善我国证据排除制度的过程中，笔者认为，应注意以下三方面问题：

① 易延友：《证据学是一门法学？》，载《政法论坛》2005年第3期，第41页。
② 季卫东：《法治与选择》，载《中外法学》1993年第4期，第24页。

1. 要在中国的现实语境下合理设置证据排除制度

证据排除从英美法系的独特现象，发展成为现代各国证据法的一个共同的核心精神，绝非偶然。证据排除制度自身所具有的保障实体真实、实现程序正义、促进重大社会利益实现等多种重大价值，是各国纷纷设立证据排除制度的原因所在。在这种情况下，我国无疑也应该充分认识到证据排除制度的价值，顺应历史发展潮流，及时对自身制度进行修正。但是，在这一过程中我们必须注意两个问题：第一个应注意的问题是，任何制度都不可能是完美无缺的，都是利弊互现。证据排除制度也不例外，也有其自身的局限性。最主要的是可能导致对犯罪的放纵，也会因此忽略被害人的利益与感受。这在非法证据排除规则的适用上体现得最为明显。1926 年美国知名法官卡多佐在纽约州任最高法院法官时，面对警察非法取得的证据应否排除曾言："一方面，我们的社会希望犯罪应当被抑制；另一方面，我们的社会不希望警察傲慢地轻视法律。证据排除与不排除，皆有危险。"① 第二个应注意的问题是，制度的有效性并非是一个纯粹的逻辑问题，它在实际运行的过程中必然要受到多方因素的影响和制约。制度的设计如果不与现实接壤，只追求自身完美的形式理性，再好的制度也只能是一种摆设，不仅不能起到其应有的作用，还会带来新的问题。可以说，任何在实践中运行良好的制度都是理想与现实进行折中的产物。综上所述，笔者认为，我国在完善证据排除制度时，必须结合我国目前的现实条件，对其有一个合理的评估和预期。既要充分认识证据排除制度自身的弊端，也要对其在我国运用中所可能遇到的障碍和问题有一定的预见。这决定了我们必须要有本土问题意识，既要充分学习借鉴别国的经验和有益做法，又要考虑与我国既有的法律制度、传统文化、目前的社会承受度等现实国情相衔接的问题，不能一味强调与世界接轨，也不能过分理想化。否则，便有可能陷入法文化学者梁治平先生所指出的"法律与国情脱节、法律与社会脱节、法律与文化脱节的中国法的最大困境"。②

2. 要洞察制度的发展趋势，充分吸取别国的经验教训，少走弯路

在制度设计过程中，除了需要看清目前自身所处的环境条件外，还需要有发展的眼光，看清制度的发展趋势，特别是国外其他国家的制度变迁过程及目前的改革动向，以减少我们改革的成本，少走弯路。"任何证据制度，

---

① 转引自陈卫东、刘昂：《我国建立非法证据排除规则的障碍透视与建议》，载《法律适用》2006 年第 6 期，第 13 页。

② 梁治平：《中国法的过去、现在和将来——一个文化的检讨》，载《法律社会学论文集》，山西人民出版社 1998 年版，第 45 页。

无论它是经验的积累还是理性的演绎，都是为了因应社会客观存在的内在需要而产生、发展的。"① 因此，当社会条件发生改变时，制度也必然会随之改变。在证据排除制度上，目前许多国家也都在进行新的改革，以使制度能够更加适合本国现实的需要。例如，为实现个案公正，近几年英美法系国家逐渐放宽了对证据可采性的严格限制，增设许多例外，越来越多的证据具备了进入证据调查的资格，而且法官在证据排除问题上的自由裁量权也逐步扩大。大陆法系在延续自由裁量传统的同时，也越来越重视证据资格的法定化，许多国家纷纷引入了英美法系的证据排除规则。从共性上来讲，各国的证据排除规则日趋体现出追求法律功能的多元化，越来越多地与其他价值因素联系在一起，而不是基于保障证据可靠性的需要。对这些变化，我们必须有清醒的认识和足够的重视。

3. 要尽可能地吸收司法实务部门的经验和智慧，力戒闭门造车

在我国的司法改革中，司法实务部门发挥了非常重要的作用。就证据制度改革来说，目前许多省市出台了诸多改革措施，如北京市高级人民法院2001 年就出台了《关于办理各类案件有关证据问题的规定（试行）》，江苏省高级人民法院出台了《关于刑事审判证据和定案的若干意见（试行）》等。尽管这些规定仍存在不少问题，但对我国刑事证据立法带来的积极影响是不容否定的。这些措施的出台，为证据立法的完善积累了宝贵的经验，提供了一定的实践基础。对此，我们不应忽视。司法实务部门身处司法第一线，对实践情况最为了解，而且证据法的完善在很大程度上也是为满足司法权行使的需要，因此在证据立法过程中，我们既不应忽视他们的智慧和经验，也不应忽视他们的需求。为此，我们必须更深入地走入实践，更有效地利用司法实务部门的积极作用。唯有如此，才能更深刻地感受到哪些才是目前立法最需要迫切解决的问题，又存在哪些困扰将来科学的证据制度建立的障碍性因素，也才能制定出符合中国实际的证据制度。正如有学者所言："解决中国的问题首先应当回归中国的法律实践，从中国的司法实践出发，我们的法学研究应当转变为从实践出发的社会科学，我们的立法工作应当转变为从实践出发的科学立法。"②

---

① 汤维建：《达马斯卡证据法思想初探——读达马斯卡〈漂移的证据法〉》，载《甘肃政法学院学报》2005 年第 5 期，第 25 页。

② 陈卫东：《刑事诉讼法证据制度修改的宏观思考》，载《法学家》2007 年第 4 期，第 20 页。

（二）制度选择

1. 基本模式

通过本书第三章对两大法系证据排除制度的比较可以看出，二者在宏观上对证据排除问题采取了不同的调整模式。英美法系以静态的证据排除规则为主，通过具体的排除规范对证据的排除作出明确规定。大陆法系则是以法官的自由裁量为主，许多证据排除规范隐藏在诉讼程序性规定当中。选取何种模式，并不是主观随意的结果，而是由本国特有的诉讼制度、社会条件等因素综合决定的。

就我国而言，虽然近些年的庭审方式改革强化了控辩双方的对抗性，但从根本上说，我国的诉讼模式仍属职权主义。从审理主体上看，我国也不存在英美法系那样的陪审团。因此，为了规制控辩双方的诉讼行为以及防止不良证据对审理主体的不当影响而将证据排除的需求均不如英美法系强烈。相反，为了确保职权主义效能的充分发挥，需要给法官留有一定的自由裁量空间。

从法律渊源上看，我国是成文法国家。这样的法律生成方式决定了我们不可能像英美法系那样可以通过判例的积累不断形成新的规则，从而建立起一套繁杂且严密的规则体系。与此同时，我国目前无论是制度上还是观念上，对证据排除的接受都还有一定的限度，因而缺少建立英美法系那样庞大的证据排除规则体系所需要的足够的实践基础。

从现实条件来看，相对于日益隐蔽化、复杂化、高科技化的犯罪发展趋势，我国的侦查手段和能力仍显不足，证据资源有限。在这种情况下，如果对证据限制过严，必将有损打击犯罪目标的实现。这就使得在证据采纳与排除问题上应有更大的灵活性，应为法官自由裁量权的行使留有足够的空间，以实现打击犯罪与实现程序公正之间的平衡。

综上所述，笔者认为，从目前而言，我国尚缺乏以立法机关为主建立一套细密、完备的证据排除规则体系的基础，在证据排除的模式上还应主要采大陆法系的动态调整模式，即以法官自由裁量为主，辅以一定的证据排除规则。[①] 当然，在赋予法官自由裁量权的同时，必须注意对自由裁量权进行有效制约，特别是在我国这样一个有着超职权主义传统，并且法官职业化水平与国外法官又不可同日而语的特殊语境下。实际上，在我国历来缺少的也并

[①] 英美法系现行的证据排除规范绝大多数是由长期以来积累的大量判例而来。从这个意义上讲，英美法系如此细密复杂的证据排除规范的产生实际上就是法官自由裁量的结果。

不是法官的自由裁量权，而是对法官自由裁量权的有效制约。① 笔者认为，加强对法官裁量排除证据的制约可以考虑从以下几方面进行：一是明确法官可以行使裁量权对证据加以排除的情形及标准，如证据的收集或使用将导致诉讼的过分拖延，并且该证据并不构成案件的关键证据；与已有证据重复的证据；调查证据所需支付的成本远远低于该证据的证明价值；该证据的使用容易引起偏见，对被告人明显不公平等。二是强化有关证据排除规范立法用语上的严谨性和明确性，避免立法用语模糊及不周延产生的法律漏洞。三是加强程序上的保障，完善证据调查程序，强化当事人的参与。四是在判决书中详细说明排除证据的理由，加强公开。

　　鉴于证据排除问题的复杂性，笔者认为，亦可考虑建立和完善具有我国特色的案例指导制度，以充分发挥典型案例在指导法官合理行使审判权方面的积极作用。从国外情况来看，判例在两大法系的司法实践中也都起到了非常重要的作用。在英美法系，虽然证据法呈现成文化趋势，一系列内容广泛、繁杂的证据排除规则得到立法确认，但法官在解释和适用这些法律时仍离不开过去的判例，而且还有许多有关证据可采性的规范是以判例法的形式存在的。在大陆法系，虽然判例并不是正式的法律渊源，但在司法实践中，下级法院莫不以上级法院的判决为指导，从而使这些判例成为一种不可缺少的实务规则。② 在有关证据能力问题上，第二次世界大战以来大陆法系国家也已积累了大量判例。笔者认为，国外的经验值得我们借鉴。我国虽不是判例法国家，但这并不妨碍我们通过对典型案例的及时编纂和发布来充分发挥案例对法官行使审判权的指导作用。不仅如此，它还可以"使司法实践中形成的惯例或传统成为一种可视的、透明的过程，从而保证了司法过程向学者的研究及一般人的批评开放的公开性"，"使对法官判断的制度化制约建立在一种更广泛和更切实有效的基础上，并能增加大众对司法的信赖感"。③ 从发展的角度看，这种司法上的积累亦可为将来立法的进一步完善提供必备的实践基础。目前，已有许多法院对此进行了尝试，如河南省郑州市中原区法院的

---

　　① 有学者曾感叹："我国司法人员在运用证据认定案件事实时确实是享有很大的自由裁量权，足以让外国的法官羡慕。另外，司法人员和执法人员在收集证据和使用证据时还有很大的随意性，甚至有人在司法活动中视证据为'无物'或'玩物'。这是司法的悲哀。"参见何家弘、龙宗智：《证据制度改革的基本思路》，载《证据学论坛》（第一卷），中国检察出版社 2000 年版。

　　② Mirjan R. Damaska, Evidence Law Adrift, Yale University Press, 1997, p. 93.

　　③ 王亚新：《关于自由心证原则历史和现状的比较法研究——刑事诉讼中发现案件真相与抑制主观随意性的问题》，载《证据法论文选粹》，中国法制出版社 2005 年版，第 131 页。

"案例判决"制度、天津市高级人民法院的"判例指导"制度、江苏省高级人民法院的"典型案例指导"制度等。① 尽管各地在名称及具体做法上存在一定的差异，但在实践中均取得了一定的效果，证明这一改革思路是可行的。目前需要做的是，如何在总结经验与不足的基础上进一步强化制度的统一性和规范性。

2. 证据排除规则体系的完善

规则是法律规范中最主要的组成部分。尽管所谓的"规则怀疑主义"已经对有关规则确定性的信念提出了非常具有颠覆性的批判，但应当承认的是，一般而言，规则的适用在确定性方面确实能够给人比标准和原则更大的安全感，它有助于我们克服对于无序状态的恐惧。② 在我国，法官权力过大、缺少制约的传统和现实使得我们不得不去认真对待有关规则的建立和完善问题。从目前我国证据排除规则存在的问题和现实需要来看，笔者认为需从以下几方面进行改进：

（1）质的要求。

证据排除规则虽然体现了立法者的某种价值取向，但在很大程度上仍是一种技术性规范。只有设计合理，具有较强的可操作性，才会使其在实践中付诸实施，立法者所预期的价值取向才会得到实现。就我国证据排除规则来讲，尚需要完成以下四种转变：

第一，从粗放转向细密。目前，我国的证据排除规则在整体上具有明显的粗放型特点，许多规定本身并不明确，给法官留下较大的自由裁量空间，降低了诉讼结果的可预测性和统一性，也难以避免偏见和枉法行为的产生。例如，非法证据排除规则，对何种行为属于"刑讯逼供"、"威胁"、"引诱"、"欺骗"以及"等非法的方法"并没有作出明确的界定，容易造成认定上的不统一。这就需要我们在今后的制度完善过程中注意对规则的内容加以充实，强化其确定性。

第二，从指导转向规范。在我国，法律在整体上存在的一个比较普遍的问题是，许多法律规则是原则性的、宏观性的宣示性条款，仅有行为模式上的要求，而无相应法律后果上的规定。由于不具有强制力，使得规范仅能发挥一定的指导意义，甚至只是一句宣誓性的口号。例如，刑事诉讼法明确规

---

① 有关我国案例制度的历史发展及各地法院改革尝试方面的内容可参见周道鸾：《中国案例制度的历史发展》，载《法律适用》2004年第5期。

② John C. Shelldon：The False Idolatry of Rules - Based Law, 56 Me. L. Rev. 299, 2004.

定了"严禁刑讯逼供和以威胁、引诱、欺骗以及其他非法的方法收集证据",但并没有同时对违法取证的后果作出规定,同时相关的举证责任、证明标准也不明确,造成非法证据排除规则实际上难以真正落实。这固然与我国传统的"宜粗不宜细"的立法指导思想有关,但同时也暴露出了立法技术上的不足。因此,完善我国的证据排除规则必须注意强化规则的规范性,建立起完善的程序性裁判机制。①

第三,从僵化转向灵活。就国外证据排除规则的结构而言,通常包括两个部分,即一般规定和例外。例如,针对非法证据排除规则,美国存在公共安全的例外、善意的例外等。同时,《美国联邦证据规则》对于品格证据、意见证据、传闻证据等规则也作出了大量明确的例外。这种区分不同情形有差别地进行规定的立法方式,可以使规则具有更好的适应性,在体现规则明确性的同时,亦可最大限度地照顾实践中千差万别的情况,避免法律条文的僵化。我国在这方面则有较大欠缺。仍以非法证据排除规则为例,该规则只规定了一种情形,即非法收集的言词证据,不论违法程度如何,都"不得作为定案的根据"。这种"一刀切"式的规定,因为缺少适当例外,使得该规则不仅有失科学,实际上也很难得到落实。这就需要我们在规则设定的时候尽可能地考虑到实践中可能发生的不同情形,有针对性地加以区别对待。

第四,从零散转向系统。一项制度的建立或修改,并不是简单地增设几个法律条文,或是改变条文的文字。若要使制度真正从"纸面上的法"变为"行动中的法",必须考虑整个法律体系的协调,否则不仅可能无法得到落实,还会引发新的问题。正如我国庭审方式改革虽然增添了对抗的因素,但由于疏于对包括传闻证据规则在内的证据规则的考虑,控辩双方的真正对抗最终难以实现。同样,非法证据排除规则也因缺少传闻证据规则的配套,无法得到有效落实。② 因此,无论是从程序制度与证据制度之间的关系来看,还是从证据规则体系内部来看,相互之间的照应均是必要的。

除上述四点外,还应注意在立法语言的选择上,尽量保证通俗易懂。证据排除规则不仅是规范法官采纳证据的规则,同时也是指导当事人有效取证、举证的规则。只有当事人对规则内容知晓、理解,才有可能据此作出比较理性的行为选择,法律也才有可能最大限度地发挥调整社会生活的作用。正如

---

① 有关程序性裁判的研究参见陈瑞华:《程序性制裁研究》,载《中外法学》2003年第4期;赵永红著:《刑事程序性裁判研究》,中国人民公安大学出版社2005年版等。

② 因排除非法证据的前提是对非法取证行为的证明,而警察不出庭仅通过书面笔录根本无法反映非法取证的事实。

有学者所言，立法语言的精英化只能造成法律与大众的疏离，法律本身作为一系列条规和准则不应成为某些专业阶层获得行业垄断优势的资本。① 在这方面，英美法系证据规则在现实中的境遇我们应努力避免。

（2）量的要求。

虽然在证据排除问题的调整模式上，笔者主张目前应以法官自由裁量为主，但考虑到我国的实际情况，笔者认为，仍应保证一定量的证据排除规范。理由有两个：

一是刑事诉讼庭审方式改革加强了控辩双方的对抗，需要强化对控辩双方诉讼行为的规制和引导。近些年逐渐深入的刑事诉讼庭审方式改革使庭审的对抗程度有所加强，当事人的主体性体现得更为明显，也使得庭审调查活动成为影响案件事实认定的主导性因素，庭审功能因此更加充实。在这种庭审方式下，理所应当加强对控辩双方诉讼活动的调整以及对庭审调查活动的规范。更进一步说，不仅应当建立和完善询问规则、质证规则等有关庭审调查的实施性规则，还应当以法律的形式对许可进入法庭调查的材料予以必要的限制和规范，以确保庭审调查能够有序、高效地进行，同时更好地规范和引导控辩双方在审前的取证活动，防止对权利造成侵犯以及对诉讼资源造成浪费。从发展的角度来看，现行的刑事诉讼结构仍处于不断完善、变革当中，当事人主义的合理因素将进一步予以吸收，② 因此可以断言，诉讼中对当事人行为进行规制的需求也将不断加大，证据排除规则发挥作用的空间也将逐步扩大。因此，适应刑事诉讼程序改革的这种需要，有必要设立一定数量的证据排除规范。

二是我国与大陆法系国家在法官职权运作空间与职业化水平上差异有别，需要特别注意加强对法官自由裁量权的制约。详言之，我国在诉讼模式上虽然与大陆法系同属职权主义，却不存在大陆法系那样完备的体系化的制约措施，使得法官实际拥有比大陆法系法官大得多的权力，法官在事实发现上具有更大的主动性和更广阔的自由裁量空间。③ 与此同时，法官在整体素质上

---

① 刘星：《法律解释中的大众话语与精英话语——法律现代性引出的一个问题》，载《比较法研究》1998 年第 1 期。

② 这种对当事人主义合理因素的吸收仍只是一种局部的、技术性的借鉴。由于多种传统和现实因素的限制，不可能彻底转变为英美法系式的当事人主义诉讼模式。相关论述参见汪建成：《刑事诉讼法再修订过程中面临的几个选择》，载《中国法学》2006 年第 6 期。

③ 我国比较强调从客观标准的角度对法官进行制约，如定案需要证据之间的相互印证，且需要达到事实清楚、证据确实充分的程度。这种客观化的标准看似要求很高，但由于具有很大的模糊性，实际上给法官留下了较大的恣意的契机。

与大陆法系的职业法官也很难相提并论。虽然近些年的法官职业化建设有所成果，但与国外相比仍有很大差距。这种情况下，赋予法官在证据采纳问题上过大的裁量权无疑具有一定的风险。为了加强对法官的制约，同时也为了降低法官的责任，有必要设立一定明确性和可操作性较强的证据排除规则。[①]

　　但是，证据排除规范的数量又不宜过多，且不宜过于严格。毕竟我国不存在英美法系式的陪审团制，法官在对证据的合理判断评估上具有一定的优势。我国的刑事诉讼实行的也并非典型的对抗制，诉讼双方之间的对抗程度有限，法官可以对庭审进行有效控制，不会产生英美法系国家那样高度对抗下所产生的诉讼低效。过多的排除证据也必将有碍于对犯罪的打击。特别是在我国这样一个在诉讼价值追求上实体正义仍占据根本性地位的国家里，无疑将不会被公众所接受。况且，即便是在有着繁多证据可采性规则的英美法系，近些年为了实现个案公正也逐渐放宽了对可采性的严格限制。

　　综上所述，笔者认为，我国与英美法系在诉讼模式等方面的根本性差异，决定了我们应偏重于政策性证据排除规则的构建，如非法证据排除规则、证人特权规则等。在严格程度上，亦应结合我国自身的实际情况，体现一定的灵活性。这种制度安排既可以避免笼统地基于某种证据的可信性低而规定予以排除所带来的僵化和对个案公正的影响，也可以更好地发挥证据法在价值协调上的重要作用。

　　（3）步骤。

　　从各国证据法的发展来看，证据排除规则呈现出明显的开放性特征。一方面，原有的规则基于实践的需要会发生变化，如通过例外情形的增加或变化使规则适用范围发生改变。另一方面，新的规则也会随着实践的发展而逐渐产生，如科技的进步和人们认识水平的提高会增强事实发现的能力，这都必然会引发新的证据采纳与排除问题。证据排除规则的开放性决定了我们不可能一劳永逸地建立起一整套规则，必须随着社会的发展和政策的变化而不断进行调整。笔者认为，大体上而言，对于我国证据排除规则体系的完善可以考虑分两个阶段：

　　第一个阶段是对已有的证据排除规则进行完善，同时建立实践中急需的新的证据排除规则。任何立法都需要注意与原有法律之间的承继性。我国目前的证据排除规则虽然从整体上还很薄弱，缺乏体系性和完整性，但毕竟还

_____

　　① 当然，强化对法官的制约，证据规则仅仅是其中的一个方面，更主要的还应依赖于诉讼程序的制约。毕竟认定事实活动是一个理性的推理过程，过多的约束会有碍于事实的适当认定。

存在一些相关规范，如对非法证据的排除。我们可以以此为基础，结合规范在设计和运用中的各种问题，进行进一步的完善，增强其内容的明确性、完整性和可操作性。对于原来法律没有规定，但实践中急需规范和解决的问题，如书面证据泛滥，当事人质证权难以得到有效保障等问题，确立相应的传闻证据规则、证人特权规则等。

　　第二个阶段是在理论对证据排除问题有了更深入的研究，司法实践积累了更丰富的经验，以及相关保障条件更加完善时，进一步推进制度的整体深化，逐步缩短我国与现代法治发达国家之间的差距。例如，从长远来看，证据排除制度功能的进一步完备，还必须理顺与宪法的关系。目前，许多国家的证据排除问题都与宪法的规定联系在一起。例如，美国和日本关于违法自白的排除规定，皆来源于宪法中公民享有免予自证其罪的特权的规定。关于排除传闻证据的规定，也是为保障宪法中关于被告人及其律师进行询问、对质的规定。[①] 有的国家甚至直接将证据排除规定在宪法中。例如，加拿大《大宪章》第24条第2款规定："当……法庭认为证据的取得侵犯了任何受《大宪章》保护的权利和自由时，如果该项证据已经成立，且涉及案情的各个方面，并且对它的采用将会影响司法声誉，该项证据应被排除。"俄罗斯1993年宪法第50条规定："在从事司法活动的过程中不允许利用通过违反联邦法律而获得的证据。"对此，我们也可以予以借鉴。这样既可以保障公民在有关证据方面的基本权利，同时也可以使证据法更好地发挥其救济宪法性权利的作用。

　　3. 证据排除的程序保障

　　关于证据排除的程序问题，在我国一直未受到应有的重视。现行的庭审程序主要是为确定证据的证明价值而设计的，对于证据能力的确定缺乏相应的程序，证据排除的效果并不理想。笔者认为，完善我国的证据排除制度，除了需要对排除规则进行充实、完善外，还必须重视相应排除程序的构建。

　　从排除的效果来讲，不具有证据能力的证据应尽量在早期排除。一是可以使庭审内容更加集中，紧紧围绕对被告人的定罪量刑问题进行，也可以节省时间，提高庭审效率；二是便于控辩双方及时根据证据的采纳情况调整诉讼策略，在法庭上展开更有效的辩论和对抗；三是防止"对法官产生偏见或

---

　　① 宋英辉、汤维建主编：《我国证据制度的理论与实践》，中国人民公安大学出版社2006年版，第122页。

污染以后心证之形成，从而造成对被告人的不利，影响公平法院的实现"。①
基于此种考虑，建议在正式庭审前设立专门的证据资格审查程序，对允许进
入庭审的证据进行事先过滤。对此，也有学者提出类似建议，认为应当建立
庭前准备程序，由专门的庭前法官来解决证据排除问题。②

　　当然，也不可能使所有的证据排除问题在庭前都得到解决。对于庭审程
序中出现的证据排除问题，庭前程序显然无能为力。另外，在我国，证据排
除问题并不完全是一个法律问题，也是一个事实问题。法官在对证据是否应
予排除作出决定时，除了必须考虑该证据是否符合法律规定外，还要考虑它
对于查明案件事实真相的作用，证据排除通常是法官综合衡量全案各种因素
后的结果。因此，证据排除问题不可能在庭前全部彻底解决。对于庭审中的
证据排除问题，也需要借助专门的证据资格审查程序以确保公正。从我国目
前来讲，这具有两方面的现实意义：一是诉讼双方可以集中对证据资格问题
进行辩论，有利于处于弱势的辩护方更好地维护自身利益；另一方面，可以
对审判权形成有效制约，防止法官对证据资格问题的忽视。

　　在程序的启动上，应赋予诉讼双方对证据是否可采的异议权。理由是，
当事人作为案件的利害关系人，对案件事实最为清楚，对诉讼结果也更为关
注，因此其更有能力和热情对不具有证据资格的证据提出意见。这不仅可以
使不具有证据资格的证据及早被发现和排除，还可以抑制当事人为了胜诉无
限制甚至不择手段地收集证据。另外，赋予当事人对证据资格的异议权，也
是当事人主体地位的体现，可以更好地保护当事人的合法权益。需要指出的
是，当事人一旦对证据资格提出明确的异议，并提供了一定的理由，就应当
发生法律上的效果。否则，这种异议权将不具有任何实质性意义。这种效果
体现在法官应当及时对所提异议的证据资格进行审查，并作出相应的裁决。
考虑到我们国家目前仍采取的是职权主义的诉讼模式，政策性目标的实现仍
是诉讼追求的功能之一，辩方的诉讼能力仍很有限等现实情况，在赋予当事
人对证据资格提出异议的权利的同时，也应当赋予法官主动适用证据排除规
范的权力。当法官认为案件中存在依照法律应予排除证据的情形，但当事人
并没有对证据资格提出异议时，法官也应主动适用法律规范，对证据进行
排除。

----

① 黄朝义：《修法后准备程序运作之剖析与展望》，载《月旦法学杂志》第 113 期。
② 陈瑞华著：《问题与主义之间——刑事诉讼基本问题研究》，中国人民大学出版社 2003 年版，
第 373 页；汪建成、杨雄：《比较法视野下的刑事庭前审查程序之改造》，载《中国刑事法杂志》
2002 年第 6 期。

没有救济的权利不成其为真正的权利。法官对证据资格的不当裁判，势必会影响案件最终的实体结果，因此必须予以一定的监督和制约，必须给予当事人一定的救济。从国外来看，对中间裁断的救济主要有两种模式：一种是即时救济，即当事人对其不服的裁定直接诉诸救济手段；另一种是集中救济，即当事人必须等到法院作出最终判决后，通过对判决的上诉提请救济。笔者认为，证据排除问题虽然很重要，但实质上仍是一个辅助性问题，在诉讼中此类裁决也将比较多，如果允许当事人对此直接提起上诉，势必会造成程序的拖延。因此，对此类裁决的上诉宜在实体判决之后提出。

此外，还必须说明的是，除了直接规范证据排除的程序外，对于保障证据排除有效运作的程序我们也必须予以关注。否则仍难以保障证据排除的有效落实。例如，我们在赋予当事人对证据的异议权的同时，还需要同时建立证据开示程序，以使当事人在庭审前能对对方的证据有全面的了解，方便其及时提出异议。再比如，应考虑将定罪程序与量刑程序进行分离，因不同的程序对证据的适用有不同的要求。典型的如关于犯罪前科等品格证据，其可以反映被告人人身危险性的大小，在量刑中发挥重要作用，但由于与案件事实本身无直接的关联，不能用来证明被告人在特定场合下实施了与其品格证据相一致的犯罪行为。将定罪程序与量刑程序分离，可以防止法官在定罪过程中先入为主，确保证据排除的真正落实。

第三节　我国目前亟待建立和完善的证据排除规则

一、非法证据排除规则

从世界范围来看，非法证据排除规则的确立目前已成为一种世界性潮流和趋势。该规则的确立对于维护法治尊严、保障人权等均有着非常重要的意义。加强人权保障是我国目前刑事诉讼制度改革的基本方向，并且我国也已经签订了联合国《禁止酷刑和其他残忍、不人道或有辱人格的待遇或处罚公约》等相关国际条约，因此进一步确立和完善非法证据排除规则对于我国来讲具有相当的重要性和紧迫性。可以说，完善非法证据排除规则是我国目前构建证据排除规则体系的重中之重。

笔者认为，完善我国的非法证据排除规则需要从两方面入手：首先，从正当程序角度，重新预设非法证据排除规则的功能；其次，在此基础上，着眼于规则的有效运作，结合我国目前的实际情况，进一步细化、完善规则的具体内容。

（一）我国非法证据排除规则功能的重新定位

笔者认为，在对待非法证据排除问题上，立法者和司法者均应首先转换惯常视角，站在保证程序的正当性角度去认识、设计及适用规则。从目前国外立法来看，非法证据排除规则的主要功能在于保证程序的正当性，而非实体的正当性。尽管各国在程序公正和实体公正的协调上有所不同，但均肯认非法证据排除规则所具有的程序功能的重要地位。我国则是将非法证据排除规则排除虚假证据上的功能视为主要功能，并以此展开制度设计。这一点已在上文关于我国证据排除制度所存在的问题分析部分作了比较充分的论述。正是这种认识上的较大偏差，导致了制度设计上的方向性错误，极大地限制了非法证据排除规则的应有功能。在目前人权保障意识和要求日益强烈的整个社会大背景下，我国在非法证据排除规则的设定上必须还其本来意义，充分发挥其在保障人权及程序正当性等方面的应有功能。

（二）规则的具体设计

非法证据排除规则是一项涉及公民基本权利的证据规则，各国均给予了高度重视，一般在诉讼法、证据法中予以明确规定，有的国家甚至上升到宪法的高度。而我国目前的非法证据排除规则还仅仅是在司法解释的层面上得到确立，还未上升到基本法律的层面。因此，欲完善我国的非法证据排除规则，必须首先提升规范的效力等级，在刑事诉讼法中予以明确规定。在具体内容设计上，则需要明确以下两方面问题：

1. 非法证据排除规则的排除范围

非法证据排除规则的排除范围的确定，直接关系到该规则是否合理。这也是完善非法证据排除规则的核心。在这个问题上，各国规定有所不同，一般需要考虑本国的诉讼价值取向、社会治安形势、侦查水平、民众的接受程度等多种因素。就我国而言，笔者认为，当前我国非法证据排除规则的排除范围应为：

（1）非法言词证据的排除。

对于采用刑讯逼供、威胁、引诱、欺骗等非法手段，存在重大违法行为并且严重侵犯被取证人合法权利的言词证据，原则上都应排除。这种排除具有较强的强制性，一般不允许法官自由裁量。之所以如此，是因为非法取得的言词证据相对于实物证据，对人权的侵害较为严重，常常在收集过程中侵犯公民的生命、健康、自由等最基本的权利，而且虚假的可能性也更大，容易造成冤假错案。对非法言词证据的自动排除，可以较为彻底地否定非法取证行为，促使执法者更为规范地行使权力，减少对公民权利的严重侵害。从国外立法来看，对于非法言词证据实行自动排除，也为大多数国家和地区所普遍采用，同时也是相关国际人权公约要求的模式。① 对此，我们应该对国外的合理做法予以适当借鉴，并严格遵守我国所加入的国际公约。

相对于目前的立法，非法言词证据的范围应有所扩大，不应仅限于以刑讯逼供、威胁、引诱、欺骗等非法手段获取的言词证据，通过有辱人格、精神折磨、非法拘捕、超期羁押、催眠、强迫服用麻醉药品等手段获取的言词证据也应认定为非法证据。唯有如此，才能充分发挥非法证据排除规则所应具有的权利保障、制裁违法等功能。

从目前情况看，现阶段应将严格排除非法获取的口供放在突出重要的位置。这就同时需要确立反对强迫自我归罪的特权，废除犯罪嫌疑人、被告人的如实陈述义务，以实现制度间的协调。同时还应建立预防非法讯问的配套措施，如赋予律师在场权、全程录音录像、建立人身检查制度等。这不仅可以有效减少非法讯问的发生，还有助于对非法取证行为的证明，为非法口供的排除创造条件。

（2）非法实物证据的排除。

对于非法取得的实物证据，宜实行裁量排除。这是由实物证据自身的特性所决定的。非法取得的实物证据自身的证明价值通常不会受到取证方式的影响，发生虚假的可能性较小，而且非法获得实物证据，一般不直接针对人身，不会对公民的生命、健康、自由等基本权利造成严重损害。也正是因为如此，世界上多数国家都对非法实物证据采取裁量的方式进行排除。从我国目前的相关规定来看，也体现了对于非法实物证据裁量排除的精神，② 但客观地说规定仍显笼统，排除标准不够明确。笔者认为，在对非法实物证据的裁量过程中必须对违法行为的严重程度、损害后果、指控犯罪的性质、证据在查明事实中的作用等因素综合进行权衡，根据"两利相权取其重，两害相权取其轻"的原则作出最适当的裁断。

（3）"毒树之果"的排除。

对于非法证据的衍生证据即"毒树之果"的适用问题，目前我国法律还

---

① 例如，联合国《禁止酷刑和其他残忍、不人道或有辱人格的待遇或处罚公约》、《公民权利和政治权利国际公约》等。我国已先后于 1988 年和 1998 年分别加入。

② 《关于办理刑事案件排除非法证据若干问题的规定》第 14 条规定："物证、书证的取得明显违反法律规定，可能影响公正审判的，应当予以补正或者作出合理解释，否则，该物证、书证不能作为定案的根据。"

没有明确规定。笔者认为，在现阶段"毒树之果"不宜排除。这主要是由我国目前的社会条件所决定的。一方面，我国目前的犯罪形势还很严峻，侦查水平、司法资源等都非常有限，过于严格的排除证据无疑将直接影响到打击犯罪目标的实现；另一方面，公众对非法证据排除的接受尚需一定的过程，一步到位地排除"毒树之果"并不现实，会造成公众对刑事司法的不解和不满。因此，在现阶段原则上还应肯定"毒树之果"的证据效力。

　　在非法证据排除规则的排除范围问题上，笔者认为还必须明确一个非常重要的问题，即"非法证据"与"瑕疵证据"的界定与区分。各国对非法证据在具体认定范围上虽然不尽相同，但基本精神一致，即均是指那些以非法的侵犯被取证人合法权利的方式取得的证据。例如，在英美法系国家"非法证据"的英文为"evidence illegally obtained"，意为以不合法的方式取得的证据，通常指侦查人员在取证过程中违反了法律规定而取得的证据。其"非法"不是指证据的形式，而是指侦查人员的取证手段侵害了被取证人的合法权利。在我国，对非法证据更多的是从形式的角度看待非法证据，即在证据的主体、形式、收集程序或提取方法等方面不符合法律规定的证据就是非法证据。例如，我国《诉讼法大辞典》对非法证据的释义为："不符合法定来源和形式的或者违反诉讼程序取得的证据资料。"① 这与我国关于证据合法性的要求是一脉相承的。笔者认为，这种理解在一定程度上扩大了非法证据的范围。如果对所有不具有合法性的证据不加区分地一律予以排除，不仅违背了创设非法证据排除规则的初衷，即抑制违法侦查、保障权利，而且将加大司法成本，甚至放纵犯罪。因此，排除所有不具合法性的证据，无论是在理论上还是实践上都是不适当的。确立非法证据排除规则的目的是为了确保公民基本权利不受侵犯，因此只有当一项证据的取得严重侵犯了公民的基本权利，属"重大违法"时，该证据才应是非法证据，才应当从程序上予以排除；其他不符合"合法性"要求的证据，仅仅是"瑕疵证据"。对其不应"排除"，而是应当要求"补正"，通过补正可以作为证据继续使用。有学者曾明确指出：在我国，由于不区分"非法证据"与"瑕疵证据"，对于非法证据也往往采用重新收集的方式予以补正，这就造成实践中非法证据排除规则根本无法得到有效适用。② 因此，完善我国的非法证据排除规则还必须对

---

① 柴发邦主编：《诉讼法大辞典》，四川人民出版社 1989 年版，第 505 页。
② 万毅：《非法证据排除规则若干操作问题研究》，载《中国刑事法杂志》2007 年第 3 期，第82 页。

非法证据和瑕疵证据有明确的区分，在处理方式上予以区别对待。

2. 非法证据的排除程序

该问题的明确，是完善非法证据排除规则的重要方面。它直接关系到非法证据排除规则能否在实践中得到有效落实。我国非法证据排除规则在实践中被虚置，其中一个很重要的原因即在于缺乏相应的程序。2010 年 6 月出台的《关于办理刑事案件排除非法证据若干问题的规定》（以下简称《规定》）首次对此作了规定，可以说是我国非法证据排除立法的一个重大进展。但笔者认为，有些问题仍有继续探讨的必要。

（1）提起主体。

《规定》明确了两类主体可以提出证据是非法取得的主张：一是被告人及其辩护人可以提出被告人审判前供述以及未到庭证人的书面证言、未到庭被害人的书面陈述是非法取得的；二是检察人员可以对未到庭证人的书面证言、未到庭被害人的书面陈述提出系非法取得的主张。对于第一类主体即被告人及辩护人，自无可争议，因非法证据排除的基本价值便在于对被告人人权的保护及对警察违法取证的规制。被告人是证据所证明内容的结果的直接承担者，其权益与非法证据有密切的联系，而且其最容易受到非法取证行为的侵害，最了解是否存在非法取证行为，也最有动力对证据提出异议。赋予被告人及辩护人对证据的异议权，有助于证据排除价值的更好实现。而对于检察人员，则需要作进一步的考虑。非法证据排除规则的设立初衷在于保护被告人的权利，同时对公权力的行使进行制约，而辩方通过违法方式取得证据的危害性显然无法同国家机关以违法方式取证相提并论，不需要采取排除证据的方式进行制裁。同时，若排除此类证据将会使一部分有利于被告人的证据被排除，直接将违反无罪推定原则以及由其衍生的疑罪从无规则。[①] 这些都与非法证据排除规则的设立初衷不符。因此，赋予检察人员对此类证据的排除请求权还有待商榷。

另外，对于遭受暴力取证等非法取证行为侵害的证人、被害人以及法官是否有权发动非法证据排除程序问题，《规定》未涉及。笔者认为，不应当赋予受非法取证行为侵害的证人、被害人以启动权。尽管证人、被害人受到了非法取证行为的侵害，但运用该证据进行证明的后果并不直接由其承担，因此并不需要通过排除证据来维护其权益。此外，过于宽泛地扩大权利主体

---

① 陈卫东、刘中琦：《我国非法证据排除程序分析与构建》，载《法学研究》2008 年第 6 期，第 130 页。

范围，也将会对诉讼效率产生不利影响。对于受侵害的证人、被害人可以采取其他途径，如控告、检举、请求赔偿、追究刑事责任等方式进行救济。对于法官在对有关证据合法性产生疑问而该证据又未受到当事人质疑时是否可以主动启动排除程序的问题，笔者认为，在我国目前的诉讼模式以及被告方诉讼能力较弱的现实条件下，答案应是肯定的。

（2）审查。

根据《规定》，对于非法证据的异议可以在庭审前提出，也可以在庭审中提出。无论是在何时提出，都应当在庭审中当庭调查。此规定确保了被告人可以较为充分地行使异议权，也对法官形成了一定的制约，只要提出异议，法官都应当进行调查。可以说，这对被告人的异议权将会起到很大的保障作用。不过仍需要考虑的是，对于非法证据的异议全部都在庭审中由庭审法官审查是否是最合理的制度安排。笔者认为，可以考虑将部分审前提出的非法证据异议在庭审前由庭前法官解决，主要有以下三点考虑：一是庭前解决可以提高庭审效率，同时使庭审更加集中；二是可以使诉讼双方根据证据的采纳与排除情况，更好地展开诉讼活动；三是可以防止应予排除的证据对庭审法官产生事实上的影响，确保证据排除更加彻底地实现。在具体的程序上，可以考虑将非法证据排除问题纳入审前程序范畴，与证据开示等审前事项一并解决。

（3）证明。

《规定》明确了控方与辩方在非法证据排除问题上的不同责任分担，即辩方需首先提供存在非法取证行为的相关线索或证据，当足以使法官认为有可能存在非法取证行为时，控方须提供证据予以反驳，即由控方承担证明证据为合法取得的证明责任。笔者认为，这种分配是科学的。被告方虽享有提出证据异议的权利，但为避免其任意提出异议影响诉讼效率，需要对其行使权利进行一定的限制，即需要有一定的根据。而对于证明取证行为合法的责任，由于控方作为承担控诉职能的国家机关，有着更强的取证能力和诉讼资源，由其承担更为公平合理，有助于实现控辩平衡，也有助于威慑侦控机关减少非法取证行为。当然，在辩方未提出"证据为非法取得"的主张时，并不需要控方就其所提证据一一证明其合法性，因为这不符合诉讼效率的原则，同时也没有必要。

关于证明标准问题，《规定》对控辩双方作了区别对待，即辩方提出相应的线索和证据只要能够使法官对取证合法性产生疑问即可，而控方对取证合法性的证明需达到确实、充分程度。笔者认为，为控方设定的确实、充分标准有些过高，毕竟对取证行为合法性的证明不属于对案件事实本身的证明，应有所区别，以更好地实现诉讼资源的优化利用。在这个问题上，可以考虑设定"优势证据"标准。

二、传闻证据规则

（一）构建传闻证据规则的必要性与可行性

目前，在我国是否应予构建传闻证据规则这个问题上，还存在较大分歧。笔者认为，在我国目前建立传闻证据规则是非常必要且可行的。具体分析如下：

从现实情况来看，我国目前的法律虽然强调贯彻直接言词原则，但由于相关法律规定存在漏洞且比较原则和模糊，使得在传闻证据问题上，立法既没有起到像英美法系那样有效规范控辩双方提交传闻证据的作用，也没有像大陆法系那样对法官在传闻证据的采纳上形成有效制约，从而形成了独具中国特色的诉讼现象和问题，即各诉讼主体行为的失范：控辩双方没有促使证人、鉴定人亲自出庭的动力，甚至出于诉讼技巧和诉讼策略的考虑，故意不让其出庭，书面陈述大行其道；法官在传闻证据的采纳上各行其是，造成司法的不统一和不公正，如在处理翻供、翻证问题上，常常倾向于采纳对被告人不利的供述或证言。我国目前立法、司法在传闻证据的使用上暴露出的种种问题，可以进一步归结为缺少对传闻证据的有效规制。因此，可以说传闻证据规则的功能是我们目前所需要的。

接下来需要进一步探讨的是，该规则在我国的建立是否可行。这也是目前反对建立传闻证据规则的主要理由，即认为传闻证据规则与我国在诉讼模式、文化传统等方面不契合，因此不宜引入或不宜现在引入。[①] 对此笔者认为，各国在制度、观念等方面存在差异是必然的，但这并不意味着在其他国家比较有用的制度在我国就一定不能够适用。毕竟，移植并非完全照搬，受移植的环境本身也恰恰可能是需要革新的。因此，仅以差异的存在作为拒绝移植借鉴的理由是站不住脚的，问题的关键仅在于移植的过程中如何发挥人

---

① 汪容：《传闻证据规则若干基本问题研究》，载《中国刑事法杂志》2005 年第 2 期；崔玲玲：《传闻规则：演变中的反思与启示》，载《山东科技大学学报》2005 年第 4 期；张弘：《理性对待传闻规则》，载《长春工业大学学报》2007 年第 1 期等。

的主体作用，使移植的制度和受移植的环境更加契合。① 具体来看，就传闻证据规则的制度基础而言，尽管其最初的产生与陪审制有密切关联，② 但在现代社会，传闻证据规则的理论基础已发生变化，即更加注重程序的公正性，即被告人的程序参与权和辩护权的保障。陪审制只是英美法系传闻证据规则的基础之一，与英美法系在陪审制上的差异不足以构成否定传闻证据规则的充分理由。日本及我国台湾地区引入传闻证据规则的实践已充分说明了这一点。诚然，在我国借鉴该规则还存在一定的困难，但这可以通过制度的合理设计来进行缓解，而且诉讼模式、传统观念等相关条件也正在发生变化。权衡利弊，笔者认为建立传闻证据规则更有利于我们目前的整体利益。

　　至于传闻证据规则庞杂的例外不适合以成文法为特征的我国法律这一观点，也同样缺乏足够的说服力。规则存在例外，是法律的正常现象，是缓解规则本身局限性的一种必要的技术装置。传闻证据规则存在例外也是必然的。在某种程度上，例外的范围正是各国根据本国实际情况对规则进行调整的一个重要方面，是我们在探讨规则如何构建的层面上的问题，而不是"要不要"这个层面上的问题。因此，同样不足以构成拒绝引入传闻证据规则的理由。

　　经过上述分析，可以得出的初步结论是，传闻证据规则在我国的建立并不是不可能的。下一步需要继续分析的是目的与方法的问题，即在解决我国书面陈述的规制问题上，传闻证据规则是不是最佳的选择。这也是从另一方面对目前存在的宜沿用大陆法系的直接言词原则而不是建立传闻证据规则的主张的回应。

　　笔者认为，该观点实际上是将直接言词原则与传闻证据规则截然对立起来。但是，其实二者在精神上和实质上是共通的，即均强调陈述者出庭，因此二者之间并不存在矛盾，也并不存在非此即彼的关系。近年来，许多大陆法系国家和地区也都在改革中引入了传闻证据规则，如日本、意大利、我国台湾地区等。就二者本身而言，笔者认为，相对于比较宏观的直接言词原则，传闻证据规则作为一项规则在权利、义务、法律后果等方面相对更为明确、具体，它对于解决我国目前司法实践中存在的书面陈述缺乏规制、法官在证

---

　　① 正如有学者所言，反对移植外来法律制度的人们就此将法律移植的失败结局归结为文化上的差异或文明的不同质，有意无意地忽略了移植过程中人的主体作用和应有的角色担当。刘星：《重新理解法律移植——从历史到当下》，载《中国社会科学》2004 年第 5 期。

　　② 实际上，英美法系的许多证据规则都与陪审制有关。有许多学者认为，英美法系的证据法是"陪审团之子"，代表人物是证据法学家塞耶。James Bradley Thayer, A Preliminary Treatise on Evidence at the Common Law, 1898. p. 266。

据评价上自由裁量过于随意、被告人对质权保障不足等现实问题上，无疑更为有力，因而是一个相对比较合理的选择。

从目前我国刑事诉讼制度的发展变化来看，庭审对抗因素的加大既对传闻证据规则提出了某种程度上的技术要求，同时也为传闻证据规则的确立提供了制度上的准备。从改革效果来看，之所以预期目标未予有效实现，庭审中控辩双方难以真正对抗，与未确立相关的证据规则体系有很大关系。传闻证据规则就是其中非常重要的一个。因为传闻证据没有受到限制，在庭审中被大量使用，直接造成了控辩双方无法对证据进行充分质证，双方之间的有效对抗自然也就无从谈起。另外，从证据规则体系角度而言，我国以司法解释的形式初步建立了非法证据排除规则，但实施效果并不理想。除与规则本身不够完善有关外，传闻证据规则的缺失也是一个重要原因。因为非法证据排除规则适用的前提是对非法取证行为的证明，而目前在警察不出庭的情况下，仅通过书面笔录根本无法反映非法取证的事实。大部分情况下法庭仅以侦查机关提交的"办案说明"即认定侦查机关履行了证明责任，从而使绝大部分被告人提出的存在非法取证行为的主张被轻易驳回。这同时也在一定程度上助长了非法取证行为的发生。这说明传闻证据规则在诉讼过程中的重要地位还未得到足够的认识。考虑到现实的这种需要，尽快建立传闻证据规则不失为一个明智之举。

综上所述，建立传闻证据规则便是我们当下的任务，而非将来的任务。可以探讨的问题只是在多大程度上予以建立，而不是再去争论要不要建立。

（二）规则的具体设计

考虑到我国在诉讼模式、价值取向等方面与英美法系的差异，以及英美法系传闻证据规则过于庞杂的不足，笔者认为，照搬国外并不可取，构建我国的传闻证据规则关键是要结合我国自身情况，选择好排除与例外的平衡点。

总的说来，对于传闻证据的排除不应过于绝对和严格，可从必要性及可靠性等方面考虑设定如下例外：（1）原陈述人因客观原因无法出庭。包括原陈述人已经死亡、下落不明、路途遥远、身患严重疾病或者行动极为不便等无法传唤或不便出庭的情形。（2）控辩双方一致同意采纳该传闻证据。基于当事人同意而采纳传闻证据，不会对当事人的对质权造成侵害，因此原则上应当允许，除非该传闻证据取得的过程中存在重大违法。（3）在先前审理程序中做成的证言。例如，证人在一审中出庭作证，但二审时未到庭，则可采纳一审中的证言。理由是证人在先前程序中的证言已经过质证程序，当事人的对质权已得到保障，传闻证据的诸多危险也已不存在，因此在后续的程序中可直接采纳。（4）具有高度可信性的文书。例如，公务文书、业务文书以及其他具有特别可信度的文书，因虚假的可能性较小，故可以采纳为证据。（5）简易程序。为了降低司法成本，提高诉讼效率，可以规定简易程序不适用传闻证据规则。

在英美法系，传闻证据规则还存在一项重要例外，即违反利益的陈述。其理由在于：出于趋利避害的本能，人们一般不会作出损害他们自身利益的陈述，除非陈述是真实的。此项例外是否适用于我国，值得考虑。该例外涉及我国目前诉讼实践中一个非常重要的问题：被告人的庭外有罪供述与当庭陈述不一致时如何采纳？实践中，法庭往往倾向于采纳具有传闻性质的庭外有罪供述。英美法系国家将"违反利益的陈述"作为传闻证据规则的例外，其正当性在于被告人享有沉默权、律师在场权等诸多权利，其供述的自愿性得到了比较充分的保障。而从我国目前的现实来讲，被告人在审前供述时的程序保障还比较弱。这既有侦羁不分的体制上的原因，也有缺乏沉默权、律师在场等制度上的原因，同时也有长久以来办案人员及社会公众头脑中一直存在的有罪推定的观念上的原因。这些因素的存在，使得被告人在审前供述中的自愿性极难得到保证。在缺乏足够自愿性保障的情况下，允许所有的供述当然地具有证据能力，并且不受限制地进入审判，其正当性是不无疑问的。另外，我国对犯罪的认定是基于对犯罪事实的查明，而非仅凭自愿即可定罪。因为这将难以避免自愿代人受过情形的发生。这在我国是不被接受和认可的。综合考虑上述原因，笔者认为我国不应当设立此项例外，当发生被告人的庭外有罪供述与当庭陈述不一致的情形时，原则上具有传闻性质的被告人庭外有罪供述应当被排除。

当然，为了增加规则的弹性，还应明确规定法官的自由裁量权，即法官在综合权衡该传闻证据的证明价值、可信性、对有关主体权利的影响、证据调查的成本等因素的基础上，可以决定对某些特殊情况下的传闻证据不予排除。在这一点上，我国台湾地区的改革实践给我们提供了前车之鉴。①

为了确保传闻证据规则的有效落实，还应同时建立起相应的配套措施：一是要在程序等方面对证人出庭作证予以保障。目前，许多人寄希望于通过传闻证据规则的建立，解决实践中存在的证人、鉴定人不出庭的现实问题。但客观地讲，证据被排除的后果仅能对提出证据的一方产生压力，因为这对

---

① 台湾 2003 年修订的"刑事诉讼法"因为几乎没有给予法官自由裁量的余地，而招致了很多批评。参见《刑事诉讼法最新增修之检视》，载《月旦法学杂志》2003 年 6 月第 97 期。

他们来说是一种损失，因此会起到激励该方当事人加倍努力地促使证人、鉴定人出庭作证的作用。但是，对证人、鉴定人而言，相关证据被排除对其并不会产生太大影响，因此不会产生促使其主动出庭的效果。因此，若要解决证人、鉴定人不出庭的问题，同时防止传闻证据规则建立后因证人、鉴定人不出庭而造成被告人诉讼地位更加恶化的尴尬，还应当同时建立证人保护制度、证人补偿制度、证人拒证惩罚等相关制度。否则，我们将面临一个更加尴尬的两难处境：要么因严格排除传闻证据而使大量案件无法解决，实体公正受到严重损害；要么为了必要的实体公正而使传闻证据规则无法真正执行，法律被虚置。二是注意消除因诉讼制度设计本身的原因而产生的传闻证据以及传闻证据对法官事实上造成的影响。传闻证据规则作为一项证据能力规范，其目的不是为了排除而排除，而是在于避免使用传闻证据所带来的有碍事实发现和当事人对质权的实现。因此，从根本上讲，还要注意从本源上尽量避免大量传闻证据的产生，并且防止传闻证据对法官造成事实上的影响。这需要依赖于诉讼制度的完善和配合。就我国目前来看，审委会通过传阅案卷、听取承办法官汇报案情等方式审理案件还难以避免传闻证据的产生。起诉前移送主要案件材料及庭后移送未经质证的证据的做法，同样难以排除传闻对法官事实上造成的影响。这些问题如果不同时解决，必将极大地影响传闻证据规则的实施效果。

三、特权规则

（一）构建特权规则的必要性与现实基础

证人作证问题一直是我国理论研究和司法实践中的一个重要问题，受到各界的广泛关注。检视我们的法律，值得反思的是，我们似乎过于强调证人的出庭作证义务，却忽略了对证人权利的保护。我国刑事诉讼法第 48 条第 1 款规定："凡是知道案件情况的人，都有作证的义务。"第 98 条第 1 款规定："询问证人，应当告知他应当如实地提供证据、证言和有意作伪证或者隐匿罪证要负的法律责任。"可见，在我国法律强调的是证人的无条件作证义务。

赋予证人作证的义务，固然有助于查明案件事实的真相，但"这一强制性规定必然会对证人的自由权利构成一定的限制。尽管我们是从确保社会公正的角度来审视这一规定，或者即便从一般的个人利益与社会利益的平衡来看，都不会去怀疑立法的目的。然而，同样在证人权利和社会、法律利益的比较之间，在法律强制之下的证人作证对他们自身造成的损害也是令人十分惊讶的。这不得不使我们对良好意图支配下制定的法律在适用于社会现实时，法律的妥当性是否还能保全产生深刻的怀疑".① 不仅如此, 不加区分地要求所有的证人作证, 还将损害到人们之间相互交往的信赖感和某些社会关系、社会利益的维护, 如夫妻之间、律师与委托人之间、医生与患者之间的相互信任。而这些关系的稳定又直接关系到整个社会的和谐与否。正是因为如此, 各国在强调证人作证义务的同时, 又从权利保护和整个社会健康发展的角度确立了特权规则, 赋予证人在一定条件下有拒绝作证的权利。我国立法则与世界各国的普遍规定相悖, 缺少对证人特权的应有关注。对此, 有学者明确指出: "这其中深层次的根源就是我们仅仅把诉讼活动视为一种发现客观真实的认识活动, 以为查明了客观真实, 就维护了社会正义。其实, 这样做的结果非但不能实现真正的正义, 还极有可能造成另外一种不公正。"②

在证人作证问题上, 如何实现利益的均衡是我们必须深思的。毕竟我们在保护一种利益时, 不能造成对其他利益的严重损害。否则这种保护就是不正当的。总而言之, 特权规则的构建在我国具有很大的现实意义。它有助于我们对证人权利的保护和社会整体利益的兼顾, 有助于促进刑事司法的理性化与现代化, 有助于充分实现诉讼的多重功能。

实际上, 我国古代的"亲亲相隐"制度就是免证特权的最早表现。③ 早在 2000 多年前的春秋时代, 便出现了容隐制度的萌芽和相关法律思想。例如, 孔子在《论语·子路》中就提出"子为父隐, 父为子隐, 直在其中矣"。④ 此后, 这一制度在不同朝代得到了不同程度的发展、贯彻。这就为在我国目前确立特权规则提供了一定的历史文化条件。我国传统社会是一个注重关系的社会, 现代社会依然非常重视对于交往的信赖和社会关系的维护。特别是在我国目前正处于社会转型期这样一个特殊语境下, 对于交往的信赖和社会关系的维护显得更加重要和迫切。而这恰恰是特权规则的重要功能。目前的这种社会需求, 无疑将有助于推动特权规则在我国的建立。另外很重要的一点是, 我国目前对人权的重视和保障日益加强, 诉讼制度的改革也正朝着这个方向努力。这也同时为特权规则的建立提供了适宜的观念环境和制度环境。可见, 构建特权规则不仅是我国法治建设的必然要求, 也是符合我国的历史与现实条件的。

---

① 刘荣军:《论证人的证言拒绝权》, 载《法学》1999 年第 5 期, 第 24 页。

② 房保国:《证人作证豁免权探析》, 载《法律科学》2001 年第 4 期, 第 120 页。

③ 根据该制度, 一定范围内的亲属之间可以相互隐匿犯罪, 若对法律规定应相互隐匿的亲属进行告发, 应对告发者处以刑罚。与现代亲属拒证特权相比, 其更多体现的是一种义务。

④ 刘宝楠:《论语正义 (卷一六) ·子路》, 上海书店出版社 1986 年版, 第 24 页。

（二）规则的具体设计

笔者认为，我国今后的立法不能片面强调证人的作证义务，而是应该重新审视证人义务与权利之间的关系，加强对某些基本社会关系的特殊保护，承认证人在一定条件下享有拒绝提供证言的权利。我国现有法律也存在一定的相关规定，对某些社会关系和利益予以特殊保护。例如，律师法第38条规定，律师应当保守在执业活动中知悉的国家秘密、商业秘密，不得泄露当事人的隐私；执业医师法第22条规定，医师在执业活动中有关心、爱护尊重患者，保护患者隐私的义务。我国刑事诉讼法第45条第2款规定："对于涉及国家秘密的证据，应当保密。"第152条第1款规定："人民法院审判第一审案件应当公开进行。但是，有关国家秘密或者个人隐私的案件，不公开审理。"但是，这些法律都没有明确规定相关人员可以拒绝向法庭作证，因此所提供的保护也是非常有限的。据此，笔者认为，我国法律应对拒证权作出明确规定。

一方面，应采用列举方式明确规定拒证权的适用范围，以避免适用中的混乱。在这个问题上，笔者认为应从我国目前的现实出发，对一些急需保护的社会关系和利益予以适用。具体而言，包括：（1）基于亲属关系的特权，主要适用于夫妻之间、父母与子女之间。（2）职业特权，主要适用于律师与委托人之间、医生与病人之间。（3）不被强迫自证其罪特权，即如果可能使自己受到刑事追诉，则任何人均可拒绝提供证言。（4）公务特权，即公务人员因公务原因而知悉国家秘密，一旦泄露会招致公共利益的损害时，可在诉讼中拒绝作证。

另一方面，还必须明确相关程序性条款，包括：（1）特权的告知：公安机关、检察机关以及法院在证人作证之前，应当告知证人在法律规定的特定情形下享有拒绝作证的权利。未经告知，证人可申请所作证言不被使用。（2）特权的申请：拒证特权在实质上是享有者的一种法律权利，适用处分原则，因此特权的适用应以当事人申请为前提。在提出申请时，需说明相应理由，并提供有关证明。（3）特权的审查：对拒绝作证的申请，法院应当依照法律进行审查，并及时作出决定。

当然，任何权利都不可能是绝对的，都应有一定的界限。拒证特权也不例外，也必须受到相应的限制。在国外，一般都对特权的适用施加了一定的限制。例如，日本刑事诉讼法在确立证人特权的同时，就规定在有妨碍国家重大利益的情形下，有关知悉公务秘密的证人不得拒绝作证。我国立法也应借鉴国外，对不适用拒证权的例外情况作出明确规定。笔者认为，在出现以下情形时可以考虑限制特权的适用：（1）存在另外一种更大利益需要保护。如果出现另外一种价值大于拒证权所要维护的利益且二者发生冲突时，只能优先选择对前者的保护。例如，如果秘密事项涉及公共利益，坚持保密将给公共利益造成重大损害时，不得主张特权。（2）滥用特权。如果利用特权是为了实施或帮助实施犯罪，则不得以拒证权为由拒绝作证。（3）秘密交流的内容被泄露后，特权将丧失。

第四节　相关条件的配合与保障

瞿同祖先生曾说过，"研究法律自离不开条文的分析，这是研究的根据，但仅仅研究条文是不够的，我们也应注意法律的实效问题。条文的规定是一回事，法律的实施又是一回事。某一法律不一定能执行，成为具文。社会现实与法律条文之间往往存在一定的差距。如果只注重条文，而不注意实施情况，只能说是条文的、形式的、表面的研究，而不是活动的、功能的研究。"① 正是在此意义上，笔者认为，对证据排除制度的研究也同样不能局限于条文本身，必须将其放置在一个更大的视阈内，关注其与其他相关制度、条件间的相互影响与制约，努力通过相互间的协调配合，一方面尽量发挥证据排除制度本身应有的作用，另一方面尽量降低证据排除的成本，以实现制度效益的最大化。本节将集中探讨在我国目前的条件下，排除证据所面临的一些障碍，同时对如何降低排除证据所带来的不利影响提出初步设想。

一、现实条件与障碍分析

在证据排除问题上，笔者认为，目前我国还存在以下一些不利条件，需要我们逐步加以改进：

（一）认识和观念上的障碍

1. 相关概念缺失

证据能力是证据排除制度的基础。正是因为有了证据能力有无的区分，才会产生证据排除的后果。在我国，长久以来一直缺乏证据能力的概念，对证据几乎不加限制。② 相关法律也并没有明确赋予法官审查判断证据能力的

---

① 瞿同祖著：《中国法律与中国社会》，中华书局1981年版，导论第2页。
② 我国法律关于证据概念和种类的规定，虽然对证据资格进行了一定的限制，但"证明案件真实情况"的实质性要求和证据种类极具包容性，使得其对证据的过滤作用实际上非常有限。

权力，倒是特别强调了法官对证据证明力的认定。例如，最高人民法院《关于民事诉讼证据的若干规定》第 64 条规定："审判人员应当依照法定程序，全面、客观地审核证据，依照法律的规定，遵循法官职业道德，运用逻辑推理和日常生活经验，对证据有无证明力和证明力大小独立进行判断，并公开判断的理由和结果。"该规定是对法官审核判断证据的总的原则要求，但也仅仅是要求法官对证据的证明力进行判断，而没有要求法官对证据能力进行判断。

在司法实务中，由于"证据准入"意识的缺乏，更是将证据的"采纳"与"采信"混为一谈。在刑事诉讼中，"采纳"或"采信"的表述一般是在判决书中使用的。出现较多的是"采信"这个词，偶有使用"采纳"的，与"采信"的意义也并没有区别，均指的是法官对证据的价值进行衡量后，确定证据能够作为定案依据。实际上，二者是两个完全不同的概念。"采纳"是对证据证据能力的判断，"采信"是对证据证明力的判断。对此，何家弘教授认为，采纳的核心是"纳"，即作为审查对象的证据是否具备法定的证据能力或证据资格，能否获准进入诉讼程序；采信的关键是"信"，即获准进入诉讼程序的证据是否真实可靠及其具有多大的证明价值。用通俗的话说，采纳解决的是证据能否"进门"的问题，采信解决的是证据能否作为定案根据的问题。①

在民事诉讼中，也存在"采纳"与"采信"混同的问题。即便是在相关法律中出现了"采纳"一词，前后的意义也并不一致。最高人民法院《关于民事诉讼证据的若干规定》第 43 条第 1 款规定："当事人举证期限届满后提供的证据不是新的证据的，人民法院不予采纳。"其后的第 79 条第 1 款规定："人民法院应当在裁判文书中阐述证据是否采纳的理由。"两处尽管使用了同样的表述，但意义不尽相同。前者实际上强调的是证据不具备证据能力的后果，衡量的标准是证据能力。后者强调的是法官应当在判决书中公开对证据的裁量过程。这一过程实际上包含了两个层次，一是法官对证据是否具有证据能力的判断，二是在此基础上对证据证明力的判断。由此，第 79 条所规定的证据是否被采纳的标准包含了证明能力和证明力两方面内容。

2. 存在一定的认识误区

在我国，某些情况下虽然也会谈到证据排除问题，但对"证据排除"的理解与证据排除规则中的"排除"概念并不相同。排除规则中对证据的排除

---

① 何家弘：《刑事证据的采纳标准与采信标准》，载《人民检察》2001 年第 10 期，第 9 页。

指的是否定证据进入庭审调查范围的资格。这种排除一般发生在审前，有时也可发生在审判期间。而我国司法实践中对证据排除的理解，则是指法官在庭审结束后，对证据的真实性、关联性和合法性进行判断，在此基础上确定定案依据。没有被确定为定案依据的证据就是被排除的证据。证据排除发生在定案阶段。可见，我国对证据的"排除"并非是对其证据资格的否定，而是对其作为定案依据的否定，与证据排除规则所言的"排除"并不是一回事。

　　3. 传统观念的影响

　　长久以来，我国诉讼一直奉行的是客观真实的理念和要求。在处理实体公正与程序公正的关系上，实体公正一直占据着绝对的地位。近些年，随着法治的进一步发展，二者失衡的状况有所改善。但无可置疑的是，客观真实观念所带来的对实体公正的偏重仍然存在。① 无论是从司法机关的角度讲，还是从社会公众的角度讲，这种观念都在相当的范围内存在。受这种传统观念的影响，法官在事实认定上形成一个明显特点，即对证据证明力的关注远胜于对证据能力的关注，对证据真实性的担忧也远胜于对证据合法性的担忧，更偏好于实现诉讼目的的经验性规则而非限制证据能力的证据规则。② 这种情况的存在，很可能会妨碍法官积极地适用证据排除规则。出于打击犯罪的良好动机，可能会在应当排除证据的情况下，有意识地进行规避。社会公众出于对犯罪的愤慨，对司法机关采纳应予排除的证据的行为，也会持理解态度。甚至法院在依法对应予排除的证据进行了排除，但因此影响到定罪时，还可能遭到社会公众对司法公正的质疑。在无法得到社会认同的情况下，法院裁判无疑面临着较大风险。特别是在目前社会对法院普遍缺乏认同感和信任感的情况下，民众对犯罪的愤慨很容易因此转化为对法院的不满。在这种情况下，法官即使认识到根据法律应当排除证据，但顾及公众的反应，也不得不去尽可能地顺应"民意"了。③

----

　　① 对客观真实的追求本身并没有错，关键是看采取何种途径。如果将这种追求绝对化，甚至不惜动用任何手段，哪怕侵犯到被告人的合法权益，牺牲掉效率、程序公正等重大价值，这种追求的正当性也有疑问。也正是因为查明事实真相自身具有合理性才掩盖了传统观念下将其绝对化的弊端。

　　② 吴丹红：《证据法学研究的迷思——在西方样本和中国现实之间》，载《政法论坛》2006 年第 6 期，第 20 页。

　　③ 这实际上引出一个非常重要的话题，即司法自治问题。在我国，法院在社会治理中承担了一个非常重要而特殊的角色，其不仅担负着公正处理案件，维护群众合法权益的重任，同时又担负着维护社会稳定、政权稳定的使命。其在作出裁判时，不仅要考虑法律规定，还必须考虑社会效果和政治效果。这也就不难理解为何法院在一些情况下无法完全按照法律规定作出裁判。

上述思想层面的问题，构成了阻碍证据排除制度发展的"软制约"。认识和观念虽然属于主观的东西，却在极大程度上影响着客观世界，因为它直接决定了人的行为。因此，即便法律本身发生改变，但"当法律规定和根深蒂固的态度和信念之间展开鸿沟时，法律就不能改变人们的行为。规范和行为的冲突的结果危及社会；至少法律不能造成变化"。① 也正因为如此，有学者在谈到法制现代化的问题时，认为当务之急是人的思想观念的现代化。因为"无论一个国家引入了多么现代化的经济制度和管理方法，也无论一个国家如何仿效最现代化的政治和行政管理，如果执行这些制度并使之付诸实施的那个人没有从心理、思想和行动方式上实现从传统到现代的转变，真正能顺应和推动现代经济制度和政治公理的健全发展，那么这个国家的现代化只是徒有虚名"。② 不过可喜的是，随着法学理论研究的进一步深入和法治建设的进一步发展，这种状况正在逐渐改变，为我们完善证据排除制度提供了一定的思想基础。今后，还应当继续加强对证据能力问题的研究深度，同时通过相关制度的设计和运作，进一步树立和强化"证据准入"意识。

（二）制度和体制上的障碍

1. 客观真实的证明标准和相互印证的司法证明模式

证明标准在诉讼活动中居于重要地位。从法院角度而言，它是法官认定案件事实的条件；从诉讼双方角度而言，它是双方完成举证任务的界限。可见，在诉讼中证明标准可以起到约束、引导诉讼行为的作用。在我国目前的刑事诉讼中，实行的是客观真实的证明标准。无疑，这是一种较高程度的证明标准。这种证明标准对证据提出了较高要求。一般而言，进入诉讼的证据资料越丰富，客观真实才越有可能实现。而证据排除制度是一种排除证据的机制，客观上会造成与案件有关的证据数量的减少，有时甚至是对查明案件事实非常关键的证据，因此不利于案件事实真相的查明。在这种情况下，如果过于严格地排除证据，将会造成许多案件因达不到客观真实的证明标准而无法定案，致使刑事诉讼打击犯罪的目标无法得以充分实现。有学者就曾明确指出，"抛开各国刑事司法所承受的打击犯罪压力差异不论，就实现同样的惩处犯罪功能而言，不同的诉讼制度对证据禁止使用规则和排除规则的容许性是不同的。在客观真实这种证明标准下产生的特殊定罪机制，无疑是导

---

① ［美］亨利·埃尔曼著：《比较法律文化》，贺卫方、高鸿钧译，三联书店1990年版，第279页。

② 转引自谢晖著：《价值重构与规范选择——中国法制现代化的沉思》，山东人民出版社1998年版，第59页。

致拒绝作证特权规则和非法证据排除规则在中国难以得到有效开展的一个重要原因。"①

关于我国目前的司法证明模式，即实现诉讼证明的基本方式，有许多学者将其概括为相互印证的司法证明模式。② 该种证明模式与证据排除制度之间也存在一定的冲突，对于证据排除规则的建立会产生一定的消极影响。在这种证明模式中，证据之间的相互印证是其基本要求，证明的关键即在于获得其他证据的印证。单一的证据是不足以证明的，需要获得其他具有内含信息同一性的证据来对它进行支持。也就是说，相互印证的实现需要证据数量的充分性。而证据排除制度是限制证据进入诉讼的制度，客观上会减少证据的数量。这势必会影响到证据之间的相互印证，特别是在证据数量少、被排除的证据又是案件比较关键的证据的情况下。这也可以解释为何我国的司法解释明确规定了对于非法取得的言词证据要加以排除，但实践中却鲜有排除。另外，在这种模式下，由于强调证明的"外部性"，即证据间的相互印证，而非"内省性"，即证据在事实判断者心中留下的印象与影响，③ 因此证人出庭与否在我国诉讼中并不重要。在没有证人出庭的情况下，凭借书面证言亦可进行印证证明，顺利高效地完成诉讼证明任务，上级法院亦可借此对下级法院的裁判进行有效审查。在这种情况下，又何必要费时费力地传唤证人出庭作证呢？

2. 诉讼程序

证据的采纳与排除是在一定的程序空间内进行的，因此必然要在一定程度上受到诉讼程序的影响和制约。目前，我国刑事诉讼程序在许多方面还不够完善，从而会影响到证据排除的有效落实，主要体现在三个方面：

第一，法官职权较少受到制约，证据排除规范有可能被规避或滥用。在我国，长期以来实行的是职权主义的诉讼程序，法官在审判中享有较大的权

---

① 周洪波：《证明标准视野中的证据相关性——以刑事诉讼为中心的比较分析》，载《法律科学》2006 年第 2 期，第 90 页。

② 张文娟：《我国刑事诉讼证明模式"相互印证"与"自由证明"之辩——相互印证弊端之实证分析》，载《证据学论坛》（第十三卷），法律出版社 2007 年版；龙宗智：《印证与自由心证——我国刑事诉讼证明模式》，载《法学研究》2004 年第 12 期；谢小剑：《我国刑事诉讼相互印证的证明模式》，载《现代法学》2004 年第 6 期；李建明：《刑事证据相互印证的合理性与合理限度》，载《法学研究》2005 年第 6 期；朱德宏：《刑事证据相互印证的实践形态解析》，载《国家检察官学院学报》2008 年第 2 期等。

③ 龙宗智：《印证与自由心证——我国刑事诉讼证明模式》，载《法学研究》2004 年第 12 期，第 111 页。

力。这虽有助于充分发挥法官在诉讼中的能动作用，但同时也为权力的不规范行使提供了制度契机。这就需要在赋予法官较大职权的同时，加强对权力行使的制约。大陆法系实行的也是职权主义，法官在诉讼中也享有较大的权力，但为了确保法官职权的合理运用，大陆法系国家一般从程序角度对法官职权的行使进行了约束。相比较而言，我国在赋予法官较大权力的同时，却疏于从程序上对法官行使职权进行有效制约。在这种缺乏程序制约的情况下，即便在法律文本意义上确立了相应的证据排除规则，也可能出现规则被规避甚至被滥用的情况，从而违背证据排除制度的设立初衷。

第二，辩方参与诉讼的能力和积极性有限，无法对证据排除施加足够的影响。尽管1996年修订的刑事诉讼法以及司法实务界一直在探索庭审方式改革，都在一定程度上吸收了当事人主义的合理因素，增强了诉讼双方的对抗性，但犯罪嫌疑人、被告人的权利仍未得到充分保障，如律师有限的调查取证权面临着重重障碍，羁押场所的管理隶属于侦查机关，搜查、扣押等侦查措施缺乏有效的监督，律师阅卷权难以有效实现，等等。这不仅为侦查机关非法取证创造了条件，同时使辩方无法有效对应予排除的证据提出异议并与控方展开充分辩论，也就无从为法官作出排除决定施加足够的影响。

第三，法律对取证等相关程序的规定比较粗疏，对排除证据的前提条件难以认定。非法证据之所以非法，是因为取得证据的程序违法而导致该证据在性质上成为非法。因此，美国有学者将有关取证程序的一系列规则称为非法证据排除规则的基础性规则，并认为有多少这样的基础性规则就有多少潜在的非法证据排除规则。① 在我国，非法证据排除规则将是我国未来构建证据排除制度的重点。该规则的有效实施首先依赖于对非法取证行为的认定。然而，我国目前的刑事诉讼法并未对搜查、扣押等侦查措施作出明确具体的程序规定，从而使得非法取证行为在审判中难以有效认定。在这种情况下，不仅会导致法律适用上的不统一，还会导致规则被有意规避，使非法证据排除规则实际被架空。

3. 司法体制

在讨论我国诉讼制度或证据制度问题时，始终无法回避并且也不能回避的是我国的司法体制问题。因为前者的运作始终是在后者的整体框架内进行的，因而不可避免地要受到后者的影响和制约。

---

① ［美］约翰.W.斯特龙主编：《麦考密克论证据》（第五版），汤维建等译，中国政法大学出版社2004年版，第315页。

长期以来，在我国的刑事诉讼中公检法三机关一直是"分工负责，互相配合，互相制约"的关系。具体而言，侦查、起诉和审判是三个独立而互不隶属的阶段，公检法三机关分别负责其中的一个环节，相互衔接、配合，共同致力于实现打击犯罪的任务。为此，有学者将我国的刑事诉讼形象地概括为"流水作业"式的构造。① 客观地讲，这种诉讼构造虽然有利于提高打击犯罪的效率，但本身亦存在着很大的弊端。一方面，审判前程序中缺少中立的裁判机关，诸如逮捕、拘留、搜查、扣押等限制或剥夺公民基本权益的强制性措施，由公安、检察机关自主决定，无法确保权力的正当行使，也无法使权益受损的公民获得有效的司法救济。另一方面，在这种构造下，法院实际上承担了与公安、检察机关一样的任务，即查明事实真相，惩治犯罪，一定程度上已异化为追诉者的角色。在这种司法体制下，法院不仅不能对警检机构的追诉活动进行有效的制约，难以避免非法取证的发生，而且与警检机构的共同任务与长期合作所形成的良好关系，也难免使得法院在排除侦控方辛苦收集到的证据时顾虑重重。有学者在分析公检法三机关的关系时也曾指出，在这种以分工协作为主要特征的"流水作业式"诉讼结构下，审判在某种程度上仅是对侦查结论的审查和确认过程。②

另外，司法不独立的现实也会在一定程度上妨碍证据排除的适用。司法不独立在我国目前还是一个不争的事实。人大的个案监督、政法委的直接领导、地方行政机关对法院人、财、物的制约等多种因素的存在，使得法院在案件审理过程中可能受到多方面干扰。从法院内部来讲，法官审案也还要受到审判委员会的指示。在这种体制环境下，直接关系到事实认定进而影响到诉讼结果的证据采纳与排除环节便极易受到影响，成为众多力量干扰审判的缺口。正如有学者所形容的："被别的观点，或者被任何外部权势或压力所控制或影响，法官就不存在了。"③

（三）社会条件的障碍

在我国，诉讼制度具有一个明显的特点，即在现实运行中常会发生一定变形，原有的习惯做法总是会在相当程度上存在。习惯做法本身具有很大的

---

① 有关"流水作业"式诉讼构造的具体分析，参见陈瑞华著：《刑事诉讼的前沿问题》，中国人民大学出版社 2005 年版，第 323～353 页。

② 陈瑞华：《案卷笔录中心主义——对中国刑事审判方式的重新考察》，载《法学研究》2006 年第 6 期，第 63 页。

③ ［英］罗杰·科特威尔著：《法律社会学导论》，潘大松等译，华夏出版社 1989 年版，第 237 页。

惯性，法律条文的改变往往并不能使司法实践也随之发生所期待的变化，因为诉讼实践不仅要受法律因素的影响，同时也受到各种社会因素的影响。证据排除制度的实行也是如此。非法证据排除规则在我国得不到有效贯彻便是一个很好的例证。

首先，犯罪形势严峻，而侦查水平相对有限，侦查的人力、物力不足。目前，我国正处于社会转型期，犯罪案件有所增长，犯罪手段也日益隐蔽，犯罪技术含量增强。与此不相适应的是，侦查技术水平还有待提高，侦查人员的数量以及物质保障均显不足。在这种办案压力大而办案资源有限的情况下，侦查机关不得不选择采取最为便捷的破案方式。于是，刑讯逼供等非法手段的使用在侦查中便司空见惯了。

其次，证据客观化生成机制还不够健全，证据资源有限。尽管我国目前的社会治理水平与传统社会相比已有很大发展，但与现代法治国家相比还有很大差距，主要表现在两个方面：一是许多规范得不到有效遵守，使得许多事情得不到治理，如财经纪律的虚置造成资金的账外流动；二是很大一部分人员，如无业人员、流动人员等，实质上处于社会治理场所之外，其日常行为基本上得不到治理。① 在规范化日常监控不足的情况下，就可能造成缺少足够的调查线索。比如，在许多经济犯罪中，由于会计制度不健全，不但使犯罪容易得手，而且在犯罪后难以留下有效的可供侦查的书面证据。由于证据客观化生成机制不够健全，侦查机关所能够获取的证据资源便很有限。在这种情况下，排除侦查机关通过辛苦劳动所获取的证据的难度便可想而知。

再次，社会治理不力，加大了刑事司法对控制犯罪的压力。前面已述，我国目前的社会治理水平仍有待提高，这不仅影响到证据的生成，而且加大了司法在控制犯罪方面的压力。为了控制犯罪，必须尽可能地将犯罪分子绳之以法。于是，在侦查阶段便产生了对破案率和限期破案的强调。这在客观上进一步刺激了非法取证行为的发生。对于审判机关来说，惩罚犯罪也成为其首要任务。证据的排除无疑不利于该任务的完成。

尽管目前证据排除制度在我国还面临着一些障碍性因素，并且这些因素的根本改变尚需要一定时间的积累，但我们并不能因此放弃对制度进一步完善的追求，不能以有赖于相关条件的配合为由止步不前。毕竟，法治的建设离不开人们的主观建构努力，制度的建立也不能不具有一定的前瞻性。从技

---

① 左卫民著：《在权利话语与技术权力之间——中国司法的新思考》，法律出版社 2002 年版，第 278 页。

术角度而言，良性制度成分的增加也将有助于减轻对原有不合理做法的依赖。况且，任何事物都是发展变化的。我们在迈向法治的过程中，注定要经历一个传统与现代、理想与现实、本土文化与外来文化的冲突与磨合过程。当然，我们也不能无视配套制度和现实条件，盲目进行制度建设。否则，将会使我国的刑事司法难以顺畅地运作。合理的态度是应注重同步整体推进，将证据排除制度的建设和相关条件的构建综合起来进行考虑，以便形成二者之间的良性互动。

二、证据排除对定罪不利影响的消解

在刑事诉讼中，证据排除对定罪的不利影响是显而易见的。它会使一些对查明案件事实有帮助的证据被排除在诉讼之外，增加办案的难度和诉讼成本，也有可能使一些犯罪无法得到惩罚。但是，任何选择都意味着某种放弃。我们在期待证据排除制度所能带给我们的各种利益的同时，也必须承受其在某种程度上给定罪所可能带来的不利影响。我们能做并且应做的是，想尽各种办法，尽量降低证据排除在查明事实真相上所付出的成本。在我国，证据排除制度得不到有效的确立和落实，在很大程度上与立法者以及司法者对定罪影响的担心有关。事实上，我国目前的一些制度设置在很大程度上也确实限制了证据排除制度的生存空间。因此，在设置证据排除制度的同时，亦需要考虑如何减轻证据排除对定罪所带来的不利影响。笔者认为，这除了需要合理设置证据排除制度本身外，还可以考虑从以下几方面入手：

（一）提高诉讼中可用证据的量

诉讼中可用证据的数量在很大程度上决定了事实真相查明的难易程度。而证据排除可直接减少诉讼中的证据数量，因此如果只是简单地排除，无疑会造成诉讼中证据的短缺，导致事实真相无法查明或需要花费较大成本查明，进而对定罪产生影响。因此，从技术角度考虑，在基于各种原因而排除证据的同时，还必须想办法保障证据信息的总量，以缓解证据排除制度给审判带来的不利影响。

1. 提高侦查机关的取证能力，加强对辩方取证权的保障

从我国目前的现实情况来看，一方面，暴力犯罪、有组织犯罪、智能型犯罪日益猖獗，社会治安形势严峻；另一方面，侦查机关所拥有的侦查技术及装备又相对比较落后，难以满足现实的需要。辩方获取证据的情况也同样

不容乐观。在我国律师辩护并不普遍，① 律师的调查取证权受到诸多限制，如法律尚未赋予律师在侦查阶段的调查取证权，在起诉和审判阶段，调查权的行使也要突破重重障碍，需要经过证人甚至证人与检察院或法院的双重许可，申请检察院或法院调查取证的权利也常常因为人为因素的干扰而难以保障。这使得被告方难以有效获取证据。在这种状况下，如果只对证据进行限制而不考虑通过相应的手段来促使和保障更多的有价值的证据资源进入司法系统的决策过程，必将使司法系统陷于瘫痪。综上所述，笔者认为，在实行证据排除制度的同时，还需进一步提高侦查机关的取证能力，加强对辩方取证权的保障，以使更多的证据从"纯客观世界中的证据"转变为"诉讼证据"。②

2. 改革证据分类制度

我国刑事诉讼法第 42 条第 2 款对证据种类作了专门规定："证据有下列七种：（一）物证、书证；（二）证人证言；（三）被害人陈述；（四）犯罪嫌疑人、被告人供述和辩解；（五）鉴定结论；（六）勘验、检查笔录；（七）视听资料。……"可见，我国证据分类存在三个特点：第一，主要以外在形式为划分标准；第二，种类划分比较细；第三，采取的是限定性列举的立法方式。客观地讲，这种划分方式虽然具有直观、明确的优点，却存在一个比较大的弊端，即涵盖性不强，无法穷尽所有的证据形式，难以吸纳实践中不断出现的新的证据形式，从而人为地将一些有助于查明案件事实真相的证据材料阻挡在诉讼之外。

在英美法系的成文证据法中，没有集中明确划分证据种类的规定。从具体条文的规定中可以归纳出对证据种类的划分。例如，根据《美国联邦证据规则》及多数州的证据法，证据可分为言词证据、实物证据与司法认知三种。③ 但是，立法也强调作为证明根据的证据的范围并不限于此。例如，美国《加州证据法典》法律修订委员会对该法第 140 条 "证据" 所作的注释指

---

① 根据 2005 年的统计，我国律师从业人数为 15 万余人，平均约每 9000 名中国人才有一名律师。这与美国每 276 人中就有一名律师的状况形成了鲜明的对比。律师从业人数的不足加上许多被告人受经济状况的限制，有许多案件是在没有律师参与的情况下进行的。有关数字转引自陈桂明、纪格非：《证据制度改革中的几个基本问题》，载《法律科学》2007 年第 6 期，第 151 页。

② 有学者根据诉讼的不同进程，将证据分为三种：即纯客观世界中的证据，进入主观世界，被当事人发现并用来证明自己所主张事实的根据的证据，以及事实裁决者在法律允许范围内予以假定真实，作为定案根据的证据，并将后两种意义上的证据统称为诉讼证据。参见汪建成著：《理想与现实——刑事证据理论的新探索》，北京大学出版社 2006 年版，第 33 页。

③ 何家弘主编：《外国证据法》，法律出版社 2003 年版，第 174 页。

出："证据"被扩大解释为包括证人证言、有形物体、所见（比如陪审团查验或展示给陪审团的某人的外貌）、所闻（比如为陪审团展示的声音）以及其他可以作为证明根据提出的物。英国 1968 年民事证据法将证据分为证人证言、文件证据和实物证据三种。该法第 19 条专门规定，该法中提供证据系指以任何方式提供证据，无论是通过提供情报、提供发现、出示文件还是通过其他方式。可见，从整体上说，两国对证据种类的规定都是开放式的，没有对证据种类或者证据方式作严格的限制性规定。其证据立法主要是从证据可采性入手，根据不同类别证据的特点设置不同的证据规则，从而规范各种证据的使用。相对于英美法系国家，大陆法系国家在诉讼法典中对不同证据形式做了相对具体而明确的划分，但总体而言，多数国家都并没有采用专条规定证据种类的立法模式，而是更侧重于从证据调查的角度对不同证据种类适用的证据规则予以规定，并且强调任何有助于查明案件事实的证据都可以依据一定的程序进入诉讼。① 例如，根据法国刑事诉讼法第 323 条至第 346 条"证据的提交与讨论"和第 427 条至第 457 条"证据的提出"的相关内容，可以将证据形式归纳为被告人供述、证人证言、物证、书证、鉴定结论等种类。在德国，证据被认为是"法院据之可以确认诉讼争议事实真实或者不真实的各种可能的途径或者方法的总称"，对证据种类的划分是以证据调查的方法为依据的。例如，"物证"在德国的证据法中通常作为勘验的客体而不是一种证据调查方法，因此不属于独立的证据种类。与此相对应，在德国证据理论研究中，有学者认为可以把证据分为证据方式和具体证据的内容。其中，证据方式包括法定的五个种类，即被告、证人、鉴定人、勘验及文书证件。② 此外，虽然立法规定了五种法定证据种类，但也并非绝对。有学者指出："法律列举并没有穷尽，其他查证的方法也可以考虑，例如广泛询问"。③在日本，也存在"证据方法"和"证据资料"两个不同的概念。其中，证据方法是指"作为认定事实素材的人或物"，证据资料是指"通过证据方法获得的内容"。④

　　笔者认为，在证据分类问题上我们应借鉴国外的有益做法，改变对证据种类的封闭式列举方式，淡化证据种类在形式方面的规定性，减少类别，构建一种开放性、实用性的证据种类划分方式，使其具有一定的前瞻性和包容

① 罗海敏：《关于证据种类之思考》，载《国家检察官学院学报》2005 年第 8 期，第 143 页。
② 毕玉谦著：《民事证据法及其程序功能》，法律出版社 1997 年版，第 44 页。
③ 转引自何家弘主编：《外国证据法》，法律出版社 2003 年版，第 402 页。
④ ［日］田口守一著：《刑事诉讼法》，刘迪等译，法律出版社 2000 年版，第 218 页。

性，同时将证据种类划分与证据调查和证据运用规则结合起来。具体而言，可以将证据划分为人证、物证、书证三大类。其中，人证是指以陈述、语言形式提出证据信息的证据，包括证人、被告人、犯罪嫌疑人、被害人、鉴定人、勘验人；物证是以物的存在、状态等外部自然属性表达证据信息的证据，包括能够用来证明案件事实情况的作案工具、赃物等物品及痕迹；书证是指通过自身记载的内容来证明案件事实的证据，包括传统分类中以文字、符号、图形等记载的内容证明案件事实的文书证据，还包括视听资料、电子证据等。这样划分的好处在于，可以避免细密划分所导致的封闭缺陷，使其可以将更多的证据涵盖进去，从而为诉讼提供更多的证据，同时也可以将证据种类与证据调查及证据运用规则更好地联系起来。① 一般说来，不同的证据种类需要采取不同的调查方法，而不同的调查方法所具有的特点及关注的重点也有所不同。例如，在人证的收集、调查过程中，要注意贯彻直接言词原则，同时还要注意对被调查人的权利保障问题；对物证的调查需要通过"出示"的方式；对书证的调查则要采取"宣读"的方式。在对不同证据进行审查时，既要根据不同种类从形式上审查是否具备证人能力、是否存在免于作证的特权、是否是原件等，也要从内容上审查是否属于品格证据、意见证据、传闻证据等。

（二）充分利用证据自身的价值

除了增加诉讼中可用证据的数量外，从质的角度看，还应该充分挖掘和发挥证据自身的价值，保障有限的证据资源得到最有效的利用。在我国目前关于证据运用的规定中，尚存在一些不合理之处，从而人为地限制了证据自身价值的充分发挥。

例如，在对书证原件与复制件的运用上，最高人民法院《关于执行〈中华人民共和国刑事诉讼法〉若干问题的解释》第53条规定，收集、调取的书证应当是原件。只有在取得原件确有困难时，才可以是副本或复制件。书证的副本或复制件只有与原件核对无误或者经过鉴定是真实的，才具有与原件同等的证明力。在民事诉讼中，民事诉讼法第68条也同样规定了书证应当提交原件，提交原件确有困难的，可以提交副本、节录本，同时最高人民法院《关于民事诉讼证据的若干规定》第69条将不能与原物、原件核对的复

_____

① 对于证据的种类，也有学者建议将现在的限定性列举修改为例示性列举或者增加一项概括性规定。笔者认为，这固然也可以起到提高法定证据种类的包容性的作用，但无法解决新出现的证据种类应当采用何种证据调查方法的问题。

印件、复制品列为不能单独作为认定案件事实的依据之一。这其中存在的问题是显而易见的：第一，"确有困难"的模糊规定无疑给法官自由裁量留下较大的空间，从而带来司法的随意性。第二，现代科技的发展使辨别文书真伪的手段大幅提高，片面要求提供原件会增加举证的难度，提高收集证据的成本。第三，副本、复制件只有与原件核对无误或者经过鉴定是真实的，才具有与原件同等的证明力的规定，限制了副本、复制件证明作用的发挥。

笔者认为，立法应当明确许可提出复制件的具体情形。根据我国的实际情况并参照国外的有关规定，可以确定为以下几种情形：第一，原件非因举证人的故意而灭失或毁坏的；第二，原件被对方或第三人占有而对方或第三人拒不提供的；第三，原件属于官方文件或历史档案，举证人无法取得的；第四，一方对对方提供的复制件的内容没有提出异议的；第五，复制件的真实性已经过法院先前判决或公证文书确认的；第六，提供原件可能会造成原件的毁坏或极为不方便的。

关于复制件的证明力问题，笔者认为，复制件是否具有与原件同等的证明力，不应仅取决于是否与原件核对无误或是否经过鉴定。在国外，一般都肯定书证原件的证明力优于复制件，同时对一些复制件，如官方的文件、经过公证证明的文件也赋予其与原件同等的证明力。例如，澳大利亚1995年证据法规定，对于官方记录或公文书的副本，只要是由被合理地视为掌握该官方记录或公文书的人或机构盖章或者人证，除有相反证据证明之外，就应推定该官方记录或公文书的副本是真实的，具有与原件同等的证明力。① 当一方当事人对另一方当事人提供的复制件的真实性无异议时，也赋予复制件与原件具有同等的证明力。例如，《美国联邦证据规则》第1007条关于当事人作证时的口头自认与书面自认，"无须对不提出原件作出解释，就可以允许采纳该材料所针对当事人的口头自认用以证明该材料的内容"。② 此外，在复制件是否具备与原件同样的证明力问题上，许多国家也赋予了法官自由裁量权。例如，日本刑事诉讼法规定在审查确认复制件的证明力时，需要根据证据的重要程度、复制内容的准确程度以及复制件认证书的有无等因素综合考虑。在这个问题上，我们也应当灵活处理，而不能规定得过于绝对。

相类似的问题还体现在对不能单独作证的证据运用的规定上。最高人民法院《关于民事诉讼证据的若干规定》第69条列举了五种不能单独作为认

---

① 宋强著：《我国刑事证据规则体系构建研究》，法律出版社2007年版，第128页。

② 何家弘、张卫平主编：《外国证据法选译》（增补卷），人民法院出版社2002年版，第876页。

定案件事实依据的证据，除无法与原件、原物核对的复印件、复制品外，还包括：未成年人所作的与其年龄和智力状况不相当的证言；与一方当事人或者其代理人有利害关系的证人出具的证言；存有疑点的视听资料；无正当理由未出庭作证的证人证言。笔者认为，此项规定也过于绝对，应赋予法官一定的自由裁量权，而不是一刀切式地予以排除。

（三）完善证明标准和司法证明方式

在我国，客观真实的证明标准以及相互印证的司法证明模式均在一定程度上加大了定罪的难度。例如，在我国刑事司法实践中，"一对一"案件一直是一个难以突破的难题。这种状况的形成，便是强调印证的结果。例如，在贿赂案件中，如果受贿情节只有行贿人陈述而没有受贿人陈述加以印证，即使有一定的旁证，法官也不敢判决受贿成立。原因便是证据"印证"不足，无法达到客观真实的证明标准。而此类案件，在实行典型的自由心证的国家是可能被定罪的。①在这种对定罪有着极高要求的情况下，证据排除制度的实行无疑会影响到刑事诉讼打击犯罪目标的实现。尽管正当程序的价值诉求对于刑事司法具有非常重要的意义，但是惩处犯罪是刑事司法的基本功能，只有在不会对其造成根本障碍的前提下对于正当程序价值的追求才具有现实可能性。因此，在对定罪有着极高要求的制度环境下，即便设立了证据排除制度，也会在贯彻中遭到抵制，进而出现"纸面上的法"与"行动中的法"相背离的司法二元化现象。因此，在我国实行证据排除制度，必须要变革目前的这种对定罪有着极高要求的证明标准和司法证明方式。唯有如此，办案机关才不会因为担心许多案件因证据排除导致出现"证据不足"无法定案，而对应当排除的证据难以割舍；才不会为了追求表面上的客观真实而在程序上极力限制辩方对控方的指控提出反驳证据和质疑，从而造成刑事诉讼打击犯罪与人权保障目标的双重失落。

在我国，基于主导的认识论，对具有较强主观色彩的"内心确信"、"排除合理怀疑"、"自由心证"，我国诉讼法学界和司法实务界很长时间以来一直持排斥的态度，认为"自由心证制度是以主观唯心主义为其思想基础，以内心确信这种理性状态作为判断证据的依据，这是违背客观规律的，因而具

---

① 在我国，对于证据证明力的判断仍依靠法官根据个案的具体情况作出，并未受法定限制。从此点来看，相互印证的证明方式仍属自由心证体系。但是，其与典型的以"内心确信"或"排除合理怀疑"为证明标准的自由心证制度又有明显不同。因此，本书将"相互印证"与"自由心证"相并列。另外，在典型的自由心证体制中，也并非不存在"印证"，只是其对"印证"并没有强调到我们国家这种程度。

有反科学性"。① 但是，随着理论研究的不断深化和观念的转变，越来越多的学者及实务界人士开始对我国一直以来实行的客观真实的证明标准和相互印证的司法证明模式进行了反思，并主张予以变革。例如，樊崇义教授认为，在刑事诉讼证明过程中，运用证据对案件事实的认定应当符合刑事实体法和程序法的规定，应当达到从法律的角度认为是真实的程度，并将我国刑事诉讼标准概括为"排他性"，即从证据的调查和运用上要排除一切矛盾，运用证据得出的关于案件事实的结论，必须排除一切其他可能，是本案唯一的结论。② 龙宗智教授认为，"印证证明模式具有易把握与可检验的优点，但刑事司法的现实环境通常使印证要求无法达到。在我国，应当谨慎而适度地借鉴典型的自由心证证明方式，以适应刑事司法的现实需要。"③ 来自司法实务界的张文娟检察官则明确而尖锐地指出了相互印证在目前司法运用中所出现的各种极端，如仅选取符合自身需要的证据并按照自身需要随意解释证据，并冠以"证据之间相互印证"的名头，"相互印证"已被招牌化；对相互印证过分依赖，没有印证的形式不敢定案；等等。④ 笔者认为，无论是从制度本身的合理性来看，还是从满足现实需要的角度来看，客观真实的证明标准和相互印证的司法证明模式都应当尽快予以变革。在刑事诉讼中可以考虑适当确立自由心证的证明方式，⑤ 在定罪问题上设立排除合理怀疑标准，当法官根据已经过法定程序查证属实的证据合理地排除其他可能性时，便可以定案。需要进一步说明的是，相对于"事实清楚、证据确实充分"，排除合理怀疑标准更具体、明确，更能够发挥证明标准的制约、检验功能；而相对于"内心确信"，则具有更强的客观性，更适合我国目前法官队伍素质的整体状况，也更易于为社会所接受。在解决证据排除问题上，其不仅可以缓解排除证据对打击犯罪所带来的不利影响，而且可以为法官提供一个说服大众的工具，特别是在发生法官接触到应予排除的证据的情况下，使其作出的裁决能够获

---

① 陈一云主编：《证据学》，中国人民公安大学出版社 1991 年版，第 35 页。

② 樊崇义：《客观真实管见》，载《中国法学》2000 年第 1 期。

③ 龙宗智：《印证与自由心证——我国刑事诉讼证明模式》，载《法学研究》2004 年第 12 期，第 114 页。

④ 张文娟：《我国刑事诉讼证明模式"相互印证"与"自由证明"之辩——相互印证弊端之实证分析》，载《证据学论坛》（第十三卷），法律出版社 2007 年版。

⑤ 实际上在我国目前的司法实践中，是存在"自由心证"现象的。从某种意义上讲，其自由度甚至超过国外。因为我国目前在限制法官主观任意性方面的措施还很薄弱，如法庭调查程序不规范，被告人的辩护权常会受到较大限制，庭审后的评议程序走过场，等等。因此，在我国探讨自由心证更主要的是如何在立法层面上予以确认和规范的问题。

得更广泛的认同。

当然，为了降低错判风险，防止恣意擅断，还需要从多方面加强对自由心证的制约和保障。例如，充分关注认识过程对提高裁判事实质量的作用，如法庭审理程序的实质化、直接言词原则的真正贯彻、律师作用的充分发挥等；建立和完善相关证据规则，限制法官的自由裁量空间；加强裁判文书说理，公开法官心证形成的过程，强化监督和检验；推进法官制度改革，建立完善的法官遴选和培养制度，为自由心证制度的运行提供相应的主体条件；等等。

（四）建立鼓励供述机制

英美法系的证据排除规则相对比较严格、烦琐，其之所以可以承受严格的证据排除对查明案件真相的不利影响，与其比较发达的鼓励被告人认罪机制是有一定关系的。例如，在美国，大部分案件经过辩诉交易得到解决，最终进入庭审的案件只占到刑事案件的一小部分，证据排除对查明真相的损失并非我们想象中的那样大。英美法系比较严格的证据规则增加了诉讼参与人的败诉风险和诉讼成本，在一定程度上促成了诉讼双方在对抗中的"合作"，从而促进了辩诉交易的发展。正如著名的证据法学家达马斯卡所言："在特定制度下，某一诉讼模式针对控方而设置的严重证据障碍，将会推动不太严格的、变通处理刑事案件的方式的发展。"[1]

在美国，辩诉交易从产生之日起就始终伴随着激烈的争论，但是尽管遭受抨击与责难，其仍保持着旺盛的生命力，在加拿大、英国、德国、意大利、俄罗斯、日本等国广为传播。可以说，这与其制度本身在促进诉讼效率与公正、弘扬诉讼自治与民主精神等方面的重要价值密不可分。在我国是否要建立该制度，一直存在着争论。笔者认为，结合我国目前的实际情况，建立该制度还显得为时过早，目前存在着诸多障碍性因素。有学者也曾明确指出，"中国控辩协商制度的构建，当须实现中国公众之契约观念及刑事价值理念，侦查权、检察权、审判权和辩护权之模式，被告人、被害人之刑事诉讼地位，证据开示、沉默权等刑事诉讼制度等观念、权力（利）、制度的多维改造。"[2]具体到解决证据排除对定罪所造成的不利影响问题上，笔者认为可以充分吸收辩诉交易的合理因素，从鼓励被告人主动供述入手：

---

[1]　［美］米尔吉安·R．达马斯卡著：《比较法视野中的证据制度》，吴宏耀、魏晓娜等译，中国人民公安大学出版社2006年版，第89页。

[2]　冀祥德：《证据开示·沉默权·辩诉交易关系论——兼评中国司法改革若干问题》，载《政法论坛》2006年第3期，第166页。

第一，将"坦白从宽"的政策制度化。长期以来，我国刑事诉讼中实行"坦白从宽，抗拒从严"的政策，在分化和打击犯罪方面发挥了一定的积极作用。但是，作为一项政策其本身具有一定的局限性，即弹性较大，缺乏相应的操作性规则。对此，有学者指出，"无数次的历史教训早已经证明，当一项政策没有相应的操作性规则作支撑的时候，结果常常是危险的，它会被政策的执行者拿来翻手为云，覆手为雨；而政策所针对的那些人则往往陷入进退维谷的尴尬境地。"① "坦白从宽"政策在实践中运行的突出问题便是，办案人员具有较大的自由裁量权，是否从宽与办案人员的主观意志具有较大的关系，常常是坦白并不从宽。犯罪嫌疑人、被告人对坦白的后果也心存顾虑，从而影响了其主动坦白。为此，今后在继续贯彻"坦白从宽"政策的同时，② 应注意将其制度化，法律必须明确什么是"坦白"，犯罪嫌疑人、被告人在坦白之后将会获得怎样的"从宽处理"。唯有如此，才能真正将"坦白从宽"落到实处，从而切实发挥该政策在鼓励和引导被追诉人积极配合调查上的积极作用。

第二，建立污点证人豁免制度。该制度在国外尤其是英美法系国家历史悠久。在我国，法律并没有作出规定，实践中基于办案的需要已有了初步尝试。③ 但是，由于缺乏明确的法律规范，各地在操作中做法各异，出现混乱。笔者认为，基于我国犯罪形势严峻、侦查难度加大的现实情况，应当尽快确立比较规范的污点证人豁免制度，以增加侦控机关获取证据的方法，加强对犯罪的有效打击。

除了证据制度和诉讼制度层面的努力外，还可以考虑加强社会治安综合治理体系的建设。其目的是建立一套全面、协调、有效的社会控制体系，形成多防线的社会防卫。其功效可以体现在三个方面：一是缓解刑事司法所负担的控制犯罪的压力；二是可以为刑事司法提供更多的证据；三是舒缓凝结在刑事司法上的要求社会安全的民意，使刑事司法更加宽容和人性。无疑，这些都将有助于证据排除制度在诉讼中的落实。

---

① 汪建成著：《理想与现实——刑事证据理论的新探索》，北京大学出版社 2006 年版，第 235 页。

② 随着我国沉默权的逐步确立，"抗拒从严"的政策将会得到相应调整。

③ 目前司法实践中适用污点证人豁免制度最多的案件是行贿受贿案件，主要原因在于此类案件的侦查手段不足，对行贿人提供的证据较为依赖。

结　　论

案件事实的确定是诉讼中的一个关键问题。而用证据确定案件事实是人类社会迄今为止所发现的最佳的方式，证据的选用也便成为诉讼中至关重要的问题。在这个问题上，无论是英美法系还是大陆法系，都对诉讼证据的资格进行了限制，不具有证据资格的证据将不允许作为诉讼证据使用。于是，证据排除便成为诉讼中一个比较常见的现象。

之所以要将某些证据排除在诉讼之外，不外乎以下两种原因：一是从证明的角度考虑，某些证据可能存在虚假、易引起偏见、混淆，排除这些证据有助于防止误判；二是从政策的角度考虑，为了实现人权保障、保护某种重大的社会关系和利益等政策性目标，而需要放弃某些对查明事实有帮助的证据材料。通过对历史的考察发现，在证据排除从无到有、从简单到复杂的发展过程中，司法证明方式、诉讼模式、司法理念、现实条件等因素的变化都起了非常重要的作用。这一发展过程也反映了司法逐步走向理性和文明的过程。从目前来看，在当今世界上基于政策原因而对证据进行排除具有更大的普遍性。

哪些范围的证据应予排除，应予排除的证据如何识别和排除，是研究证据排除问题过程的两个重要方面。通过比较法考察发现，两大法系由于各自在诉讼模式、价值取向等方面的差异，在这些问题上也存在诸多不同。英美法系基于陪审团制、对抗式诉讼、集中审理原则的程序需求，发展出一套数量庞大、复杂烦琐的证据排除规则体系，法官的自由裁量权相对较小，当事人在证据排除过程中的积极作用体现得比较明显。大陆法系基于职权主义，对证据没有作过多限制，法官在证据的采纳上具有较大的自由裁量权，并可依职权主动排除证据。如何对证据排除问题进行调整，并不是主观随意的结果，而是由一国特定的制度、文化、传统及现实条件等多种因素决定的。

就我国而言，在证据排除制度的建设上还比较薄弱。如何进行制度完善，以便更好地发挥证据法所应具有的防止误判和价值协调等重要功能，值得思考。而囿于目前的各方面情况，这将是一个比较艰巨的任务，尚需要从理论指导、制度改进与配套措施的保障等多方面着手。不过相信，此项工作的开展必将对我国证据制度向价值多元化方向转型，以及证据理论研究从"证据学"向"证据法学"方向转变产生积极而深远的影响。

参考文献

一、中文著作

1. 江伟主编：《证据法学》，法律出版社 1999 年版。

2. 陈一云主编：《证据学》，中国人民大学出版社 1991 年版。

3. 刘金友主编：《证据法学》，中国政法大学出版社 2001 年版。

4. 张子培等：《刑事证据原理》，群众出版社 1982 年版。

5. 卞建林主编：《证据法学》，中国政法大学出版社 2000 年版。

6. 何家弘、刘品新著：《证据法学》，法律出版社 2004 年版。

7. 何家弘编：《新编证据法学》，法律出版社 2000 年版。

8. 陈光中、徐静村主编：《刑事诉讼法学》，法律出版社 1999 年版。

9. 汪建成、刘广三：《刑事证据学》，群众出版社 2000 年版。

10. 高家伟、邵明、王万华：《证据法原理》，中国人民大学出版社 2004 年版。

11. 樊崇义等著：《刑事证据法原理与适用》，中国人民公安大学出版社 2003 年版。

12. 杨荣新主编：《民事诉讼法教程》，中国政法大学出版社 1991 年版。

13. 宋朝武著：《民事证据法学》，高等教育出版社 2003 年版。

14. 韩象乾主编：《民事证据理论新探》，中国人民公安大学出版社 2006 年版。

15. 李浩著：《民事证据立法前沿问题研究》，法律出版社 2007 年版。

16. 王利明主编：《民事证明制度与理论》，法律出版社 2003 年版。

17. 王利明主编：《民事诉讼证据实务分析》，法律出版社 2006 年版。

18. 毕玉谦著：《民事证据法判例实务研究》（修订版），法律出版社 2001 年版。

19. 陈朴生著：《刑事证据法》，三民书局 1979 年版。

20. 林钰雄著：《严格证明与刑事证据》，学林文化事业有限公司 2002 年版。

21. 蔡墩铭著：《刑事诉讼法论》（修订版），五南图书出版公司 1992 年版。

22. 王亚新著：《对抗与判定——日本民事诉讼的基本结构》，清华大学出版社 2002 年版。

23. 黄朝义著：《刑事诉讼法》（证据篇），元照出版公司 2002 年版。

24. 毕玉谦著：《民事证据法及其程序功能》，法律出版社 1997 年版。

25. 孙远著：《刑事证据能力导论》，人民法院出版社 2007 年版。

26. 陈瑞华著：《问题与主义之间——刑事诉讼基本问题研究》，中国人民大学出版社 2003 年版。

27. 陈瑞华著：《刑事诉讼的前沿问题》，中国人民大学出版社 2005 年版。

28. 王敏远主编：《刑事证据法中的权利保护》，中国人民大学出版社 2006 年版。

29. 刁荣华主编：《比较刑事证据法各论》，汉林出版社 1984 年版。

30. 李学灯著：《证据法比较研究》，五南图书出版公司 1992 年版。

31. 周叔厚：《证据法论》，三民书局 1995 年版。

32. 林山田：《刑事诉讼法》，三民书局印行。

33. 沈德咏、宋随军主编：《刑事证据制度与理论》，人民法院出版社 2006 年版。

34. 何勤华主编：《法的移植与法的本土化》，法律出版社 2001 年版。

35. 纪格非著：《证据能力论——以民事诉讼为视角的研究》，中国人民公安大学出版社 2005 年版。

36. 郭志媛著：《刑事证据可采性研究》，中国人民公安大学出版社 2004 年版。

37. 宋强著：《我国刑事证据规则体系构建研究》，法律出版社 2007 年版。

38. 林辉煌著：《论证据排除——美国法之理论与实务》，北京大学出版社 2006 年版。

39. 沈达明编著：《英美证据法》，中信出版社 1996 年版。

40. 宋英辉、汤维建主编：《我国证据制度的理论与实践》，中国人民公安大学出版社 2006 年版。

41. 陈瑞华著：《刑事审判原理论》，北京大学出版社 1997 年版。

42. 刘善春、毕玉谦、郑旭著：《诉讼证据规则研究》，中国法制出版社 2000 年版。

43. 吴宏耀、魏晓娜著：《诉讼证明原理》，法律出版社 2002 年版。

44. 徐昕著：《英美民事诉讼与民事司法改革》，中国政法大学出版社 2002 年版。

45. 汪海燕、胡常龙著：《刑事证据基本问题研究》，法律出版社 2002 年版。

46. 刘玫著：《传闻证据规则及其在中国刑事诉讼中的运用》，中国人民公安大学出版社 2007 年版。

47. 汪建成著：《理想与现实——刑事证据理论的新探索》，北京大学出版社 2006 年版。

48. 樊崇义等著：《刑事诉讼法修改专题研究报告》，中国人民公安大学出版社 2004 年版。

49. 李心鉴著：《刑事诉讼构造论》，中国政法大学出版社 1992 年版。

50. 杨宇冠著：《非法证据排除规则研究》，中国人民公安大学出版社 2002 年版。

51. 程味秋：《外国刑事诉讼法》，中国政法大学出版社 1996 年版。

52. 王亚新著：《社会变革中的民事诉讼》，中国法制出版社 2001 年版。

53. 石志泉：《民事诉讼法释义》，三民书局 1987 年版。

54. 陈计男：《民事诉讼法》，三民书局 1994 年版。

55. 陈玮直著：《民事证据法研究》，台湾新生印刷厂 1970 年版。

56. 陈瑞华著：《刑事诉讼的中国模式》，法律出版社 2008 年版。

57. 赵永红著：《刑事程序性裁判研究》，中国人民公安大学出版社 2005 年版。

58. 龙宗智著：《证据法的理念、制度与方法》，法律出版社 2008 年版。

59. 顾培东著：《社会冲突与诉讼机制》，法律出版社 2004 年版。

60. 陈朴生著：《刑事诉讼法实务》（增订版），海天印刷厂有限公司 1980 年版。

61. 高忠智著：《美国证据法新解——相关性证据及其排除规则》，法律出版社 2004 年版。

62. 宋英辉等：《外国刑事诉讼法》，法律出版社 2006 年版。

63. 齐树洁主编：《英国证据法》，厦门大学出版社 2002 年版。

64. 江显和著：《刑事认证制度研究》，法律出版社 2009 年版。

65. 万毅著：《程序正义的重心——底限正义视野下的侦查程序》，中国检察出版社 2006 年版。

66. 林喜芬著:《非法证据排除规则——话语解魅与制度构筑》,中国人民公安大学出版社 2008 年版。

67. 王进喜著:《刑事证人证言论》,中国人民公安大学出版社 2002 年版。

68. 锁正杰著:《刑事程序的法哲学原理》,中国人民公安大学出版社 2002 年版。

69. 宋冰编:《读本:美国与德国的司法制度及司法程序》,中国政法大学出版社 1999 年版。

70. 龙宗智著:《刑事庭审制度研究》,中国政法大学出版社 2001 年版。

71. 井涛著:《法律适用的和谐与归一——论法官的自由裁量权》,中国方正出版社 2001 年版。

72. 史立梅著:《程序正义与刑事证据法》,中国人民公安大学出版社 2003 年版。

73. 何文燕、廖永安著:《民事诉讼理论与改革的探索》,中国检察出版社 2002 年版。

74. 陈瑞华主编:《刑事辩护制度的实证考察》,北京大学出版社 2005 年版。

75. 谢晖著:《价值重构与规范选择——中国法制现代化的沉思》,山东人民出版社 1998 年版。

76. 左卫民著:《在权利话语与技术权力之间——中国司法的新思考》,法律出版社 2002 年版。

二、中文译著

1. [美] 米尔健.R. 达马斯卡著:《漂移的证据法》,李学军等译,中国政法大学出版社 2003 年版。

2. [美] 米尔吉安.R. 达马斯卡著:《比较法视野中的证据制度》,吴宏耀、魏晓娜等译,中国人民公安大学出版社 2006 年版。

3. [德] 伯恩哈德·格罗斯菲尔德著:《比较法的力量与弱点》,孙世彦、姚建宗译,清华大学出版社 2002 年版。

4. [美] 约翰.W. 斯特龙主编:《麦考密克论证据》(第五版),汤维建等译,中国政法大学出版社 2004 年版。

5. [美] 德沃金著:《法律帝国》,李常青译,中国大百科全书出版社 1996 年版。

6. 宋英辉译：《日本刑事诉讼法》，中国政法大学出版社 2000 年版。

7. 谢朝华、余叔通译：《法国刑事诉讼法典》，中国政法大学出版社 1997 年版。

8. 何家弘、张卫平主编：《外国证据法选译》（上），人民法院出版社 2000 年版。

9. ［日］田口守一著：《刑事诉讼法》，刘迪译，法律出版社 2000 年版。

10. ［美］乔恩. R. 华尔兹：《刑事证据大全》，何家弘译，中国人民公安大学出版社 1993 年版。

11. ［德］托马斯·魏根特著：《德国刑事诉讼程序》，岳礼玲、温小洁译，中国政法大学出版社 2000 年版。

12. ［美］理查德. A. 波斯纳著：《证据法的经济分析》，徐昕、徐昀译，中国法制出版社 2001 年版。

13. ［法］卡斯东·斯特法尼著：《法国刑事诉讼法精义》，罗结珍译，中国政法大学出版社 1998 年版。

14. ［美］本杰明·卡多佐著：《司法过程的性质》，苏力译，商务印书馆 1998 年版。

15. ［英］哈特著：《法律的概念》，张文显等译，中国大百科全书出版社 1996 年版。

16. ［美］理查德. A. 波斯纳著：《法理学问题》，苏力译，中国政法大学出版社 2002 年版。

17. ［日］石井正一著：《日本实用刑事证据法》，陈浩然译，五南图书出版公司 2000 年版。

18. 黄风译：《意大利刑事诉讼法典》，中国政法大学出版社 1994 年版。

19. 黄道秀译：《俄罗斯联邦刑事诉讼法典》，中国政法大学出版社 2003 年版。

20. ［美］罗斯科·庞德著：《普通法的精神》，唐前宏等译，中国法制出版社 2001 年版。

21. ［美］史蒂文·苏本、玛格瑞特·伍著：《美国民事诉讼的真谛》，蔡彦敏、徐卉译，法律出版社 2002 年版。

22. ［美］摩根：《证据法之基本问题》，李学灯译，世界书局 1982 年版。

23. ［英］丹宁勋爵：《法律的正当程序》，李克强、杨百揆、刘庸安译，法律出版社 1999 年版。

24. 卞建林译：《美国联邦刑事诉讼规则和证据规则》，中国政法大学出版社 1996 年版。

25. 谢怀轼译:《德意志联邦共和国民事诉讼法》,中国法制出版社 2001 年版。

26.〔美〕刘易斯:《价值和事实》,商务印书馆 1991 年版。

27.〔美〕E. 博登海默著:《法理学:法律哲学与法律方法》,邓正来译,中国政法大学出版社 1999 年版。

28.〔德〕克劳思·罗科信:《德国刑事诉讼法》,吴丽琪译,法律出版社 2003 年版。

29.〔日〕土本武司著:《日本刑事诉讼法要义》,董璠舆、宋英辉译,五南图书出版公司 1997 年版。

30.〔美〕约翰·罗尔斯著:《正义论》,何怀宏等译,中国社会科学出版社 2001 年版。

31.〔日〕小岛武司等著:《司法制度的历史与未来》,汪祖兴译,法律出版社 2000 年版。

32.〔美〕迈克尔.D. 贝勒斯著:《法律的原则》,张文显、宋金娜、朱卫国等译,中国大百科全书出版社 1996 年版。

33.〔德〕拉德布鲁赫著:《法学导论》,米健译,中国大百科全书出版社 1997 年版。

34.〔美〕约翰·亨利·梅利曼著:《大陆法系》,顾培东、禄正平译,法律出版社 2004 年版。

35.〔美〕罗斯科·庞德著:《通过法律的社会控制》,沈宗灵等译,商务印书馆 1984 年版。

36.〔美〕迈克尔.H. 格莱姆著:《联邦证据法》,法律出版社 1999 年版。

37.〔英〕阿蒂亚、萨默斯著:《英美法中的形式与实质——法律推理、法律理论和法律制度的比较研究》,金敏等译,中国政法大学出版社 2005 年版。

38.〔美〕菲尼等著:《一个案例两种制度》,郭志媛译,中国法制出版社 2006 年版。

39.〔日〕棚濑孝雄著:《纠纷的解决与审判制度》,王亚新译,中国政法大学出版社 1994 年版。

40.〔美〕史蒂文.J. 伯顿著:《法律和法律推理导论》,张志铭、解兴权译,中国政法大学出版社 1998 年版。

41. ［美］亨利·埃尔曼著：《比较法律文化》，贺卫方、高鸿钧译，三联书店 1990 年版。

42. ［法］勒内·达维德著：《当代主要法律体系》，漆竹生译，上海译文出版社 1984 年版。

43. ［意］莫诺·卡佩莱蒂等著：《当事人基本程序保障权与未来的民事诉讼》，徐昕译，法律出版社 2000 年版。

44. ［美］罗纳尔多·V. 戴尔卡门著：《美国刑事诉讼——法律和实践》，张鸿巍等译，武汉大学出版社 2006 年版。

三、中文论文

1. 岳礼玲：《德国证据禁止的理论与实践初探——我国确立非法证据排除规则之借鉴》，载《中外法学》2003 年第 1 期。

2. 何家弘：《让证据走下人造的神坛——试析证据概念的误区》，载《法学研究》1999 年第 5 期。

3. 汪建成：《论刑事证据的多重视角》，载《中外法学》2004 年第 3 期。

4. 廖依娜：《论证据状态的阶段性划分》，载《宜宾学院学报》2006 年第 7 期。

5. 吴家麟：《论证据的主观性与客观性》，载《法学研究》1982 年第 6 期。

6. 张晋江、易萍：《证据的客观性特征质疑》，载《法律科学》2001 年第 4 期。

7. 汤维建：《关于证据属性的若干思考和讨论——以证据的客观性为中心》，载《政法论坛》2000 年第 6 期。

8. 李莉：《论刑事证据的证据能力对证明力的影响》，载《中外法学》1999 年第 4 期。

9. 谢小剑：《我国刑事诉讼相互印证的证明模式》，载《现代法学》2004 年第 12 期。

10. 张文娟：《我国刑事诉讼证明模式"相互印证"与"自由心证"之辩——相互印证弊端之实证分析》，载《证据学论坛》，法律出版社 2007 年版。

11. 冀宗儒：《论证据能力和证明力的形成与确定》，载《证据学论坛》，法律出版社 2007 年版。

12. 范勤、邹莉：《英国法中的证据排除规则》，载《犯罪研究》2007 年第 5 期。

13．陈卫东、付磊：《我国证据能力制度的反思与完善》，载《证据科学》2008 年第 1 期。

14．陈瑞华：《英国刑事诉讼中的排除规则》，载《刑事诉讼的前沿问题》。

15．何家弘：《刑事证据的采纳标准与采信标准》，载《人民检察》2001年第 10 期。

16．龙宗智：《印证与自由心证——我国刑事诉讼证明模式》，载《法学研究》2004 年第 12 期。

17．李建明：《刑事证据相互印证的合理性与合理限度》，载《法学研究》2005 年第 6 期。

18．朱德宏：《刑事证据相互印证的实践形态解析》，载《国家检察官学院学报》2008 年第 2 期。

19．陈瑞华：《程序性制裁研究》，载《中外法学》2003 年第 4 期。

20．何家弘：《司法证明方式和证据规则的历史沿革》，载《外国法评议》1999 年第 4 期。

21．季卫东：《法治与选择》，载《中外法学》1993 年第 4 期。

22．房保国：《现实正在发生——论我国地方性刑事证据规则》，载《政法论坛》2007 年第 3 期。

23．陈瑞华：《中国刑事证据规则之初步研究》，载《证据学论坛》（四），中国检察出版社 2002 年版。

24．宋英辉：《证据法的功能》，载《我国证据制度的理论与实践》，中国人民公安大学出版社 2006 年版。

25．易延友：《证据学是一门法学?》，载《政法论坛》2005 年第 3 期。

26．何家弘：《对法定证据制度的再认识与证据采信标准的规范化》，载《中国法学》2005 年第 3 期。

27．金彭年、王若青：《关于证据定义、属性及层次分类的法理思考》，载《浙江社会科学》2005 年第 5 期。

28．汤维建：《论民事证据契约》，载《政法论坛》2006 年第 7 期。

29．罗海敏：《关于证据种类之思考》，载《国家检察官学院学报》2005年第 8 期。

30．何家弘：《两大法系证据制度比较论》，载《比较法研究》2003 年第 4 期。

31．蒲一苇：《证据的适格性探析——以民事证据为视角》，载《河北法学》2005 年第 5 期。

32．陈瑞华：《从"证据学"走向"证据法学"——兼论刑事证据法的体系和功能》，载《法商研究》2006 年第 3 期。

33．廖永安、叶久根：《民事诉讼认证制度中若干问题之再思考》，载《法律科学》2001 年第 2 期。

34．易延友：《英美证据法的历史与哲学考察》，载《中外法学》2004 年第 3 期。

35．张建伟：《从积极到消极的实质真实发现主义》，载《中国法学》2006 年第 4 期。

36．叶自强：《从传统自由心证到现代自由心证》，载陈光中、江伟主编：《诉讼法论丛》第 3 卷，法律出版社 1999 年版。

37．岳礼玲：《德国刑事证据制度中的若干问题》，载程荣斌等：《诉讼法学新探》，中国法制出版社 2000 年版。

38．曾世雄：《法国刑事证据之合法性原则》，载刁荣华主编：《比较刑事证据法各论》，汉林出版社 1984 年版。

39．汤维建：《达马斯卡证据法思想初探——读达马斯卡〈漂移的证据法〉》，载《甘肃政法学院学报》2005 年第 5 期。

40．牟军：《中国刑事诉讼制度重构的"瓶颈"及破解——基于刑事证明标准的分析》，载《金陵法律评论》2002 年秋季卷。

41．严存生：《规律、规范、规则、原则——西方法学中几个与"法"相关的概念辨析》，载《法制与社会发展》2005 年第 5 期。

42．何家弘、姚永吉：《两大法系证据制度比较论》，载《比较法研究》2003 年第 4 期。

43．黄士元、吴丹红：《品格证据规则研究》，载《国家检察官学院学报》2002 年第 4 期。

44．吴丹红、黄士元：《传闻证据规则研究》，载《国家检察官学院学报》2004 年第 12 卷。

45．徐继军：《传闻证据在美国纽约州法院的适用》（上），载《环球法律评论》2002 年冬季号。

46．万毅：《非法证据排除规则若干操作问题研究》，载《中国刑事法杂志》2007 年第 3 期。

47．高家伟：《论证据法上的利益权衡原则》，载《现代法学》2004 年第

4 期。

　　48．王亚新：《关于自由心证原则历史和现状的比较法研究——刑事诉讼中发现案件真相与抑制主观随意性的问题》，载《证据法论文选粹》，中国法制出版社 2005 年版。

　　49．陈桂明、李仕春：《诉讼契约论》，载《清华法律评论》1999 年第 2 期。

　　50．孟涛：《民事诉讼契约化基本问题研究》，载《法学家》2004 年第 2 期。

　　51．奚玮、谢佳宏：《刑、民证据法之差异论纲》，载《天津市政法管理干部学院学报》2006 年第 4 期。

　　52．罗祥远：《论刑事庭审中的证据调查范围》，载《广西政法管理干部学院学报》2008 年第 2 期。

　　53．孙长永：《日本和意大利刑事庭审中证据调查程序评析》，载《现代法学》2002 年第 5 期。

　　54．潘金贵：《刑事证据开示制度与诉讼模式》，载《刑事诉讼前沿研究》（第一卷），中国检察出版社 2003 年版。

　　55．王利明：《民事证据立法的若干问题探讨》，载《民商法研究》（第 5 辑），法律出版社 2001 年版。

　　56．樊崇义等：《刑事证据前沿问题》，载何家弘主编：《证据学论坛》（第一卷），中国检察出版社 2000 年版。

　　57．陈卫东、刘昂：《我国建立非法证据排除规则的障碍透视与建议》，载《法律适用》2006 年第 6 期。

　　58．陈卫东：《刑事诉讼法证据制度修改的宏观思考》，载《法学家》2007 年第 4 期。

　　59．何家弘、龙宗智：《证据制度改革的基本思路》，载《证据学论坛》（第一卷），中国检察出版社 2000 年版。

　　60．房保国：《证人作证豁免权探析》，载《法律科学》2001 年第 4 期。

　　61．吴丹红：《证据法学研究的迷思——在西方样本和中国现实之间》，载《政法论坛》2006 年第 6 期。

　　62．周洪波：《证明标准视野中的证据相关性——以刑事诉讼为中心的比较分析》，载《法律科学》2006 年第 2 期。

　　63．陈瑞华：《案卷笔录中心主义——对中国刑事审判方式的重新考察》，载《法学研究》2006 年第 6 期。

64. 陈桂明、纪格非：《证据制度改革中的几个基本问题》，载《法律科学》2007 年第 6 期。

65. 樊崇义：《客观真实管见》，载《中国法学》2000 年第 1 期。

四、外文原著

1. Mirjan R. Damaska : The Uncertain Fate of Evidentiary Transplants：Anglo－American and Continental Experiments, 45 Am J, Comp, L. 839,1997.

2. John C. Shelldon：The False Idolatry of Rules － Based Law, 56 Me. L. Rev. 299,2004.

3. Peter Murphy, Murphy on Evidence, Blackstone Press, 1997.

4. Basic Concepts of the Law of Evidence, Evidence and Proof, edited by William Twining and Alex Stein, New York,NY：New York University Press,1992.

5. Mirjan R. Damaska : Evidence Law Adrift, Yale University Press, 1997.

6. Cyril Glasser, Civil Procedure and the Lawyers . The Adversary System and the Decline of the Orality Principle, Modern Law Review, （56）1993.

7. David M. Paciocco Lee Stuesser, The Law of Evidence, published by Irwin Law,1996.

8. Ronald L. Carlson,Marterials for the Study of Evidence, The Michile company, 1983.

9. Peter Murphy, Evidence &Advocacy, Blackstone Dress Limited, 1990.

10. Leon Letwin, Evidence Law：Commentary, Problems and Cases, Mattew Bender & Co. 1986.

11. Allen Kuths, An Analytical Approach to Evidence, Little, Brown and company, Boston,1989.

12. Michael H. Graham, Evidence National Institute for Trial Advocacy, Inc, Minnesota,1983.

13. Plulf. Rothstin,Evdence：Cases, Materials and Problems,Marthew Bender, Co. Newyork,1986.

14. A. S. Zuckerman,The Principles of Criminal Evidence, Clarendon Press. Oxford 1989.

15. Jenny McEwan, Evidence and the Adversarial Process, Blackwell Business.

16. Phipson on evidence, 5th edition,London,Sweet & Maxwell.

17. Evidence – Stste and Federal Rules, 2nd ed,by Paul. F. Rothstein.

18. William Twining,Theories of Evidence, Bentham & Wigmore, Weidenfeld & Nicolson, 1985.

19. Rupert Cross & Colin Tapper,Cross on Evidence, 6th ed, Londen, 1982.

20. Peter Mirfield, Silence, Confession and Improperly Obtained Evidence, Clarendon Press,1997.

21. Thomas J. Gardner & Terry Anderson,Criminal Evidence Principles and Cases, West Publishing Company,1995.

22. John H. Langbein, Torture and the Law of Proof, The University of Chicago Press, 1977.

23. John C. Sheldon, The Fase Idolatry of Ruless – Based Law, 56 Me. L. Rev. 299,2004.

24. John D. Jackson, Mordern Trends in Evidence Scholarship,Is all Rosy in the Garden? 21 Quinnipiac L. Rev. 893,2003.

25. Peter Murphy, A Practical Approach to Evidence, Blackstone Press Limited 1992.

26. Lemper Saltzburg, A modern Approach to Evidence, 2nd ed (1983).

27. Nancy Wilkins. An Outline of the Law of Evidence,Butterworth Co. 1964.

后　记

　　本书是由我的博士毕业论文修改而成。读博期间，正值我国有关证据立法的讨论日益热烈之时。作为一名身处审判一线的司法工作者，无法不对其予以关注。在这期间，我一直在认真思考这样一个问题：我国证据制度的根本性问题到底在哪里？从哪里入手才会实现制度效益的整体提升？在学习和思考的过程中，我的视线逐渐落在了证据排除问题上。因为我发现，公正、效率、人权保障等多元化的诉讼价值之所以在我国司法实践中难以有效协调和落实，从根本上是因为证据制度在设计上是以"证明性"为指向，而忽略了证据的"可采性"，使证据制度失去了本应具有的防止误判、价值协调等功能。因此，我选取了证据排除作为考察我国现行证据制度的切入点，并把它作为我的博士毕业论文题目。

　　然而，在资料的收集、整理与论文的写作过程中，我愈加感到了该题目内涵的丰富性和对其研究的艰难性。因为其不仅牵涉到证据问题，也与诉讼程序有很密切的关联。不同国家之间不仅存在差异，就同一国家而言刑事领域和民事领域的做法也有不同。如此博大、艰深的题目，绝非一般人所能驾驭。因此，虽历经艰辛、几易其稿，最终得以完成，但不仅没有释然，反而有一丝忐忑。在时间、资料和个人水平都很有限的情况下，相对于这样一个意义重大的题目，该书实在显得有些单薄和稚嫩。论文虽已完成，但思考却远未终止。对于该问题，我将会继续关注下去。

　　三年学习时光在不经意间悄然过去。我在收获知识的同时，感恩的心也与日俱增。

　　感谢我的导师樊崇义教授和师母韩象乾教授。从他们的身上，我学到的不仅仅是做学问，还有做事和做人。他们严谨的治学态度、渊博的学识、宽厚的为人，都令我终生难忘，受益匪浅。这篇论文从选题选定、布局谋篇、观点斟酌到语言措辞，都得到了导师的悉心指导，凝结了他的大量心血，使我的博士生学习生涯画上了完满的句号。在生活上，他们对我也是关爱有加，令我倍感温暖。

感谢陈光中教授、卞建林教授、宋英辉教授、刘金友教授、刘根菊教授、罗大华教授、顾永忠教授、杨宇冠教授……他们向我传道授业解惑。他们笃定的学术追求以及平易近人的谦和同样是我学习的榜样。

感谢参加我毕业论文答辩的顾永忠教授、刘金友教授、王进喜教授、陈卫东教授、甄贞教授。他们对论文的充分肯定，坚定了我对该问题继续研究下去的勇气和信心；他们的指点令我心悦诚服、深受启发。

感谢海淀法院的鲁为院长、石金平副院长、陈琦副院长、张钢成主任等诸多领导，北京大学的王成教授以及海淀法院研究室的全体同事。没有他们的支持和理解，我不可能在边工边读的情况下顺利完成学业。

感谢我的家人。特别是远在家乡的父母，他们不顾年事已高，替我照料嗷嗷待哺的孩子，使我没有了后顾之忧。感谢我的爱人王龙，尽管工作非常繁忙，仍然承担了大量的家务，并给了我极大的精神鼓励。他们的关爱与支持永远是我前行的动力。

感谢中国人民公安大学出版社本书的编辑同志，正是他辛勤、细致的工作，才使本书得以顺利并高质量的出版。

要感谢的人还有很多，无法一一列举，唯有铭记在心。对他们的关心与帮助无以为报，唯有更加勤勉地工作和学习，争取更大的成绩。

葛　玲

2011 年 1 月 17 日

诉讼法学文库书目

诉讼法学文库 2006

1　刑事正当程序原理
2　自白制度研究
3　警察作证制度研究
4　司法公正的理念与制度研究
5　人本精神与刑事程序
6　刑事诉讼平衡论
7　刑事诉讼关系的社会学分析
8　刑事证明责任分配研究
9　刑事司法权力的配置与运行研究
10　行政诉讼原告论

诉讼法学文库 2007

1　刑事诉讼交叉询问之研究
2　检警关系论
3　鉴定结论论
4　检察职能研究
5　美国死刑程序研究
6　行政诉讼问题研究与制度改革
7　刑事司法民主论
8　被追诉人的宪法权利
9　刑事裁判权研究

诉讼法学文库 2008

1　论证据与事实
2　法院调解制度研究
3　弱势群体的法律救助
4　刑事赔偿制度研究
5　秘密侦查比较研究
6　非法证据排除规则：话语解魅与
　　制度构筑
7　民事当事人证明权保障
8　现代社会中的诉讼功能
9　诉讼认识、证明与真实
10　中国刑事审前程序制度构建

诉讼法学文库 2009

1　检察官证明责任研究
2　刑事诉讼生态化研究
3　对质权制度研究
4　无效刑事诉讼行为研究
5　刑事诉讼中的财产权保障
6　论对抗式刑事审判
7　案件事实认定方法
8　中国区际刑事司法协助研究